ÉTUDES HISTORIQUES

SUR LES

TRAITÉS PUBLICS

CHEZ LES GRECS ET CHEZ LES ROMAINS

DEPUIS

LES TEMPS LES PLUS ANCIENS JUSQU'AUX PREMIERS SIÈCLES

DE L'ÈRE CHRÉTIENNE

PAR E. EGGER

MEMBRE DE L'INSTITUT, PROFESSEUR A LA FACULTÉ DES LETTRES.

NOUVELLE ÉDITION

PARIS

A. DURAND, LIBRAIRE-ÉDITEUR

Rue Cujas (ancienne rue des Grès), 7.

1866.

L'auteur à son ami E. Renan
ἀντίδωρον
Avril 1866

OUVRAGES DU MÊME AUTEUR.

Longini quæ supersunt, cum appendice hactenus inedita. 1837, in-16.

M. T. Varro. De lingua latina. 1837, in-16.

M. Verrii Flacci fragmenta. S. Pompei Festi fragmentum. 1838, in-16.

Sermonis latini vetustioris reliquiæ. 1843, in-8°.

Examen critique des historiens anciens de la vie et du règne d'Auguste. Paris, 1844, in-8°.

Méthode pour étudier l'accentuation grecque (publiée en collaboration avec M. Galusky). 1844, in-12.

Introduction à l'étude de la littérature grecque. Essai sur l'histoire de la critique chez les Grecs, suivi de la Poétique d'Aristote et d'extraits de ses problèmes, avec traduction française et commentaire. 1849, 1 vol. in-8°.

Apollonius Dyscole. Essai sur l'histoire des théories grammaticales dans l'antiquité. 1854, in-8°.

Mémoires de littérature ancienne. 1862, 1 vol. in-8°.

Mémoires d'histoire ancienne et de philologie. 1863, 1 vol. in-8°.

Observations sur un procédé de dérivation très-fréquent dans la langue française et dans les autres idiomes néo-latins. 1864, in-4°.

Notions élémentaires de Grammaire comparée, pour servir à l'étude des trois langues classiques. 6e édit., 1865, in-12.

ÉTUDES HISTORIQUES

SUR LES

TRAITÉS PUBLICS

CHEZ LES GRECS ET CHEZ LES ROMAINS

Paris. — Typ. de Ad. Lainé et J. Havard, rue des Saints-Pères, 19.

ÉTUDES HISTORIQUES

SUR LES

TRAITÉS PUBLICS

CHEZ LES GRECS ET CHEZ LES ROMAINS

DEPUIS

LES TEMPS LES PLUS ANCIENS JUSQU'AUX PREMIERS SIÈCLES

DE L'ÈRE CHRÉTIENNE

PAR E. EGGER

MEMBRE DE L'INSTITUT, PROFESSEUR A LA FACULTÉ DES LETTRES.

NOUVELLE ÉDITION

PARIS

A. DURAND, LIBRAIRE-ÉDITEUR

Rue Cujas (ancienne rue des Grès), 7.

1866.

[illegible]

PRÉFACE.

—

Les *Études* qu'on va lire furent d'abord entreprises pour éclairer par un commentaire les plus anciens traités de paix qui nous soient parvenus en langue grecque. Ce travail me fit reconnaître chaque jour plus clairement, dans l'antiquité classique, des usages et des principes fort semblables à ceux de notre droit des gens, et, en augmentant pour moi l'intérêt des recherches commencées, il m'induisit à en élargir le cadre, sans en déplacer néanmoins le point de vue. Ce point de vue n'était pas, à proprement dire, celui d'un publiciste ; car le droit international n'est pas tout entier, je le sais, dans les actes qui en formulent des applications partielles et temporaires ; mais il offre déjà, même en ces limites, le sujet d'observations bien attachantes.

Ainsi se développa peu à peu un chapitre d'histoire dont la première rédaction fut soumise, en 1857, à l'Académie des Inscriptions et Belles-Lettres et fut imprimée, en 1859, dans le Recueil de ses Mémoires [1]. Depuis six ans, une vigilance toujours en quête de renseignements nouveaux et quelques-unes de ces heureuses rencontres que procure au philologue son commerce journalier avec les textes de l'antiquité, m'ont aidé à corriger sur quelques points, à compléter sur beaucoup d'autres, mon premier essai. J'ai tenu surtout à y rattacher certains documents, qui pouvaient paraître disproportionnés avec un mémoire académique, entre autres, les fragments du traité de Ramsès II Miamoun avec le prince de Cheta, traduits en français par le vicomte Emmanuel de Rougé, et que mon savant confrère avait bien voulu mettre à ma disposition : c'était là un document précieux à comparer avec les plus anciens instruments du droit international de l'Europe et de l'Asie occidentale.

Avec ces divers développements, l'ouvrage at-

---

[1] 2ᵉ série, tome XXIV, première partie : *Mémoire historique sur les traités publics dans l'Antiquité, depuis les temps héroïques de la Grèce jusqu'aux premiers siècles de l'ère chrétienne.* Un extrait anticipé de ce travail avait été lu, dans une séance publique de l'Académie, le 8 août 1856, sous ce titre : *Considérations historiques sur les traités internationaux chez les Grecs et chez les Romains.*

teignait presque les dimensions d'un volume. Je désirais qu'il pût être reproduit sous un format plus commode que celui de nos Mémoires académiques, durable dépôt d'érudition, que le public n'ouvre pas souvent et qu'il admire de loin avec beaucoup trop de respect. Un ministre de l'Empereur, membre de l'Institut de France, a bien voulu seconder ce projet. Je prie M. Drouyn de Lhuys de recevoir, pour l'appui qu'il m'a prêté, l'expression de ma reconnaissance. Il m'est très-honorable de reproduire sous ses auspices un livre où l'on traite des pratiques et des principes de la diplomatie considérée comme une haute fonction de justice et d'humanité. En m'aidant à répandre ce livre parmi les lecteurs qui y sont le plus intéressés, l'éminent homme d'État, j'ose l'espérer, n'aura pas seulement encouragé les travaux d'un académicien son confrère; il contribuera en même temps à dissiper quelques erreurs et à propager des notions plus justes sur un sujet toujours digne des méditations de nos légistes, surtout de ceux qui sont mêlés à la pratique du droit des gens.

Le monde s'est tant agrandi depuis quatre siècles, les communications y sont devenues si faciles et si rapides entre les peuples, que l'homme et la société nous semblent, à première vue, trans-

formés par ces conquêtes de la géographie et de
la civilisation. L'Attique tout entière, au temps de
sa plus brillante prospérité, n'atteignait pas en
population le tiers de la population de Paris, pas
le quart de la population de Londres, Aristote
déclarait ne pas concevoir un État de cent mille
citoyens [1]; or la France compte aujourd'hui dix
millions d'électeurs. Toutes les expéditions de la
marine grecque et romaine (sauf quelques passagères aventures) sont renfermées dans la Méditerranée, c'est-à-dire dans une petite mer intérieure qu'aujourd'hui nous appelons dédaigneu-
sement un lac; or il n'y a guère, maintenant, un
amiral qui n'ait, au moins une fois en sa vie, fait
le tour du monde. Le texte d'un traité conclu
entre une ville crétoise et la ville de Rhodes stipule qu'en cas de guerre pour celle-ci, ses alliés
crétois lui enverront, « dans le délai de trente
jours, une armée auxiliaire de deux cents hommes [2] » Trente jours pour expédier de Crète à
Rhodes une poignée de soldats! Il a fallu moins
de temps à la France pour jeter cent mille hommes en Lombardie, ou pour couvrir par une dou-

[1] *Morale Nichomachéenne*, IX, 10,
pag. 176, éd. Bekker : « Dix hommes
ne font pas une cité ; cent mille n'en
font plus une. » L'homme, pour
Aristote, c'est ici le citoyen qui agit
et qui vote.

[2] Voir la traduction de ce traité
dans le V⁰ Appendice.

ble armée de terre et de mer l'Empire ottoman menacé d'invasion. Que le monde ancien était petit en comparaison du monde nouveau ! Oui, mais l'homme a-t-il changé de nature parce qu'il a si fort élargi le théâtre de son action ? Au fond, les éléments de la vie sociale sont restés les mêmes, si haut que son idéal se soit élevé par la prédication de l'Évangile. La civilisation chrétienne adoucit bien lentement nos procédés envers les peuples de race ou de civilisation inférieure ; et, entre nous Européens, les relations de peuple à peuple n'offrent pas toujours le plus édifiant spectacle. L'esclavage n'a pas encore disparu du milieu des chrétiens ; ses défenseurs sont, chaque jour, moins nombreux et plus timides, mais enfin il a toujours des défenseurs ; et, dans le sein de la société libre, un même conflit dure encore entre les riches et les pauvres, sous des noms à peine différents. La boussole, l'imprimerie, la vapeur et l'électricité, avec leurs merveilles, l'économie politique, avec la rigueur de plus en plus scientifique de ses formules, le crédit public, avec toute sa puissance, ont moins d'action qu'il ne semble sur ces misères. Quelques pages où Thucydide résumait et jugeait éloquemment les discordes et les révolutions de la Grèce sont restées, hélas ! applicables à nos révolutions et à nos discordes les plus récentes[1]. Quand les juges athéniens entraient en fonction, ils prêtaient le serment de n'appuyer de leurs actes ou de leur suffrage ni l'établissement d'une tyrannie, ni l'abolition des dettes et le partage des terres [2] : ainsi le despotisme d'un seul et les excès d'une démocratie sans frein, tels sont les deux périls contre lesquels Solon avait à défendre la constitution républicaine d'Athènes. Je demande si le problème de la paix publique diffère beaucoup, dans les États modernes, de ce qu'il était dans les États de la Grèce antique.

Un publiciste athénien, auteur d'un livre, écrit selon les plus saines doctrines des légistes modernes, sur *le Droit des gens en temps de paix et en temps de guerre,* le prof. Saripolos résume ainsi les progrès accomplis à cet égard depuis l'antiquité jusqu'à nos jours : « Chez les anciens, *étranger* et *ennemi* étaient synonymes ; aujourd'hui, *étranger* et *ami* signifient une même chose [3]. » Mon confrère d'Athènes est trop modeste pour ses ancêtres, dont pourtant il connaît et montre si bien les théories et les exemples ; il est trop confiant

---

[1] *Guerre du Péloponnèse,* III, 81-83.

[2] Serment conservé dans le discours de Démosthène *contre Timocrate,* § 149 et suiv. éd. Vœmel. On peut en rapprocher la réfutation si précise et si ferme des doctrines communistes qu'a écrite Aristote, dans sa *Politique,* II, 7, et la célèbre comédie d'Aristophane : *l'Assemblée des Femmes.*

[3] Introduction (p. 18) de l'ouvrage rédigé en grec et publié à Athènes en 1860, in-8°.

dans les effets de la raison et de la charité parmi ses contemporains.

Les peuples se payent souvent de mots et se font d'étranges illusions. Il y a dix ans, un grave et long conflit entre les États-Unis et l'Angleterre fut terminé par l'intervention officieuse et conciliante de quelques citoyens des deux pays. Là-dessus, grand bruit dans la presse américaine et dans la presse anglaise à l'honneur d'une si belle innovation ; c'en était donc fait de « cette relique monstrueuse du charlatanisme du moyen âge qu'on honore du nom de diplomatie ! » Ces chants de triomphe trouvèrent de l'écho jusque dans les journaux français [1]. Comme si l'heureux accident d'une conciliation improvisée supprimait pour les peuples le besoin et le devoir de se faire représenter les uns chez les autres par des agents spéciaux, pour le service de leurs affaires et la solution de leurs différends !

Soyons plus modestes et continuons à reporter quelquefois nos regards vers des temps où la vie humaine se montre si semblable encore, par bien des traits, à ce qu'elle est en plein dix-neuvième siècle. Ce sera toujours le travail d'une curiosité sérieuse et vraiment philosophique, pourvu qu'on

[1] Voir le *Journal des Débats* du 17 septembre 1856.

ne s'arrète pas à de futiles rapprochements et qu'on s'attache aux traits essentiels de la ressemblance [1].

Pendant la crise qui vient d'ébranler cette fière république des États-Unis, un livre paraissait à Cambridge, dont le titre seul indique bien la pensée : *Histoire du gouvernement fédéral depuis la fondation de la ligue achéenne jusqu'au déchirement des États-Unis,* par le docteur Freeman. Ce recours aux leçons du passé est comme de tradition en Angleterre, non-seulement dans les écoles, mais chez les hommes d'État. En 1773, à propos des débats que soulevèrent dans le parlement anglais les scandaleuses fortunes acquises par les généraux de la Compagnie des Indes, un ministre de la couronne, lord Stanley, inquiet du parti à prendre dans une si grave discussion, consultait l'abbé Barthélemy pour savoir ce que les usages des peuples anciens peuvent apprendre aux peuples modernes *sur le partage du butin,* et Barthélemy répondait au noble lord par deux lettres [2] qui

[1] On connaît les recherches, un peu capricieuses, de M. Éd. Fournier, publiées en 1852, sous ce titre piquant : *le Vieux neuf.* M. Victor Le Clerc avait déjà publié, dans la *Revue française* de mai 1838, d'intéressantes Notes de M. Suard sur ce sujet, qui paraît loin encore d'être épuisé, et qui, à un certain point de vue, se confond avec l'histoire même des peuples anciens et modernes.

[2] Citées p. 82 de ces *Études.* Je ne résiste pas au plaisir de rappeler, touchant ces mémorables débats, les deux Essais de Macaulay sur

sont presque des Mémoires en forme et que les savants apprécient.

De telles comparaisons sont-elles devenues tout à fait inutiles sous le régime actuel du droit des gens ? je le souhaite plutôt que je n'ose le croire. On ne me prêtera pas l'ambition de m'ériger en avocat consultant des parlements et des princes, sur les matières de droit public. Seulement, je pense et je voudrais avoir montré dans ce livre que les exemples de la politique ancienne peuvent, encore aujourd'hui, éclairer le gouvernement des sociétés, et que, soit dans une chaire de la Sorbonne, soit dans un auditoire académique, on fait encore œuvre de bon citoyen en recherchant parmi ces lointains souvenirs la tradition du droit et de la vérité.

Cette tradition, d'ailleurs, n'est pas toujours facile à ressaisir ; il y faut un certain effort de critique. En cela, j'ai voulu suivre le plus fidèlement que j'ai pu des principes que je vois trop souvent négligés par les historiens de l'ancien monde. Ne pas confondre en un seul jugement les peuples et les siècles les plus divers, les acci-

Lord Clive et sur Warren Hastings (1ʳᵉ Série des *Essais historiques et biographiques*, traduits par G. Guizot. Paris, 1860), où l'impartialité de l'histoire s'exprime avec une noble franchise sur ces méfaits de l'ambition britannique dans les colonies de l'Inde.

dents et les faits généraux ; distinguer avec soin
le simple mot échappé à la passion du moment
et les paroles ou les actes qui représentent vraiment les mœurs et les idées d'un peuple : méthode sévère et délicate, qui ne laisse pas toujours
à la pensée ni au style l'entière liberté de leurs
allures, mais qui seule assure l'équité des jugements. En m'efforçant de la suivre, je rencon-
trais dans mes recherches beaucoup d'occasions
de réclamer contre des écrivains de notre temps,
contre ceux même que j'honore et respecte le
plus. J'ai toujours noté mon dissentiment avec
franchise, mais avec une discrétion que je laisse
apprécier au lecteur, et je m'estimerai heureux
si l'on trouve que pour m'être défié de la passion
et de l'esprit de système, je ne suis, néanmoins,
resté indifférent ni aux vérités fondamentales du
droit, ni aux douloureuses luttes de la conscience
humaine, qui font l'éternel intérêt de l'histoire.

Les personnes qui ne sont pas habituées aux
formes de l'érudition trouveront ce volume un
peu hérissé de citations et de renvois aux textes,
surtout aux témoignages épigraphiques. Je le regrette, mais je me serais fait un scrupule d'alté-
rer le caractère du Mémoire original et d'en dis-
simuler la première destination. D'ailleurs, pourquoi ne le dirais-je pas sans détour ? Il faut

désormais que l'historien des sociétés anciennes familiarise de plus en plus ses lecteurs avec les preuves de tout genre sur lesquelles repose cette histoire, et particulièrement avec les inscriptions, dont le nombre a presque décuplé depuis cinquante ans dans nos recueils, grâce à l'heureux succès des fouilles et des voyages d'exploration. Si, en parcourant ce livre, on sentait mieux l'importance des documents conservés ainsi jusqu'à nous sur le bronze et le marbre, et l'abondance des lumières nouvelles qu'ils répandent sur l'histoire de la civilisation, je m'applaudirais d'avoir ouvert par là quelques horizons aux esprits curieux, et d'avoir encouragé à des études nouvelles les personnes mêmes qui ne font pas profession d'enseigner et d'écrire sur les matières d'antiquité.

Mars 1866.

P. S. Ces pages et le IIIe appendice de cet ouvrage étaient déjà sous presse, quand me sont parvenus d'Athènes les trois documents inédits qui m'ont fourni l'occasion de rédiger le IVe appendice, où ils figurent en première ligne par ordre de date et d'importance. Ce sera là une preuve de plus du progrès que font chaque jour les parties de la science historique qui s'appuient sur le témoignage des inscriptions. La pièce qui forme le Ve appendice, traduite d'un texte qu'on peut considérer comme presque inédit en France, offrira, j'espère, le même genre d'intérêt à mes lecteurs, et ils me pardonneront sans peine de n'avoir pensé qu'un peu tard à l'insérer dans ce volume. Toutes ces pièces auraient souvent besoin d'un commentaire, dont j'ai cru devoir m'abstenir, d'abord parce que, ainsi rapprochées, elles s'éclairent l'une l'autre, puis parce qu'il me suffisait d'y mettre en lumière les traits qui intéressent l'histoire du droit des gens. J'avais d'ailleurs à me défier d'une disposition trop commune chez les philologues à disperser leur attention et celle de leurs lecteurs sur des détails de pure curiosité.

TABLE.

—

ÉTUDES HISTORIQUES

TRAITÉS PUBLICS

CHEZ LES GRECS ET CHEZ LES ROMAINS

DEPUIS LES TEMPS LES PLUS ANCIENS JUSQU'AUX PREMIERS SIÈCLES
DE L'ÈRE CHRÉTIENNE.

INTRODUCTION.

APPRÉCIATION DES OUVRAGES ANTÉRIEURS SUR LA MÊME
MATIÈRE ET VUE GÉNÉRALE DU SUJET TRAITÉ DANS
CE LIVRE.

Il y a peu de sujets d'histoire ancienne, dont
l'étude ne se renouvelle, presque à chaque siècle,
par la découverte et la publication de quelques
documents inédits. Les révolutions mêmes du
monde moderne ont souvent élargi les horizons
ou déplacé le point de vue de la critique, et ainsi
elles ont pu rendre à des questions longtemps né-
gligées un à-propos imprévu. C'est ainsi que les
progrès récents du droit des gens donnent aujourd'hui un surcroît d'intérêt à l'histoire des
idées et des principes qui le représentent, dans la
philosophie comme dans la politique, chez les
Grecs et chez les Romains.

1

Il existe déjà plusieurs écrits sur cette matière[1]. Pour ne parler que des plus signalés à notre attention, en 1848, M. Müller-Jochmus esquissait avec beaucoup de précision et de clarté l'histoire du droit des gens chez les diverses nations de l'ancien monde[2]. Plus récemment encore, M. Laurent a publié sur le même sujet un grand ouvrage qui, à première vue, semble l'épuiser[3]. Si méritoire que soit ce travail, il laisse pourtant à désirer une étude plus spéciale des relations et des procédés internationaux. C'est, à proprement dire, une histoire de l'esprit de sociabilité chez les anciens. Tout préoccupé de cette vue historique et philosophique de son sujet, l'auteur en écarte expressément « les règles que l'usage a établies pour les relations des peuples. » Ce sont, à ses

[1] Rappelons seulement, outre les Traités généraux tels que le célèbre livre de Grotius, *de Jure pacis et belli* (surtout II, 15), G. F. Schœmann, *Antiquitates juris publici Græcorum* (Greifswald, 1838, in-8°), pars VI; et le second volume des *Griechische Alterthümer* du même auteur (Berlin, 1859), pag. 1-115 : *die internationalen Verhältnisse;* Wachsmuth, *Jus gentium quale obtinuerit apud Græcos ante bellorum cum Persis gestorum initium* (Kiliæ, 1822); Osenbrüggen, *de Jure pacis et belli Romanorum* (Lipsiæ, 1836); Turrettini, *de Legationibus publicis apud Athenienses* (Genevæ, 1841); Weiske, *Considérations historiques et diplomatiques sur les ambassades des Romains comparées aux modernes* (Zwickau, 1834).

[2] *Das allgemeine Völkerrecht.* 1 Theil : *Geschichte des Völkerrechts im Alterthum* (Leipzig, 1848, in-8°). Je ne crois pas que la suite de cet ouvrage ait été publiée.

[3] *Histoire du droit des gens et des relations internationales* (Gand et Paris, 1851, 3 vol. in-8°), t. I, *Orient;* t. II, *Grèce;* t. III, *Rome.* Les deux tomes suivants (1855-1857) et une seconde édition de cet ouvrage ont paru sous un autre titre, plus convenable peut-être à la méthode de l'auteur : *Études sur l'histoire de l'humanité;* t. IV, *le Christianisme;* t. V, *les Barbares et le Catholicisme.*

yeux, des choses secondaires, qui ne méritent pas d'être élevées à la « dignité d'une science, » et c'est ainsi que, dans le cours de trois gros volumes, on ne trouve peut-être pas transcrites, chez M. Laurent, deux lignes textuelles des nombreux instruments diplomatiques dont le texte nous est parvenu. M. Laurent les connaît sans doute, et il en résume çà et là le contenu; mais il ne fait rien de plus; à peine a-t-il cité la volumineuse compilation de Barbeyrac [1], dont le premier volume, à lui seul, contient le texte ou l'indication d'environ cinq cents traités publics antérieurs à l'ère chrétienne. Cela n'est pas sans conséquence pour l'équité de ses jugements, car, faute d'avoir étudié l'esprit même de ces divers documents, il leur attribue une valeur beaucoup trop restreinte et il cherche uniquement chez les philosophes la preuve d'une doctrine de droit public que les philosophes ont pu épurer et agrandir, mais qu'il n'ont pas créée [2]. En général, je

---

[1] Supplément au *Corps universel diplomatique du droit des gens* (par Dumont) : *Histoire des anciens traitez, ou Recueil historique et chronologique des traitez répandus dans les auteurs grecs et latins et autres monumens de l'Antiquité depuis les temps les plus reculez jusqu'à l'empereur Charlemagne* (La Haye, 1739, 2 vol. in-fol.).

[2] *Histoire du droit des gens*, t. I, p. 117 : « Les Grecs ne se croyaient liés ni par le droit ni par l'humanité ; ils ne se connaissaient d'obligations réciproques que lorsqu'un traité les avait stipulées. La notion de devoirs découlant de la nature de l'homme reconnue par les philosophes n'entra pas dans le domaine des relations internationales », texte cité sans discussion par M. A. Maury, *Religions de la Grèce antique*, t. III, p. 401-402, et dont la pensée se retrouve jusque sous

ne saurais dire combien d'auteurs modernes écrivant sur l'histoire ancienne me semblent, à cet égard, étrangers à la connaissance des faits qui concernent la théorie et la pratique du droit des gens dans l'antiquité.

D'autre part, l'estimable Recueil de Barbeyrac a plus d'un défaut; c'est un amas de richesses qui auraient besoin aujourd'hui d'être tantôt épurées et tantôt complétées. Il commence au quinzième siècle avant J.-C. On y relève, par exemple, une alliance conclue entre Éleusis et Athènes, sous le règne trop fabuleux du roi Érechthée; puis un acte de partage entre les fils de ce roi après la mort de leur père. C'est remonter bien haut dans l'histoire; et, quand on songe que, chez les héros d'Homère, comme chez les patriarches, les traités se concluent encore verbalement, par un simple échange de serments que consacrent des formalités religieuses[1], on doute fort que les Grecs aient jamais possédé des instruments écrits d'une date aussi ancienne. L'Égypte seule, parmi les nations qu'embrassent nos recherches ou qu'elles touchent indirectement, semble avoir eu le privilége d'appliquer, dès les premiers âges de son histoire, l'écriture à tous les actes de sa vie

la plume impartiale de M. Guizot, *l'Église et la société chrétienne en 1861*, chap. XIV, p. 101.

[1] Voir dans la *Genèse*, c. XXXI, les formalités de l'alliance entre Jacob et Laban (cf. c. XXVI, la mention de l'alliance entre Isaac et Abimélech); Homère, *Iliade*, III, 245-304, scène imitée par Virgile, *Enéide*, XII. 116.

publique ou privée; ses monuments en font foi [1].

Arrivé aux âges vraiment historiques, le compilateur se montre encore trop facile, lorsqu'il admet comme des traités en forme les moindres conventions, verbales ou autres, entre des peuples anciens; par exemple (t. I, n. 266), une prétendue alliance d'Alexandre avec les barbares riverains du Danube et avec les Celtes, nos ancêtres; ailleurs (t. II, n. 181), une simple convention entre deux soldats, l'un goth, l'autre romain, pour se sauver mutuellement pendant le siége de Rome par Vitigès. D'ailleurs, si du Recueil de Barbeyrac il faut retrancher bien des témoignages et des textes trop peu authentiques, il faudrait l'augmenter aujourd'hui de plusieurs pièces intéressantes que l'auteur a omises ou qu'il n'a pu connaître. Les ruines des villes grecques nous rendent chaque jour quelque pièce provenant de leurs antiques *archives*, et qui remontent souvent aux siècles de leur autonomie [2]; déjà même une cité osque, Abella, nous a rendu le texte précieux d'une convention rédigée en sa langue nationale [3]:

[1] Voir, à la fin de ce volume, le document traduit par M. le vicomte Emm. de Rougé.

[2] Voyez, sur ces archives, les témoignages réunis par Franz, *Elem. epigr. gr.*, p. 316, et dans une note de mon *Examen critique des historiens d'Auguste* (Paris, 1844), p. 192; et, pour les Romains, consulter surtout l'excellent mémoire de M. Mommsen, *Sui modi usati dai Romani nel conservare e pubblicare le leggi ed i senatus-consulti*, dans les Annales de l'Institut archéol., volume XXX, p. 181-212.

[3] Mommsen, *die Unteritalischen Dialekte* (Leipzig, 1850), p. 119 et suiv.; Huschke, *die Sabellischen und oskischen Sprachdenkmäler* (Elberfeld, 1856), p. 33 et suiv.

autant d'acquisitions dont il nous faut tirer profit.

Quant à la méthode même, en s'écartant de l'ordre chronologique suivi dans Barbeyrac, et en suivant plutôt l'exemple de J. Dumont, dans la *Dissertation* qui précède le *Corps universel diplomatique* (éd. de 1700 et de 1726), on pourrait tracer un tableau plus raccourci, et plus instructif en même temps, des vicissitudes et des formalités du droit public chez les anciens. D'ailleurs les diplômes figurent seuls dans ce gros volume de Barbeyrac; les négociations et les négociateurs y sont presque toujours négligés. Il en est de même des discours relatifs à la paix et à la guerre, qui se rencontrent dans les ouvrages des orateurs anciens.

Certes nous ne saurions aujourd'hui écrire, *sur les Ambassadeurs et les ministres publics* dans l'antiquité, un ouvrage comparable au traité moderne et classique de Wicquefort. J'oserais encore moins rechercher quels étaient alors *les Droits de l'ambassadrice*, comme l'a fait gravement le juriste Moser pour les ambassadrices du siècle dernier (Berlin, 1754). Les livres spéciaux qui devaient exister chez les anciens sur le droit public et sur la pratique de la *diplomatie*, n'ont guère laissé de traces. Ils ne sont même pas cités dans le maigre sommaire que le grammairien Pollux a inséré, sur ce sujet, au livre VIII de son *Onomasticon* [1].

---

[1] Chap. XI, § 137 et suiv.

Un ouvrage d'Aristote était intitulé : Δικαιώ–
ματα πόλεων, *Droits des villes* ou *des États;* ce titre
et deux fragments qui subsistent de l'ouvrage
semblent indiquer quelque compilation relative
au droit de souveraineté des cités grecques sur
leurs territoires respectifs; mais c'est à peu près
tout ce qu'on en peut dire[1].

Parmi les ouvrages perdus de Démétrius de
Phalère on remarque ceux qui avaient pour titres:
Δίκαια, Πρεσβευτικός, et περὶ Εἰρήνης, chacun en un
livre[2]; mais tout ce qu'on en peut dire, c'est qu'ils
n'étaient pas sans rapport avec le sujet que nous
traitons.

Les *Antiquités humaines* de Varron contenaient
un livre *de Bello et pace,* dont il ne reste malheureusement qu'un petit nombre de fragments[3]. Le
titre d'un autre ouvrage de Varron, *Legationum*
[libri] III [4], est douteux, et, en tout cas, il indi-
querait plutôt quelque ouvrage historique sur les
lieutenances militaires exercées à plusieurs reprises par l'auteur.

La grande collection de décrets formée, sans
doute, vers le milieu du quatrième siècle avant
notre ère, par le Macédonien Cratérus[5], et, huit

---

[1] C. Müller, *Fragm. hist. græc.,*
vol. II, p. 161.

[2] Diogène Laërce, V, 81.

[3] Entre autres dans Aulu-Gelle,
I, 25 et X, 27.

[4] Voyez le témoignage de saint
Jérôme dans la Lettre à Paula, et les
Sentences de M. T. Varron, publiées
par Ch. Chappuis (Paris, 1856, in-12,
p 121).

[5] Nous aurons plus bas occasion
de la citer.

siècles plus tard, la collection des actes d'une ambassade célèbre de Pétrus Magister auprès du roi Chosroès [1], sont encore des recueils de documents depuis longtemps perdus, et pour toujours. On cite aussi dans la littérature historique de l'Arménie un Recueil de Traités de paix, recueil dont il serait téméraire d'invoquer l'autorité avant qu'elle ait subi le juste contrôle des critiques de notre Occident [2]. Quant au chapitre περὶ Πρεσβειῶν, dans la compilation célèbre de Constantin Porphyrogénète, il ne contenait, on le sait, que des extraits d'historiens, surtout des harangues plus ou moins authentiques [3], rien surtout qui ressemble à un corps de règlements ou de conseils sur la diplomatie, comme les Indiens paraissent en avoir possédé dès une haute antiquité [4].

Toutefois, et malgré tant de pertes, nous pouvons encore rassembler les principaux éléments du droit international dans les sociétés auxquelles remontent le plus directement nos mœurs et

---

[1] Voy. plus bas, la fin de notre chapitre iv.

[2] Voir Neumann, *Mémoire sur David, philosophe arménien* (Paris, 1829, in-8°), p. 5; Zenob de Klag, p. 14 de l'édition de Venise, 1832, et Agathange, c. 126 p. 646-652 de l'édition de Venise 1835. Ces derniers témoignages me sont signalés par le savant orientaliste M. Dulaurier, qui me suggère aussi les doutes exprimés dans le texte sur l'authenticité du *Livre des Traités* en arménien.

[3] Voy. les *Excerpta* publiés par Fulvio Orsini (Anvers, 1582) et par H. de Valois (Paris, 1634); extraits qui ont passé depuis dans les éditions spéciales des divers auteurs auxquels ils étaient empruntés.

[4] Voy. les extraits du VIIe livre des *Lois de Manou*, cités par M. Laurent, *Histoire du droit des gens*, t. I, p. 75-77.

nos institutions modernes; nous pouvons définir les divers pactes qui unissaient les nations entre elles, les formalités qui en préparaient ou en accompagnaient la conclusion, le caractère et le rôle des personnages qui y prenaient part au nom de leurs concitoyens; nous pouvons enfin attacher à la plupart de ces définitions les termes mêmes que les Grecs et les Romains employaient pour les exprimer [1].

1° Quant à l'objet de ces actes, compris chez les Grecs sous le titre général de συνθῆκαι, ὁμολογίαι, διαλλαγαί, ou συντάξεις, et, chez les Latins, sous le nom de *pactiones* [2], on distingue :

Le pacte fédéral, qui unissait plusieurs peuples de même race, ayant des mœurs et des institutions analogues; s'il établit l'égalité civile entre tous ceux qui l'ont conclu, il peut s'appeler ἰσοπολιτεία. Le *fœdus* des Latins ne consacre pas une égalité aussi parfaite; il est tantôt *æquum*, tantôt *iniquum;*

Le pacte qui fixait les relations de la colonie avec sa métropole;

L'arrangement ou le traité de pacification (διάλυσις) conclu après les troubles civils, et la pro-

---

[1] On ne trouvera justifiés ci-dessous par des renvois aux auteurs que les faits qui ne seront pas spécialement expliqués dans la suite de ces Études.

[2] Voy. les excellentes définitions d'Aristote, *Rhétorique*, 1, 15, où il distingue nettement la συνθήκη du νόμος, et en marque les rapports. Cf. quelques remarques utiles sur le même sujet dans la préface du livre d'Origène *contre Celse.*

clamation d'amnistie (ἀμνηστία) qui en était la conséquence ordinaire;

L'alliance toute pacifique (σύμβολον ou συμβολή), qui règle ou des relations de commerce, ou l'organisation de tribunaux neutres entre des peuples [1];

L'alliance toute militaire (ἐπιμαχία);

L'alliance conclue en vue de la guerre et de la paix (συμμαχία) [2], et qui est quelquefois caractérisée comme un complément de la simple paix, εἰρήνη [3];

Le traité de neutralité [4], auquel se rattache par quelque analogie la trêve qui suspendait toute hostilité entre les peuples de race hellénique pen-

---

[1] Harpocration : Σύμβολα τὰς συνθήκας ἅς ἂν αἱ πόλεις ἀλλήλαις θέμεναι τάττωσι τοῖς πολίταις, ὥστε διδόναι καὶ λαμβάνειν τὰ δίκαια. Πολλάκις ἐν τῷ ζ΄ Φιλιππικῶν Δημοσθένης, καὶ Ἰσαῖος ἐν τῷ κατ' Ἐλπαγόρου. Inscription crétoise (traité public) dans le *Corpus Inscr. græc.*, n. 2556, l. 70 : κατὰ τὸ δοχθὲν κοινᾷ σύμβολον. Inscr. athénienne dans l'*Éphéméride archéologique*, n° 1056. Fragment d'une convention du même genre entre Athènes et Phasélis, dans le *Corpus Inscr. græc.*, n. 86. Cf. Thucydide, I, 77, passage heureusement corrigé par M. Cobet, *Novæ lectiones*, p. 167. La forme συμβολά, pour συμβολή, se lit dans le fragment, en dorien, d'un traité entre Phialée, Messène et les Étoliens, qu'a récemment publié le *Philopatris* d'Athènes (1er juillet 1859).

[2] Fragment d'un panégyrique d'Athènes dans le *Corpus Inscr. græc.*, n° 127 (reproduit par M. Le Bas, *Voy. archéol.*, part. I, n° 512) : [ἐν ταῖς] γινομέναις συνθήκαις συμμαχίαν προς.....; fragment qui suffit à montrer que συμμαχία avait un sens moins général que συνθήκη.

[3] Plutarque, *Vie de Nicias*, c. x : Τῇ εἰρήνῃ τὴν συμμαχίαν ὥσπερ κράτος καὶ δεσμὸν ἐπιθεῖναι.

[4] Ou, au moins, la clause de neutralité pour certains cas exceptés d'une alliance offensive et défensive. On en a un exemple dans le traité entre Rhodes et Hiérapytna, qui sera signalé plus bas.

dant la célébration de leurs fêtes nationales et religieuses [1];

Le traité de paix proprement dit (εἰρήνη, *pax*);

Le traité rectificatif d'un autre traité (ἐπανόρθωσις τῆς εἰρήνης);

La sentence arbitrale que prononcent des juges choisis dans un État neutre, par deux États en rivalité d'intérêts (κρίσις, *sententia*).

On croit même reconnaître, dans une inscription de Syracuse, l'alliance occasionnée ou, au moins, cimentée par un mariage entre deux familles princières [2].

2° Quant à la constitution des alliances et à la succession des divers actes d'un même contrat, il y a:

Les propositions préliminaires ou, comme nous disons, les ouvertures faites en vue de la paix (σύμβασις ou συμβατήριος λόγος) [3];

La délibération publique, pour laquelle on voit les Athéniens choisir même de préférence la solennité des fêtes dionysiaques, afin que le peuple y fût plus nombreux [4];

La simple suspension d'armes (ἐκεχειρία ou bien ἀνοχαί), et la trêve (σπονδαί, *indutiæ*), distinctes du traité définitif [5];

---

[1] Plutarque, *Vie de Lycurgue*, c. 1; et Beulé, *Études sur le Péloponnèse* (Paris, 1855), p. 268 et suiv.

[2] *Corpus Inscr. græc.*, n° 5367.

[3] Thucydide, V; 77.

[4] Décrets relatifs aux Méthoniens, cités plus bas, p. 23, note 1. Cf. Rangabé, *Antiq. hell.*, n° 271, 272 : δῆμος πληθύνων.

[5] Sur la différence de *pax* et *in-*

La trêve générale, et la trêve spécialement faite en vue de la célébration de certaines fêtes religieuses;

Le traité général et les traités spéciaux qui le complètent;

Le traité rendu public et le traité secret (δι᾽ ἀπορρήτων)[1].

Le pacte une fois conclu, il y a souvent le décret d'acceptation ou de promulgation, avec ou sans appel à d'autres alliances; entre deux États monarchiques il y a l'échange des ratifications (ὁμολογίαι).

Il y a toujours les serments qui assurent l'exécution du traité, consacrent l'oubli des anciennes querelles, et pour lesquels chaque partie contractante envoyait souvent chez l'autre des magistrats chargés de cet office;

L'invocation spéciale des divinités qui garantissent l'alliance, et qui, au besoin, vengeraient les infractions à la foi jurée; à cet égard, les Romains distinguaient expressément entre la *sponsio*, convention toute profane, et le *fœdus*, acte consacré par la religion[2];

dutiæ, voyez Varron cité dans A. Gelle, I, 25. La différence de la συνθήκη et des σπονδαί est expliquée spécialement dans le *Discours sur la paix*, qui porte le nom d'Andocide, § 11. Cf. Synésius, *Epist.* IV, p. 168, éd. Petau. Cependant σπονδαί et συμμαχία sont associés comme synonymes dans le traité entre Argos et Lacédémone dont Thucydide (V, 78) a transcrit le texte dorien. Quant à la *sponsio* des Latins, Gaïus lui-même (*Instit.* III, 93) nous avertit qu'elle ne se rattache, ni pour le sens ni pour l'étymologie, au grec σπονδή.

[1] Exemple dans Polybe, IV, 16, § 5.

[2] Tite-Live (IX, 5) est très-explicite sur cette distinction, à propos

L'échange des exemplaires officiels, revêtus du sceau public, et, quelquefois, du sceau particulier des plénipotentiaires;

L'inscription des actes sur des tables de bronze ou de marbre (στῆλαι, faussement appelées *colonnes* par les traducteurs) qui étaient déposées dans des édifices publics, d'abord dans les temples, plus tard [1] dans les archives; quelquefois aussi le dépôt d'un troisième exemplaire entre les mains d'un peuple neutre dans le débat;

Le décret qui assure l'exécution du traité au moyen de certaines mesures politiques ou militaires;

La circulaire officielle (διάγραμμα) qui informe les peuples alliés des conditions auxquelles une alliance est conclue ou confirmée, ou des moyens d'en exécuter les conditions;

Le décret en l'honneur de ceux qui ont loyalement rempli les conditions de l'alliance;

Quelquefois des fêtes annuelles en commémoration d'une alliance heureusement conclue et fidèlement observée [2].

---

de la convention faite avec les Samnites dans la malheureuse affaire des Fourches Caudines. et il permet, je crois, de corriger avec assurance le texte du grammairien Vélius Longus (*de Orthographia*, page 2243 du recueil de Putsch) : «Fœdus religione sancitur, at sponsio *pœna* est », où je lis *profana*. Cf. Varron, *de Lingua latina*, VI, 70, édition Müller.

[1] Je dis *plus tard*, parce que les exemples cités ci-dessus, p. 3, note 2, ne remontent pas à une haute antiquité.

[2] Isocrate, *sur l'Antidosis*, § 110, éd. Bekker, p. 100 de l'édition, avec traduction française, de Cartelier et Havet (Paris, 1863); t. III, p. 143 trad. du duc de Clermont-Tonnerre.

Les légendes des monnaies comptent aussi parmi les attestations officielles des alliances conclues entre deux ou plusieurs peuples [1].

On peut encore ranger légitimement parmi les actes diplomatiques les lettres échangées entre les parties contractantes (ἐπιστολαί, γράμματα, *epistolæ, litteræ*), surtout les déclarations officielles, décrets des peuples (ψηφίσματα) ou des princes (διαγράμματα) [2].

Enfin il ne faut pas oublier les assemblées ou fêtes désignées par les Grecs sous le nom de *panégyries* (πανηγύρεις), institution qui n'a pas d'équivalent parmi les peuples de l'Occident romain, et dont les effets salutaires pour la concorde entre les divers peuples grecs sont éloquemment signalés dans le discours Panégyrique d'Isocrate [3].

3° Nous savons quels étaient les caractères et comme les divers degrés de la fonction de négociateur. Il y avait les hérauts (κήρυκες, quelquefois εἰρηνοποιοί, et plus tard μεσῖται, *feciales, caduceatores*), porteurs de premières propositions de paix; les ambassadeurs proprement dits (πρέσβεις, πρεσβευταί, *legati, oratores* [4]), qui prenaient quelquefois le titre de plénipotentiaires (αὐτοκράτορες), quand

---

[1] Voyez A. Maury, *Religions de la Grèce antique*, t. II, p. 11.

[2] Pour la différence du γράμμα et du διάγραμμα, voy. surtout Diodore de Sicile, XVIII, 56 et suiv.; Franz, *Elem. epig. gr.*, p. 210; et comparez les exemples réunis ci-dessous,

qu'indiquera la table des mots grecs.

[3] § 43-47. Conf. Plutarque, *Vie de Lycurgue*, c. I.

[4] D'où le français *orateur* avec le sens d'ambassadeur, sens qui s'est conservé dans notre langue jusqu'à la fin du XV° siècle.

on les dispensait formellement d'en référer à leurs commettants pour la conclusion du traité. Le chef de l'ambassade s'appelait ἀρχιπρεσβευτής, en latin, *princeps legationis*. Les personnes qui forment la suite de l'ambassadeur sont les ἀκόλουθοι, en latin *asseclæ*. On trouve même une fois mentionné le *secrétaire* de l'ambassade[1]. Comme chez les modernes, l'ambassadeur quelquefois, soit par honneur, soit par surcroît d'autorité active, réunissait au titre de la fonction diplomatique celui de quelque autre fonction militaire ou civile[2]. En tout cas, il paraît avoir été d'ordinaire choisi parmi les personnes d'un âge mûr. Dans quelques États grecs nous voyons que la loi déterminait un âge au-dessous duquel on ne pouvait exercer cette grave fonction d'ambassadeur[3].

Si l'ambassadeur doit faire partie d'un congrès, il y prend le titre spécial de σύνεδρος.

Si l'ambassade avait pour objet la poursuite et le redressement d'un délit, l'envoyé s'appelait plus spécialement ἔκδικος et sa fonction ἐκδικία[4].

Si l'ambassade avait un objet purement religieux, elle s'appelait ordinairement θεωρία, au lieu de πρεσβεία, et le député était un θεωρός[5]; et Plu-

---

[1] *Corpus Inscr. græc.*, n° 1837 (*in Addendis*).

[2] Exemple dans Polybe, XXX, 5: un amiral rhodien ambassadeur à Rome.

[3] Héraclide, Πολιτεῖαι, ch. XXXI, t. II, p. 222 des *Historic. græc. fragmenta*, éd. C. Müller.

[4] Cicéron, *ad Diversos*, XIII, 56; Pline le Jeune *Epist.* X, 111. Cf. *Corpus Inscr. græc.* n° 356.

[5] *Corpus inscr. græc.*, n° 1693.

tarque cite comme un exemple d'insigne adulation l'idée que les Athéniens eurent, un jour, d'appeler θεωροί et non πρεσβευταί les députés qu'ils envoyaient au roi Antigone ou à son fils Démétrius [1]. Il y avait d'ailleurs des ἀρχιθέωροι [2] ou chefs d'ambassades religieuses, comme il y avait des ἀρχιπρεσβευταί ou chefs d'ambassades politiques.

Si l'on voulait désigner spécialement un ministre public par son caractère de *conciliateur*, on pouvait l'appeler διαλυτής [3] ou εὐθέτης.

Il n'y a pas jusqu'à la *lettre* ou au moins la *marque de créance* qui ne soit indiquée dans un acte du temps de Démosthène, où les Athéniens règlent des rapports de bonne amitié avec Straton, roi de Sidon, et avec les sujets de ce prince [4].

Nous savons avec quels égards et même par quelles personnes les négociateurs des divers ordres étaient reçus pendant la durée des opérations diplomatiques [5] ; par quels honneurs les États ré-

---

Toutefois on trouve dans le même recueil, n° 2271, un exemple où le député chargé d'une mission à la fois religieuse et administrative s'appelle encore πρεσβευτής.

[1] *Vie de Démétrius*, chap. XI.

[2] *Corpus Inscr. græc.*, n° 3656, décret des Rhodiens.

[3] Ce sens du mot διαλυτής, si conforme à celui du nom abstrait διάλυσις, qui est connu par plusieurs exemples, se trouve pourtant pour la première fois, que je sache, dans l'inscription de Phialée, que j'ai citée plus haut (p. 10, note 1).

[4] Ποιησάσθω δὲ καὶ σύμβολα ἡ βουλὴ πρὸς τὸν βασιλέα τὸν Σιδωνίων, ὅπως ἂν ὁ δῆμος ὁ Ἀθηναίων εἰδῇ ἐάν τι πέμπῃ ὁ Σιδωνίων βασιλεὺς δεόμενος τῆς πόλεως, καὶ ὁ βασιλεὺς ὁ Σιδωνίων εἰδῇ ὅταν πέμπῃ τινὰ ὡς αὐτὸν ὁ δῆμος ὁ Ἀθηναίων. *Corpus*, n° 87. Cf. un emploi analogue du mot σύμβολον dans Lysias, *sur les Biens d'Aristophane*, § 25.

[5] Πρόξενοι, θεαροδόκοι ou θεωροδό-

compensaient le succès de leurs efforts; quelles peines leur étaient réservées en cas de prévarication.

Nous savons, enfin, qu'il y avait aussi entre les villes et de simples particuliers certains pactes qui sous le nom de *proxénie* conféraient à ces particuliers une sorte de consulat officieux analogue aux fonctions de nos modernes *agents consulaires*. Nous pouvons apprécier par des centaines de monuments, recueillis dans toutes les parties du monde grec, les bienfaits de cette institution qui régularisait l'exercice de l'hospitalité, consacrait d'utiles exceptions aux rigueurs de l'état de guerre et une salutaire extension des relations commerciales et civiles [1].

Ainsi se déroule sous nos yeux tout un système de règles et de conventions protectrices du droit et de l'humanité, atténuant, conjurant quelquefois les horreurs de la guerre, prolongeant, autant qu'il se pouvait, de bienfaisantes intermittences dans cet état d'active et féconde rivalité où s'agitaient les nations du monde ancien [2]. Nous

χοι d'où θεωροδοχία, *Corpus Inscr. græc.*, n° 1693, 1193, 2670.

[1] Voir les dissertations de M. H.-H. Meier, *de Proxenia sive de publico Græcorum hospitio* (Halis, 1843, in-4°), et de M. Ch. Tissot, *des Proxenies grecques et de leurs analogies avec les institutions consulaires modernes* (Dijon, 1863, in-8°), la seconde surtout dont l'auteur a su profiter des dernières découvertes épigraphiques et d'une expérience personnelle des fonctions consulaires pour approfondir cet intéressant sujet.

[2] Isidore de Séville, sur la limite de l'antiquité et du moyen âge, résume un peu confusément tout ce système dans un chapitre de ses *Origines* (V, 6) : « Jus

apprenons ainsi à juger l'état social de l'antiquité moins sévèrement peut-être que ne l'ont fait quelques publicistes modernes, trop disposés, ce semble, à rapprocher de notre temps l'origine et la constitution d'un véritable droit des gens [1].

Toutes les parties de ce sujet ne sont pas, il faut l'avouer, également connues, et il n'y en a peut-être pas une seule pour laquelle nous ne rencontrions, dans nos documents, bien des lacunes, et des lacunes quelquefois produites par la main des hommes [2]. En général, Rome et l'Occident romain nous offrent moins de matériaux que les pays grecs [3]. Dans l'Occident latin on gravait d'ordinaire les grands actes publics sur le bronze plutôt que sur le marbre. Or le bronze est sujet à plus d'altérations, à plus de transformations que la pierre. Même parmi les monuments de l'histoire grecque, le temps a fait des

gentium est : Sedium occupatio vel ædificatio, munitio, bella, captivitates, servitutes, postliminia, fœdera pacis, indutiæ, legatorum non violandorum religio, connubia inter alienigenas prohibita ; et inde jus gentium, quod eo jure omnes fere gentes utuntur. »

[1] Voy. entre autres, G.-F. de Martens, *Précis du droit des gens moderne de l'Europe*, éd. de M. Vergé (Paris, 1858, 2 volumes in-8°), t. I, page 56 du texte, et pages VII et VIII de l'Introduction de l'éditeur. En sens contraire, on lira utilement la préface du livre cité plus

haut (page 2) de Müller-Jochmus.

[2] Arrien, *Expéd. d'Alex.*, II, I, 4 : Μιτυληναίους καθελεῖν μὲν τὰς πρὸς Ἀλέξανδρόν σφισι γενομένας στήλας. Je citerai plus bas un traité athénien qui contient des clauses semblables ; cf. mon *Examen crit. des histor. d'Auguste*, p. 73, et dans le *Corpus Inscr. græc.*, n° 356, un édit de Galérius et de Maximien, qui atteste de semblables destructions. *Ibid.*, n° 1543, mention d'un incendie qui a détruit des archives.

[3] Voy. le Mémoire de M. Mommsen (dont le titre a été transcrit plus haut), p. 197.

ruines presque irréparables, et, par un caprice dont il n'y a que trop d'exemples, il a souvent détruit des documents du plus haut intérêt, tandis qu'il a sauvé des pièces dignes au plus de quelque curiosité. Ainsi il ne reste pas une ligne authentique de la fameuse paix d'Antalcidas[1], et nous avons conservé plusieurs actes qui règlent les différends de cités obscures. Beaucoup d'alliances ne nous sont connues que par des légendes de médailles, ou sont simplement attestées par l'usage d'un même type monétaire dans plusieurs villes faisant partie d'une seule et même confédération[2]. Un indice plus fugitif encore semble fourni par quelques noms de galères, qui se sont conservés parmi les inventaires de la marine athénienne[3]. Heureusement, en ces recherches comme en plusieurs autres, la conjecture

[1] La lettre d'Artaxerxès, transcrite par Xénophon (*Hellenica*, V, I, § 28), ne contient qu'un abrégé des conditions offertes par le roi de Perse, et qui furent acceptées par les Grecs.

[2] Voir des exemples dans A. de Barthélemy, *Manuel de numismatique ancienne*, p. 75, 76, 79, 81 ; A. Duchalais, *Études de numismatique*, n. XIII (extrait de la *Revue de numismatique* de 1853); G. Minervini, *Saggio di osserv. numism.* (Napoli, 1856), p. 29 (où il croit voir, sur les monnaies de Capoue, une allusion à la fabuleuse alliance indiquée dans l'*Alexandra* de Lycophron, v. 1242 et suiv.), p. 24, 69, 89, 94, 109, 141, 143, etc. Cf. Spanheim, *De usu et præstantia numismatum*, t. I, p. 143-144, et t. II, p. 201 et suiv. éd. d'Amsterdam, 1717; et Eckhel, *Doctr. num. vet.*, V, p. 137, sur le *Fœdus Gabinum*, qui est rappelé par les monnaies de la famille Antistia.

[3] Εἰρήνη, Εἰρήνη καινή (ce n'était pas le souvenir de la *paix nouvellement faite*, mais le *nouveau navire* construit sous le nom de *Paix*); Εἰρήνη τῶν αἰχμαλώτων, Bœckh, *Seewesen der Athener*, p. 86 ; Ὁμόνοια, *ibid.* p. 90, et Συμμαχία, *ibid.*, p. 92.

peut, jusqu'à un certain point, suppléer à l'observation directe des faits. Quand on rassemble, par la pensée, les conditions élémentaires d'une alliance entre deux peuples, on n'a pas besoin de retrouver, pour chacun de ces instruments solennels, le texte principal et les textes accessoires dont il se composait, avec toutes les circonstances qui l'expliquent. Comme dans la restitution de certaines œuvres d'art, une induction légitime nous autorise à deviner le monument d'après ses ruines, et nous permet d'en apprécier ainsi les proportions et le caractère. Dès la première page de nos recherches nous rencontrerons, par exemple, un pacte fédéral qui a dû être fort compliqué, le pacte amphictionique [1], mais dont l'ensemble et l'importance ne se laissent aujourd'hui mesurer que sur de rares débris. On verra que ces débris même offrent encore quelque prise à la critique.

[1] K.-F. Hermann, *Griechische Alterthümer*, t. II, p. 27 et suiv. L'organisation du conseil amphictionique de Delphes s'éclaire de lumières nouvelles d'abord par les inscriptions qu'ont publiées en commun MM. Wescher et Foucart, de l'École française d'Athènes (Paris, 1863, in-8°), puis et surtout par les découvertes spéciales de M. Wescher sur le même terrain. Voir, dans les *Comptes rendus de l'Académie des Inscriptions et Belles-Lettres* (1865, p. 50 et suiv.), l'analyse du mémoire où M. Wescher expose les résultats de ses recherches.

CHAPITRE PREMIER.

———

ORIGINES ET PREMIERS DÉVELOPPEMENTS DE L'ART DES
TRAITÉS PUBLICS.

Si nous avions à écrire l'histoire de l'esprit de
sociabilité dans le monde ancien, il nous faudrait
interroger, avant tout, le témoignage des poëmes
d'Homère. Mais nous voulons étudier le droit public dans les actes et dans les institutions où il a
pris une forme précise, et, pour cela, nous ne pouvons remonter plus haut que les premiers temps,
à proprement dire, historiques.

Or le plus ancien document relatif aux alliances
entre les peuples de l'Occident, fait partie des actes
qui constituèrent la principale des fédérations
helléniques, l'amphictionie à la fois politique et
religieuse de Delphes. C'est le serment des con-
fédérés. L'orateur Eschine[1] nous a transmis ces
lignes, extraites d'une rédaction qui peut bien
n'en être pas la première, mais où l'on reconnaît
pourtant le cachet de la haute antiquité.

[1] *Des Prévarications de l'ambassade*, § 116 ; Barbeyrac, n° 1.

« Je jure de ne jamais détruire aucune des vil-
« les du corps des Amphictions[1], et de ne pas dé-
« tourner le lit ou empêcher l'usage de leurs
« eaux courantes, ni en temps de paix, ni en
« temps de guerre. Et si quelque peuple enfreint
« cette loi, je lui déclarerai la guerre et je détrui-
« rai ses villes. Que si quelqu'un pille les ri-
« chesses du dieu, ou se rend complice en quel-
« que manière de ceux qui toucheront aux cho-
« ses sacrées, ou les aide de ses conseils, je m'em-
« ploierai à en tirer vengeance, de mes pieds, de
« mes mains, de ma voix et de toutes mes forces. »

Dans un autre discours[2], Eschine rapporte au
temps de Solon une formule d'imprécation qui
faisait aussi partie des actes officiels de l'Amphictionie et que Barbeyrac a pu sans invraisem-
blance adopter comme une conclusion naturelle
au serment ci-dessus :

« Si quelqu'un, soit ville, soit simple particu-
« lier, soit nation, contrevient à ce serment, qu'on
« maudisse cette personne, cette ville, cette na-
« tion, comme exécrables et dignes de toute la
« vengeance d'Apollon, d'Artémis, de Latone et
« de l'Athéna du Pronaos. Que leurs terres ne pro-

---

[1] Les documents delphiques relatifs à l'amphictionie, qui se sont
conservés sur les marbres, prouvent
que telle est la véritable ortho-
graphe de ce mot.

[2] Eschine, *Disc. contre Ctésiphon*,
§§ 109-113. En effet, au serment
transcrit, sous forme indirecte, dans
le discours sur l'Ambassade, Eschine
ajoute : καὶ προσῆν τῷ ὅρκῳ ἀρὰ
ἰσχυρά. Or dans le discours *contre
Ctésiphon*, § 110, on lit aussi : καὶ
ἀρὰν ἰσχυρὰν ἐποιήσαντο. Ces textes
s'éclairent l'un l'autre.

« duisent aucun fruit; que leurs femmes n'ac-
« couchent point d'enfants qui ressemblent à
« leurs pères [1], mais de monstres; que, dans leurs
« troupeaux même, aucune bête ne mette bas
« que des animaux formés contre nature. Qu'ils
« aient toujours le dessous et à la guerre et dans
« leurs procès et dans les délibérations publiques;
« qu'ils soient entièrement exterminés, eux, leurs
« maisons et leur race; qu'ils ne sacrifient ja-
« mais saintement à Apollon, à Artémis, à Latone,
« à l'Athéna du Pronaos, et que jamais ces divi-
« nités n'aient leurs offrandes pour agréables [2]. »

C'est bien là le ton qui convient à des engagements conclus devant l'autel d'Apollon, en des
siècles où la civilisation commençait à peine à
dominer les instincts de la barbarie héroïque.
Les imprécations finales sont ici un trait de
mœurs, qui se retrouvera, avec des nuances diverses, dans des documents analogues de date
plus récente [3]. On conçoit d'ailleurs que des pièces, comme le serment amphictionique, se soient

---

[1] Hésiode, *Œuvres et Jours*, vers 235, mentionnant les faveurs que les dieux envoient aux hommes justes : « Leurs femmes enfantent des enfants semblables à leurs pères. »

[2] L'abbé Barthélemy (*Anacharsis*, ch. xxxv) a eu tort d'abréger ce curieux texte au lieu de se borner à le traduire. Cf. les imprécations de Cambyse mourant, dans Hérodote, III, 65.

[3] Sur les imprécations en général, voy. les observations de Sainte-Croix, à propos du décret des Amphictions contre Cirrha, *Des anciens Gouvern. fédér.* (an vii, in-8°), p. 282 et suiv. et la diss. de M. de Lasaulx, *Ueber den Fluch bei Griechen und Römern* (Wurzburg, 1843), réimprimée dans les *Studien des classischen Alterthums* (Regensburg, 1854, in-4°).

assez fidèlement conservées d'âge en âge, grâce
à leur importance et à leur brièveté ; la mémoire
y pouvait suffire, sans l'aide de l'écriture, comme
elle a suffi, chez des peuples demi-sauvages, à
conserver des formules d'alliance[1].

Les mêmes caractères d'austérité archaïque
distinguent le serment prêté en commun par
tous les Grecs lors de l'invasion médique, et le
serment civique prêté par les jeunes Athéniens,
deux pièces qui nous sont parvenues plus complètes encore que le serment amphictionique. On
ne relit pas sans émotion des pages auxquelles
s'attachent de si grands souvenirs dans l'histoire
de la Grèce, des pages qui sont, en même temps,
les plus anciens monuments de la prose grecque
et le plus exprès témoignage de l'antipathie du
génie hellénique pour les hommes et les mœurs
de l'Orient.

« Je ne préférerai pas ma vie à la liberté ; je ne
« quitterai pas mes chefs ni vivants ni morts ; mais
« les alliés morts dans le combat, je les enterrerai
« tous. Après avoir vaincu les Barbares, je ne dé-
« truirai aucune des villes qui auront combattu
« pour la Grèce ; mais celles qui ont préféré le
« parti des Barbares, je les décimerai toutes[2]. Je
« ne reconstruirai pas un seul des temples brû-

---

[1] Voir Alonso de Ovalle, *Re-*
lacion historica del Reyno de Chi-
li (Roma, 1646), et la note qui

forme notre deuxième Appendice.

[2] Cet article du serment est attesté aussi par Hérodote, VII, 132.

« lés et renversés. par les Barbares, mais j'en lais-
« serai subsister les ruines, pour témoigner de
« leur impiété auprès de nos descendants. »

Voici maintenant. le serment civique et militaire des Athéniens :

« Je ne déshonorerai pas les armes sacrées, je
« ne quitterai pas mon compagnon de rang. Je
« combattrai pour tout ce qui est saint et sacré,
« et seul et avec de nombreux compagnons. Je
« ne rendrai pas (à mes successeurs) ma patrie
« moindre que je ne l'aurai reçue, mais plus
« grande et plus forte. J'obéirai sagement aux
« juges en fonction, je me soumettrai aux lois
« établies et à celles que pourra établir la volonté
« unanime du peuple. Si quelqu'un détruit ces
« lois ou n'y obéit pas, je les vengerai, et seul et
« avec mes concitoyens, et j'honorerai la religion
« de mes pères.

« Témoins les dieux : Agraulos, Enyalios, Zeus,
« Thallo, Auxo, Hégémoné[1]. »

La lutte à laquelle se rattachent ces éloquents
manifestes se termina-t-elle par un traité en forme
avec les Barbares? Quelques anciens l'ont cru ou
ont feint de le croire. Le *Recueil de décrets et de*

---

[1] Lycurgue, *contre Léocrate*, § 77 et § 81 (Barbeyrac, n° 115). Le second de ces deux serments avait disparu dans les manuscrits de l'orateur athénien. Les éditeurs modernes l'ont inséré dans le texte, sur l'autorité de Stobée (*Antholog.*, XLIII, 48) et de Pollux (*Onomast.*, VIII, 105). Le premier morceau se retrouve aussi dans Diodore de Sicile, IX, 29; cf. Pausanias, X, 35, § 2.

traités d'alliances, portant le nom du Macédonien
Cratérus[1], contenait le texte d'un prétendu traité
entre les Perses et les Grecs, que l'on supposait
conclu après la célèbre victoire de l'Eurymédon.
Mais, dès l'antiquité, un grave historien remarquait déjà que, sur le marbre où on l'avait relevé,
l'original de cette pièce trahissait, par son ortho-
graphe ionienne, une époque plus moderne[2],
c'est-à-dire postérieure à l'archontat d'Euclide
(403 av. J. C.), et Plutarque insinue que, si certaines limites furent alors assignées à la domination des Barbares et respectées par eux, ce fut
l'effet de la force même des choses plutôt que
d'une convention formelle[3]. Théopompe avait
aussi des doutes sur le texte d'un traité entre les
Athéniens et Darius; il en avait sur le serment
prononcé par les Grecs avant la bataille de Platée : il soupçonnait là autant de mensonges de la
vanité athénienne[4]. Sous le règne de Tibère, dans
une controverse avec Lacédémone, touchant une
portion de territoire, les Messéniens prétendirent

---

[1] Συναγωγὴ ψηφισμάτων. Voyez
Fanz, rElem. epigr. gr., p. 9; C. Müller, l ragm. hist. gr., II, p. 617.

[2] Théopompe, cité par Harpocration, à l'article Ἀττικοῖς γράμ-
μασι (fragment 168 de la collection
de C. Müller).

[3] Plutarque, *Cimon,* c. XII; cf.
Müller, *Fragmenta historicorum
græc.* II, p. 621. Comparez toutefois
sur l'existence de ces traités les té-

moignages positifs d'Isocrate, *Pa-
négyr.,* § 120; de Démosthène, *de
l'Ambassade,* § 273, et *sur les Rhodiens,* § 29, et de Lycurgue, *contre
Léocrate,* § 73.

[4] Théon, *Progymnasmata,* c. II,
signale comme des modèles d'expo-
sition historique les morceaux du
XVe livre de Théopompe où ces
doutes étaient exprimés. Malheureusement il n'en reste rien.

s'appuyer sur un ancien pacte conclu entre les descendants d'Hercule; les Lacédémoniens, plus modestes, invoquèrent seulement de vieilles traditions en prose et en vers [1], toujours moins suspectes que de prétendus traités qui remonteraient à une époque si voisine de la guerre de Troie [2].

Ainsi les chartes apocryphes ne sont pas une invention de la mauvaise foi moderne; chez les anciens, comme chez nous, la diplomatie avait ses faussaires; comme chez nous, l'historien critique avait quelquefois à distinguer entre les documents sincères et les textes fabriqués à plaisir.

Aucun doute du moins ne semble devoir atteindre le texte d'un traité d'alliance entre deux petites villes du Péloponnèse, traité conclu, selon toute apparence, vers le temps même des guerres médiques, et qui, retrouvé en 1813, auprès d'Olympie, par le voyageur anglais W. Gell, fut, dès l'année suivante, éclairci par un savant commentaire de M. Boissonade [3]. En voici la traduction aussi littérale que je l'ai pu faire :

« Le pacte aux Éléens et aux Héréens. Qu'il y « ait alliance de cent ans; qu'elle commence cette

---

[1] Tacite, *Annales*, IV, 43 : « Messenii veterem inter Herculis posteros divisionem Peloponnesi protulere..... » Les Lacédémoniens s'appuyaient « Annalium memoria vatumque carminibus. ».

[2] Diodore de Sicile, I, 5.

[3] *Classical journal*, XI, p. 348; XIII, p. 113; XX, p. 285-306; XXII, p. 352; XXIV, p. 401; *Corpus Inscr. græc.*, n° 11; Franz, *Elementa epigr. gr.*, n° 24.

« année. S'il est quelque besoin de parler ou d'a-
« gir, que l'on s'unisse, et pour toute chose, et
« pour la guerre. Ceux qui ne s'uniraient pas
« payeraient à Zeus Olympius un talent d'argent
« pour amende. Si quelqu'un détruit l'écriture
« que voici, soit simple allié, soit magistrat, soit
« ville, il sera soumis à l'amende ici inscrite[1]. »

En tout dix lignes de vieux dorien, laborieuse-
ment gravées sur le métal. C'est le plus ancien
document de la diplomatie européenne, et l'É-
gypte seule nous en offre un plus ancien encore[2].
A ce titre déjà, il est bien précieux. On y constate, dès ce temps reculé, l'usage, qui semble
avoir été général chez les Grecs, de placer les
contrats publics sous la garantie de quelque dieu,
usage protecteur, auquel nous devons sans doute
la conservation d'un grand nombre de ces documents. Ainsi des exemplaires d'une trêve conclue
entre Sparte et Athènes étaient déposés dans le
temple du même Jupiter Olympien, dans les sanc-

[1] Après les travaux des épigra-
phistes sur ce monument, le texte
de la dernière phrase semble seul
offrir encore une difficulté sérieuse.
Je l'ai traduit comme M. Boissonade et M. Bœckh ; mais je doute
que ἐπιάρῳ soit ici le datif de ἐπίαρον pour ἐφίαρον, et je penserais
plus volontiers, avec M. Ahrens (de
Dialecto æolica, p. 282), à quelque
forme archaïque et dorienne du mot
ἐπαρή ou ἐπαρά, imprécation (Voyez
le monument de Téos dans le Corpus, nº 3044) ; cf. γράφος pour γρα-
φή, dans le texte même d'Olympie ;
σουγγραφώ pour συγγραφή, dans une
inscription d'Orchomène, Corpus,
nº 1569.

[2] Voir à la fin de ce volume les
fragments d'un traité entre Ramsès II Méiamoun et le prince des
Schéta, que je publie en français
d'après la traduction de M. Emm.
de Rougé.

tuaires de Delphes, de l'Isthme, de l'acropole d'Athènes et d'Apollon Amycléen à Sparte [1]. Chaque peuple avait naturellement, pour ces sortes d'hommages, sa divinité de prédilection. Dans une ville du Péloponnèse, Minerve est adorée comme *apportant la paix* [2]. Chez les anciens Romains, c'est Janus qui est invoqué comme le protecteur des alliances, et la double figure de ce dieu symbolise, dit-on, les deux peuples que réunit le traité de paix [3]; c'est d'abord le temple de Dius Fidius, puis le temple de la Bonne Foi, au Capitole, qui reçoit les exemplaires officiels des actes d'alliance [4].

Le laconisme qui caractérise le traité d'Élis et d'Héréa n'est pas non plus accidentel, et il suffirait presque à lui seul pour dater ce monument, car il montre comme l'inexpérience d'un peuple qui s'essaye depuis peu seulement à rédiger par écrit de telles conventions. On était sobre d'écriture alors, parce qu'on manquait de matières commodes pour écrire de longs actes [5]; peut-être aussi la simplicité des mœurs rendait-elle moins

---

[1] Thucydide, V, 18; cf. dans Pausanias, V, 23, et Diodore, XI, 26, un autre exemple du même usage.

[2] *Corpus Inscr. gr.*, n° 6833 : Ἀθάνα εἰρηνοφόρος, inscription gravée sur la base d'une statue de Minerve.

[3] Servius, *ad Virgilii Æneid.* XII, 198.

[4] Voir les textes réunis, sur ce sujet, par M. Mommsen, mémoire cité, p. 199 et suiv.

[5] Voir ma dissertation *sur l'Importation du papyrus en Grèce*, à la suite de l'*Essai sur l'histoire de la critique*, p. 485, et mes observations sur les *Origines de la prose* dans les *Mémoires de littérature ancienne*, p. 269.

nécessaire le luxe de formules et de précautions légales que nous verrons se développer plus tard. Un acte de donation, retrouvé à Petilia, ne contient que ces mots :

« Dieu et Fortune. Saotis donne à Sicænia sa « maison et tous ses biens. »

Puis les noms de six magistrats, un « démiurge » et cinq « proxènes, » invoqués apparemment comme témoins et garants de la donation [1].

Si simple que fût l'intention de la donatrice, qui ne reconnaît dans l'extrême concision de cette formule l'empreinte d'une époque où commençait à peine ce qu'on pourrait appeler l'art des transactions soit publiques soit privées? Selon Tite-Live, dans sa narration du combat des Horaces et des Curiaces, les Romains avaient, dès les premiers temps de leur monarchie, un savant cérémonial pour la conclusion des traités ; le fécial et le *pater patratus* jouaient dans ces actes solennels un rôle déterminé par des lois précises, et le *pater patratus* y récitait « une longue formule de l'alliance [2]. » Sans dénier à ce témoignage sa juste autorité, on peut remarquer que Tite-Live ne désigne pas nettement une formule écrite, et que Denys d'Halicarnasse, auteur assez enclin d'or-

---

[1] *Corpus Inscr. gr.*, n° 4; Franz, *Elem. épigr. gr.*, n° 23.

[2] I, 24 : « Fœdus multis verbis, quæ longo effata carmine non operæ est referre, peragit. » Quel dommage qu'il ne l'ait pas transcrit !

dinaire à exagérer la civilisation de l'Italie ancienne, n'en parle pas davantage [1]. Mais ce qui
est encore plus significatif, c'est le texte même,
que nous trouvons traduit dans Polybe, du premier traité entre Rome et Carthage, peu de
temps après l'expulsion des rois : cet acte se distingue, en effet, par le caractère de brièveté où
nous reconnaissons le cachet même de l'ar-
chaïsme ; de nombreux et graves intérêts y sont
réglés en bien peu de mots, comme on va le
voir :

« Qu'il y ait amitié, aux conditions suivantes,
« entre les Romains et leurs alliés [d'une part],
« et [de l'autre] les Carthaginois et leurs alliés.
« Les Romains ne navigueront pas au-delà du
« promontoire Kalon, à moins d'y être con-
« traints par la tempête ou par l'ennemi. Si quel-
« qu'un d'eux est forcé de franchir cette limite,
« il ne pourra ni rien vendre, ni rien acheter, si
« ce n'est pour la réparation des navires ou pour
« le culte des dieux, et il devra, dans les cinq
« jours, quitter ces parages. Quant à ceux qui
« viendront pour le négoce, ils ne feront rien
« que devant un héraut ou un scribe. Tout ce
« qui aura été vendu en présence de ces magis-

---

[1] *Antiq. rom.*, III, 12, 13 ; et cependant, à propos de la victoire de
Romulus sur les Véiens (II, 55), il
nous dit, comme si c'était chose
toute simple : Σπονδὰς ποιησάμενος
πρὸς αὐτοὺς... στήλαις ἐνεχάραξε τὰς
ὁμολογίας. Mais avait-il pu voir un
tel monument ?

« trats, soit en Libye, soit en Sardaigne, le prix
« en sera dû au vendeur sous la garantie publi-
« que. Si un Romain vient en Sicile, dans la
« partie occupée par les Carthaginois, il y jouira
« d'une pleine égalité de droits. Les Carthagi-
« nois ne feront aucun tort aux habitants d'Ardée,
« d'Antium, de Laurente, de Circéi, de Tarra-
« cine, à aucun des peuples latins soumis à l'au-
« torité de Rome. Sur les autres territoires, ils
« ne prendront aucune ville, ou s'ils en ont pris
« une, ils la rendront intacte. Ils ne construiront
« pas de place forte sur le territoire des Latins ;
« s'ils y entrent comme ennemis, ils n'y passe-
« ront pas la nuit (c'est-à-dire ils n'y resteront
« pas plus d'un jour) [1]. »

Les difficultés que peuvent offrir certains passages de ce texte tiennent sans doute à la dis-
tance où nous sommes des événements qui ac-
compagnèrent la conclusion de l'alliance ; elles
tiennent peut-être aussi à des archaïsmes de langage qui devaient embarrasser les interprètes
employés par Polybe. A cet égard, la réserve
même de l'historien et les craintes qu'il exprime
sur la fidélité de sa traduction nous sont une ga-

[1] Polybe, III, 22. Barbeyrac, n° 97. Cf. Heyne, *Opuscula academica*, t. III, p. 39-78, et G. Wulff, *de Primo inter Romanos et Carthaginienses fœdere* (Neubrandenburg, 1843, in-4°); *Fœdera Romanorum et Carthaginiensium controversa critica ratione illustravit* P. J. Rœckerath (Münster, 1860, in-8°); Em. Müller, *Ueber das älteste römisch-karthagische Bündniss* (Verhandlungen der Versammlung der deutschen Philologen, 1861, Frankfurt a. M., p. 79-92).

rantie précieuse de l'authenticité du texte en question, et Denys d'Halicarnasse nous inspire moins de confiance quand il nous donne en grec, et cela sans le moindre doute, la formule d'un traité conclu quelques années plus tard entre les Romains et les Latins [1]. En vieillissant, de tels documents deviennent toujours obscurs. Plutarque nous montre Aristote, l'érudit universel, hésitant sur le sens d'un mot grec dans le texte d'un vieux traité entre les Lacédémoniens et les Tégéates [2]. Grâce au changement plus ou moins rapide, mais partout sensible, du langage, ces actes auraient eu souvent besoin d'être recopiés et presque traduits en un langage plus moderne, comme le texte des lois [3], si, dans la mobilité même des affaires humaines, les traités publics ne passaient bien vite à l'état de simples documents pour l'histoire.

La mention que font les Carthaginois, dans le traité avec Rome, de leurs possessions en Sicile,

---

[1] *Antiq. rom.*, VI, 95. Cf. III, 33; IV, 58, où sont indiqués d'autres monuments semblables et plus anciens encore.

[2] *Questions grecques*, c. v. Dans ce traité, dont le texte existait sur une stèle, au bord de l'Alphée, on lisait : Μεσσηνίους ἐκβαλεῖν ἐκ τῆς χώρας καὶ μὴ ἐξεῖναι χρηστοὺς ποιεῖν. Aristote expliquait les deux derniers mots par ἀποκτιννύναι, peut-être parce que, χρηστέ ou χρηστή étant déjà une formule d'a-dieu funéraire, comme ἥρως, χρηστοὺς ποιεῖν équivalait en réalité à ἀφηρωτζειν, ou « faire passer au rang des morts. » Cf. les inscriptions de Théra, dans le *Corpus*, n° 2467 et suiv.

[3] Voy. Diodore de Sicile, XIII, 35, sur les lois de Dioclès; Lysias, *contre Nicomaque*, au sujet des lois de Solon; et le décret athénien publié par Meier, *Commentatio epigraphica* I (Halis, 1852, in-4°), n° 2, p. 17.

nous rappelle que, peu d'années après, leur domination dans ce pays était vivement attaquée
par les rois d'Agrigente et de Syracuse ; que Gé-
lon et Théron remportaient sur les Africains une
mémorable victoire vers le temps même du
triomphe remporté, à Salamine, sur d'autres Barbares, et que dans le traité qui suivit cette victoire, les princes grecs de la Sicile imposaient aux
Carthaginois, entre autres conditions, celle de
renoncer à l'usage des sacrifices humains. Le
texte d'un pareil traité méritait assurément de
parvenir jusqu'à nous. Mais qui sait si toute cette
partie de l'histoire de Sicile n'a pas été un peu
embellie par le patriotisme de Diodore, le seul
historien où nous trouvions aujourd'hui la mention d'un fait si notable[1]? En tout cas, les Grecs,
qui combattaient valeureusement au dehors contre la barbarie, étaient loin encore d'en avoir
effacé les derniers vestiges dans leurs propres
cités. Le brigandage, sur terre comme sur mer,
a été longtemps, chez eux, un moyen commun et
régulier de s'enrichir ; il a ce caractère dans
l'épopée homérique, il le conservait, au temps de
Thucydide[2], chez plusieurs peuples de race hellénique. Le témoignage de cet état social se retrouve sur divers points du monde grec, dans
des traditions ou sur des monuments d'une anti-

_____

[1] XI, 26 ; Barbeyrac, n° 113.   [2] Thucydide, I, 5.

quité vénérable. A Athènes, c'est une loi de Solon, conservée par le Digeste, qui mentionne, parmi les associations légitimes, le pacte fait en vue du brigandage [1]; c'est un texte de la *Politique* d'Aristote où l'auteur rapproche froidement la chasse et la guerre comme deux moyens légitimes de s'enrichir [2]. A Chios, c'est l'historien Théopompe qui nous raconte comment un esclave rebelle avait fini par se faire une espèce de royauté régulière dans les montagnes d'où il bravait ses anciens maîtres, et comment il réussit même à conclure avec eux un véritable traité de paix [3]. A Céos, c'est une alliance de cette ville avec les Étoliens, qui interdit à ceux-ci l'enlèvement des personnes ou des biens de leurs nouveaux alliés, et qui, en échange, assure à ces demi-barbares les droits de cité les plus complets dans l'île de Céos [4]. A Téos [5], c'est le fragment d'un acte religieux et législatif qui se terminait par des imprécations contre les citoyens désobéissants, contre les pirates, et aussi contre d'autres brigands dont le nom, sémitique, à ce

[1] ..... ἢ θιασῶται, ἢ ἐπὶ λείαν οἰχόμενοι, ἢ εἰς ἐμπορίαν, ὅ τι ἂν τούτων διαθῶνται πρὸς ἀλλήλους, κύριον εἶναι, ἐὰν μὴ ἀπαγορεύωσι τὰ δημόσια γράμματα. Gaïus, *Ad XII Tab. in Dig.* XLVII, 22, *de Collegiis et corporibus*, § 4. Le mot λείαν a été vainement contesté dans ce texte. Voyez S. Petit, *de Leg. att.*, V, 7, pag. 525, édition Wesseling.

[2] *Politique*, I, 8.

[3] Athénée, *Dipnos.*, VI, p. 265 ; H. Wallon, *Histoire de l'esclavage*, t. I, p. 319.

[4] Le Bas, *Voy. archéol.*, part. II, n° 1763-1765.

[5] *Corpus Inscr. græc.*, n° 3044. Franz, *Elementa epigr. gr.*, n° 46.

qu'il semble [1], montre que, surtout dans les pays méridionaux, les Grecs ne connaissaient pas seulement les Phéniciens pour leur habileté dans le commerce, mais aussi pour leur amour du brigandage. En Locride, c'est une convention conclue entre deux villes voisines, et dont la rédaction déjà savante contraste singulièrement avec la barbarie qu'elle atteste [2]. Le brigandage, en effet, est précisément ce que veut régler la convention entre Œanthéa et Chaléion ; elle le démontre et le consacre en essayant d'y mettre des limites. Une part est faite au droit d'enlever des étrangers ou de piller leurs biens ; ceux qui commettent de tels actes, en dehors des cas spécifiés, seront punis d'une forte amende. L'étranger n'est pas seulement défendu contre la violence, il est encore protégé dans l'exercice de certains droits civils dans chacune des deux cités contractantes. Le jugement des causes où sa personne est intéressée appartient à des magistrats, les ξενοδίκαι, qui ne sont pas sans ressemblance

[1] Κιξάλλης, d'où le verbe κιξαλλεύω. Voy. E. Renan, *Histoire des langues sémitiques*, p. 205 de la 2e édition (1858).

[2] *Publication d'une inscription locrienne inédite*, par J.-N. Œconomidès (Corfou, 1850, gr. in-8º, en grec mod. et en français); l'inscription a été reproduite, avec des observations et un commentaire en partie nouveaux, par M. L. Ross (Leipzig, 1854, in-8º) et par M. Rangabé, *Antiquités helléniques*, vol. II, nº 356 *b*. Il est remarquable que la table de bronze qui porte cette inscription ressemble beaucoup pour la forme à celle où était inscrit le traité entre Ramsès II Méiamoun et le prince des Schéta, que nous publions en appendice à la fin de ce volume. Cela répond sans doute à quelque très-ancien usage.

avec celui que les Romains appelaient le préteur des étrangers (*prætor peregrinorum* ou *peregrinus*). Pour ces mêmes procès, le texte distingue deux degrés de juridiction, d'abord celle de ces *xénodiques,* puis, en cas de partage de voix dans leur tribunal, un autre tribunal formé soit de quinze soit de neuf membres, suivant l'importance de l'objet en litige; et ces nouveaux juges sont choisis parmi une classe particulière de citoyens. Quand le procès a lieu entre deux citoyens de la même ville, c'est encore une autre juridiction qui doit intervenir [1]. Nous voilà bien loin déjà de la trêve de cent ans conclue en termes si simples entre les deux cités d'Héréa et d'Élis. Les relations de la vie se compliquent, et cette complication amène avec elle un développement des formules du droit international.

Que sera-ce, si d'un pays demi-barbare comme la Locride nous passons aux foyers mêmes de la civilisation grecque, l'Attique et le Péloponnèse? Quelques monuments, dont il ne reste que des débris souvent informes, laissent deviner à cet égard plus qu'ils ne nous apprennent.

Tel est le décret du peuple athénien, qui décide l'envoi d'une colonie à Bréa, dans la Thrace, et qui règle les relations de cette colonie avec la métropole [1]. Tels sont deux autres décrets en fa-

---

[1] Rangabé, *Antiq. helléniques*, nᵒ 274 (t. I, p. 355) les restes d'un nᵒ 785 *b*, tome II, p. 403-404. Cf. décret analogue, qui concerne la

veur des colons athéniens de Méthone, qui mentionnent les relations difficiles de cette ville avec Perdiccas, et qui attestent un projet de traité entre Méthone et le roi de Macédoine. On y voit que les trois ambassadeurs envoyés auprès de Perdiccas devront être âgés de plus de cinquante ans. On y remarque, parmi diverses clauses protectrices du commerce de Méthone, l'indication d'une douane jusqu'ici inconnue , celle des Gardiens de l'Hellespont (Ἑλλησποντοφύλακες) qui surveillaient et soumettaient à de certains droits de transport les blés produits par les régions voisines de la mer Noire [1], régions déjà célèbres, on le voit, pour leur fécondité en céréales et qui approvisionnaient souvent de leurs produits les marchés de l'Occident [2].

Tel est surtout le fragment d'une trêve religieuse spécialement proclamée pour assurer la célébration des mystères d'Éleusis, dans les premiers temps de la guerre du Péloponnèse [3]; il nous rappelle l'alliance toute religieuse entre deux villes doriennes du Péloponnèse, Hermione et Asina, alliance dont une inscription nous a transmis le témoignage [4]. Bien d'autres dé-

colonie athénienne d'Aphysis en Thrace.

[1] Rangabé, *Antiq. hellén.*, n° 250, t. I, p. 313-314; Le Bas, *Voy. archéol.*, *Monum. d'antiq. figurée*, n° 34; cf. Bœckh, *Staatshaush. der Athener*, I, p. 78 de la 2e édition.

[2] Voir nos *Mémoires d'histoire ancienne et de philologie*, Paris, 1863, in-8°, p. 67.

[3] *Corpus Inscr. græc.*, n° 71 ; Franz, n° 48.

[4] *Corpus Inscr. gr.*, n° 1193, date inconnue, mais que les caractères

bris, malheureusement informes, de traités publics, appartenant à cette période, se sont retrouvés, surtout parmi les ruines de l'ancienne Athènes [1].

Mais c'est dans le quatrième et dans le cinquième livre de Thucydide que nous pouvons étudier en détail les progrès du droit public entre les cités grecques. Par un exemple assez rare, dont les critiques, ce me semble, ne l'ont pas assez loué, et que trop peu d'historiens ont imité, Thucydide a voulu nous donner, non-seulement l'analyse des négociations qui aboutirent à la célèbre paix déjà nommée par les anciens *la paix de Nicias* [2], mais encore le texte des actes principaux qui la consacrèrent [3]. Rien ne saurait mieux que cet ensemble de documents nous montrer l'esprit même des institutions et des pratiques relatives au droit public de la Grèce, durant ce siècle le plus agité peut-être et le plus brillant de son histoire. Dès le début même de son deuxième livre, où commence le récit de la guerre du Péloponnèse, l'historien déclare que tant qu'elle dura les peuples ne communiquèrent jamais entre eux sans l'office du héraut, c'est-à-

de la langue permettent de croire fort ancienne.

[1] Plutarque, *Vie de Nicias,* c. IX.

[2] Rangabé, *Antiq. hellén.,* n° 251-256. Parmi ces débris, quelques-uns se rapportent certainement, comme l'a fait voir M. Rangabé, aux événements racontés et quelquefois aux alliances attestées ou transcrites par Thucydide.

[3] Liv. IV, 118; V, 18, 23, 47, 77, 79. Barbeyrac, n° 175 et suiv.

dire que les formalités du droit public y furent sévèrement observées. Cela nous prépare naturellement à chercher dans son récit le témoignage des négociations qui en font ici pour nous le principal intérêt.

CHAPITRE II.

LE DROIT PUBLIC ET L'ART DES TRAITÉS PARVENUS A LEUR
PLEIN DÉVELOPPEMENT DANS LES ÉTATS LIBRES DE LA
GRÈCE, DEPUIS LE SIÈCLE DE PÉRICLÈS JUSQU'AUX
SUCCESSEURS D'ALEXANDRE LE GRAND.

D'abord nous trouvons une simple trêve conclue pour un an, dans l'hiver de 425 avant Jésus-
Christ, entre Athènes et Lacédémone. L'historien en a transcrit les conditions, rédigées par les
Lacédémoniens et leurs alliés ; il a joint à ce texte
le décret des Athéniens qui en constate l'acceptation, puis l'adhésion définitive de Lacédémone,
le tout suivi des noms des négociateurs qui ont
respectivement juré pour Athènes, d'une part,
et, de l'autre, pour Sparte, Corinthe, Sicyone,
Mégare et Épidaure. Cette convention devait
servir de base à une trêve plus longue, qui ne
put être conclue qu'après une sanglante reprise
des hostilités. Alors seulement les pourparlers

recommencent, et une nouvelle trêve est consacrée par les serments des deux peuples. Thucydide la transcrit encore avec les noms des négociateurs. Il fallut ensuite quelque temps pour mettre d'accord les divers peuples qui résistaient aux propositions communes de Sparte et d'Athènes. Enfin, après de fréquents colloques, le traité d'alliance fut conclu pour cinquante ans, à Lacédémone. En dehors de l'alliance principale, Athènes fit une trêve particulière de cent ans avec les Argiens, les Éléens, les Mantinéens et les alliés de ces trois villes. De leur côté, Argos et Lacédémone réglèrent leurs propres intérêts par un traité spécial. Certains peuples, plus défiants sans doute, se bornèrent à conclure une trêve *de dix jours*. Telle fut celle des Béotiens avec Athènes, trêve dont la courte durée serait presque inexplicable, si nous ne supposions que les parties contractantes la renouvelaient de dix en dix jours, comme semble l'indiquer l'historien [1].

Dans tous ces actes, les droits de chacun sont nettement constatés, les concessions et les promesses réciproques sont rigoureusement déterminées. A l'usage du droit international se forment peu à peu une jurisprudence et un style

---

[1] Thucydide, V, 26 et 32 (Cf. VI, 10, l'allusion que fait à cette trêve un discours de Nicias) : Ἐκεχειρία δεχήμερος ou ἐπισπονδαί, parce que c'était comme une annexe au traité principal.

qui ont leur caractère propre avec leurs difficultés particulières. La plupart des termes officiels usités chez les Grecs (on l'a pu voir dans l'énumération ci-dessus) n'ont pas de synonymes en latin ni en français; plusieurs répondent à des pratiques et à des formalités abolies ou changées par le progrès de la civilisation.

Je vois d'abord trois sortes de personnes employées aux négociations : les hérauts, simples porteurs de dépêches pacifiques chargés ordinairement des préliminaires religieux d'une alliance et dont la fonction, mentionnée dès les temps héroïques de la Grèce [1], paraît avoir une place régulière parmi les magistratures athéniennes dans la constitution de Solon [2]; les ambassadeurs proprement dits, ou plénipotentiaires; les hommes de leur suite, ceux que je n'oserais pas appeler les attachés d'ambassade, car ce pouvaient être, en partie du moins, de simples serviteurs, et même des esclaves [3]. A toutes ces personnes est garantie

---

[1] Voir, pour plus de détail sur les κήρυκες, la dissertation spéciale de Chr. Ostermann (Marburg, 1845, in-8°), *de Præconibus Græcorum*, surtout p. 31 et 93.

[2] Le serment des Héliastes, tel que nous l'a conservé Démosthène (*contre Timocrate*, § 149), et qui est une des plus anciennes pages de la constitution républicaine des Athéniens, mentionne comme deux magistratures distinctes le héraut des πρέσβεις et celui des σύνεδροι.

[3] IV, 118 : Κήρυκι δὲ καὶ πρεσβείᾳ καὶ ἀκολούθοις (l'ἀκόλουθος est celui que Cicéron, *Verrines, Act.* II, 1, c. xxv, désigne par le mot latin *assecla*. Cf. le Digeste, XLVIII, 6, *de vi publica* § 7), ὁπόσοις ἂν δοκῇ, περὶ καταλύσεως τοῦ πολέμου καὶ δικῶν ἐς Πελοπόννησον καὶ Ἀθήναζε σπονδὰς εἶναι ἰοῦσι καὶ ἀπιοῦσι, καὶ κατὰ γῆν καὶ κατὰ θάλασσαν. Cf. Bétant, *Lexicon Thucyd.* s. v. Ὑπόσπονδος.

la libre circulation sur terre et sur mer, pour
toutes les démarches concernant la paix et la justice[1]. C'est sans doute à ce service des relations
diplomatiques que se rapportait le nom de εἰρηναρ-
χίδες donné aux deux galères sacrées d'Athènes,
la *Paralos* et la *Salaminia*[2]. De même qu'elles trans-
portaient la *théorie* de Délos, de même elles servaient, sous la protection d'un droit de neutralité, soit au transport des députés d'Athènes, soit
à quelque surveillance exercée par des *irénarques*
sur les mers de la Grèce.

Je vois ensuite des serments dont l'intention
est partout la même, mais dont la formule varie
de cité à cité; des serments qui seront tantôt
prêtés par la population entière, tantôt par des
magistrats représentant et engageant tous leurs
concitoyens. La prestation même du serment a
lieu entre les mains de magistrats spécialement
désignés à cet effet. Des exemplaires des alliances
sont déposés et dans chacune des villes contrac-

---

[1] D'autres témoignages, tels que celui de Dion Chrysostome (*l'Eu-boïque*, p. 115, éd. Empérius), con-statent aussi cette inviolabilité : ὥς ἐστι πενία χρῆμα τῷ ὄντι ἱερὸν καὶ ἄσυλον, καὶ οὐδεὶς ἀδικεῖ πένητας, πολὺ δὲ ἧττον ἢ τοὺς τὰ κηρύκεια ἔχοντας.

[2] Fait attesté par le seul Scho-liaste d'Aristophane, sur les *Gre-nouilles*, v. 1071, mais que complète utilement une scholie sur Démos-thène (*contre Midias*, p. 570, t. II, p. 688 des *Oratores attici*, éd. C. Mül-ler). Le mot εἰρηνάρχης n'a été lu jusqu'ici que dans les auteurs plus récents. Le verbe εἰρηναρχέω paraît désigner une fonction municipale, peut-être analogue à celle des édiles, dans une inscription de Tralles, qui est du temps des Antonins (*Corpus Inscr. gr.*, n° 2930 *b*; plus exacte-ment dans Kennedy Bailie, *Fasci-culus* n. CIX *b*.).

tantes, et dans des villes neutres, surtout dans les principaux sanctuaires de la religion helléni- que; et, comme si ces précautions n'en assuraient pas assez le maintien, on convient que les ser- ments réciproques seront renouvelés à des épo- ques fixes et solennelles, telles que les fêtes olym- piques et les Panathénées. Parmi les dispositions de ces divers traités, je remarque celles qui rè- glent la restitution des captifs et des otages, le passage des armées sur le territoire des villes amies, l'entretien et la solde des armées auxiliai- res selon la durée du secours obtenu; en cas de guerres entreprises pour l'intérêt commun, la promesse de ne point traiter séparément avec l'ennemi; en cas de révolte des esclaves, l'enga- gement de se prêter un secours mutuel; d'autres clauses sur lesquelles il conviendra de revenir plus loin et de s'étendre avec quelque détail.

Si maintenant, pour compléter ce tableau de la diplomatie grecque au temps de la guerre du Péloponnèse, nous voulons avoir une idée de ce qu'était alors une conférence entre ministres plé- nipotentiaires, Thucydide nous offrira encore l'a- nalyse, ramenée sans doute, pour le besoin de l'art[1], à une symétrie quelque peu factice, des pour- parlers entre les ambassadeurs d'Athènes et ceux de Mélos. Les Méliens, colonie de Lacédémone,

[1] Voir la belle étude de littéra- ture et de morale sur Thucydide de M. Jules Girard (Paris, 1860, in-12), ch. Ier.

voulaient au moins rester neutres au milieu des rivalités de cette ville et d'Athènes. Mais, dans l'élan de son ambition, Athènes prétend leur imposer la loi célèbre de son ancien législateur, Solon, qui, en cas de dissension civile, ne permettait ni l'indifférence ni la neutralité[1]. Avant d'en venir à une lutte ouverte, les deux peuples proposent de vider le débat dans une réunion d'un petit nombre de députés, de manière que la délibération échappe aux lenteurs et, peut-être, au désordre d'une discussion en pleine assemblée du peuple[2] : on reconnaît la forme du conseil public qui a été, depuis, si souvent adoptée sous les noms et avec les attributions diverses de *conférences* et de *congrès*. Outre l'institution permanente, mais rarement efficace, du conseil amphictionique[3], on peut citer quelques autres exemples de ces congrès, chez les anciens, surtout lorsque les États traitent d'égal à égal et qu'aucun des contractants n'a le droit d'évoquer à lui les négociateurs étrangers et de leur imposer ses propres usages. Telle est l'assemblée réunie à Athènes pour la conclusion d'une alliance contre Lacédémone, alliance dont nous examinerons bientôt les instruments, en partie conservés[4].

Mais c'était là, il faut le dire, un cas relative-

----

[1] Plutarque, *Vie de Solon,* c. XX.

[2] Thucydide, V, 85-114.

[3] Voir Schœmann, *Antiquitates juris publici Græcorum* (Gryphiswaldiæ, 1838, in-8°) VI, 3, p. 385 et suiv.

[4] Voyez aussi Plutarque, *Périclès,* c. XVII.

ment assez rare dans les usages de la diplomatie grecque, surtout chez les Athéniens. Lors de la célèbre affaire de Pylos, les députés de Lacédémone demandaient instamment que le peuple voulût bien nommer des commissaires (ξυνέδρους) pour « s'entendre paisiblement avec eux. » Le Spartiate, peu parleur de sa nature, n'affrontait pas sans peine une tribune comme celle d'Athènes, où tout contribuait à rendre la partie inégale entre les deux peuples rivaux. Grâce aux efforts de Cléon, cette équitable demande fut repoussée, et les ambassadeurs repartirent sans avoir rien obtenu [1]. Plus tard, dans un acte d'alliance et de bonne amitié entre les Athéniens et Denys de Syracuse, on voit les ambassadeurs de ce prince invités à comparaître devant le peuple en assemblée publique, pour s'entendre avec les commissaires des autres alliés sur les honneurs et remercîments que recevra le roi de Sicile pour son empressement à maintenir la paix conclue par Athènes et Lacédémone avec Artaxerxès [2].

Cette publicité des transactions internationales profitait-elle à leur loyauté même? On aimerait à le croire, si l'on ne lisait là-dessus les aveux d'un

---

[1] Thucydide, IV, 22, 23.

[2] Προσαγαγεῖν δὲ τοὺς πρέσβεις πρὸς τὸν δῆμον εἰς τὴν πρώτην ἐκκλησίαν καὶ συλλέξαντας τοὺς συμμάχους τοὺς προέδρους μὲν χρηματίζειν περὶ ὧν ἀγγέλλουσι, γνώμην δὲ συμβάλλεσθαι τῆς βουλῆς πρὸς τὸν δῆμον, etc. *Corpus Inscr. gr.*, n° 2246; Franz, *Elem. epigr. gr.*, n° 60. Je n'ai pas cru devoir distinguer ici du texte conservé sur la pierre les restitutions, qui semblent certaines.

Athénien, qui semblent prouver que la foi des serments était mal garantie par ce souverain à mille têtes, trop prompt à défaire, selon son intérêt ou ses caprices, l'œuvre de ses conseillers[1]. Il est intéressant et triste à la fois de voir les aveux de Xénophon justifier les défiances d'un roi politique tel que Louis XIV[2].

Quoi qu'il en soit à cet égard, le peuple athénien, qui, sous la direction du sénat, traitait par lui-même toutes ses affaires, devait être très-familier avec les formalités et avec les principes du droit des gens. Chaque jour on les discutait devant lui. Nous en avons deux exemples : 1° dans le discours *sur Halonnèse,* que ce discours soit de Démosthène, ou, comme on l'a récemment établi par des preuves spécieuses, de l'orateur Hégésippe[3] ; 2° dans le discours *sur la Paix avec Alexandre,* que nous lisons aujourd'hui sous le nom de Démosthène, mais que, déjà dans l'antiquité, quel-

---

[1] Xénophon, *République des Athéniens,* chap. II, § 17, texte qui paraît un peu altéré, mais dont le sens général ne peut laisser de doute dans l'esprit du lecteur.

[2] Mémoires pour 1666, t. I, page 220, éd. de Ch. Dreyss : « Ces corps formés de tant de têtes n'ont point de cœur qui puisse être échauffé par le feu de belles passions. La joie qui naît des actions honnêtes, la honte qui suit les lâchetés, la reconnoissance des bienfaits et le souvenir des services, lorsqu'ils sont partagés entre tant de personnes, s'affoiblissent enfin à tel point qu'ils ne produisent plus aucun effet, et il n'y a que l'intérêt seul qui... puisse donner quelque règle à leur conduite. »

[3] Voy. *Hegesippi oratio de Halonneso secundum codd. mscr. recognita, prolegomenis, annot. crit. et comment. illustrata ab* J. Theod. Vœmelio (Francofurti ad Menum, 1833, in-12).

ques-uns attribuaient à Hypéride [1]. Ici les conditions d'une alliance, là le vrai caractère d'une restitution faite par Philippe aux Athéniens, sont analysés, examinés dans le dernier détail, en présence de toute l'assemblée du peuple. Bien plus, le discours d'Andocide *sur la Paix*, discours d'ailleurs si plein de détails embarrassants pour un historien critique d'Athènes, nous montre des plénipotentiaires athéniens (πρέσβεις αὐτοκράτορες) qui, autorisés à conclure avec Lacédémone, se font accorder d'eux-mêmes un délai de quarante jours pour en référer à l'assemblée du peuple. L'orateur qui prend la parole, en leur nom, sait bien qu'il a contre lui tout un parti dans Athènes : certaines gens prétendent qu'on ne peut servir le peuple sans le tromper, qu'il faut le sauver de ses hésitations et de ses erreurs en traitant pour lui au plus vite [2]; Andocide, au contraire, et ses collègues tiennent à convaincre en forme les Athéniens de leurs véritables intérêts; ils leur expliquent ce que c'est qu'une *alliance,* ce que c'est qu'une *trêve;* comment la paix est pleine de profit pour l'État, sans nul péril pour l'honneur

---

[1] Libanius, Argument de ce discours et les Scholies.

[2] § 33 : Φασὶ γὰρ (τινὲς ὑμῶν) καὶ τὰς τεσσαράκονθ' ἡμέρας, ἐν αἷς ὑμῖν ἔξεστι βουλεύεσθαι, περίεργον εἶναι, καὶ τοῦτο ἀδικεῖν ἡμᾶς · αὐτοκράτορας γὰρ πεμφθῆναι εἰς Λακεδαίμονα διὰ ταῦθ', ἵνα μὴ πάλιν ἐπαναφέρωμεν · τήν τε ἀσφάλειαν ἡμῶν τῆς ἐπαναφορᾶς δέος ὀνομάζουσι, λέγοντες ὡς οὐδεὶς πώποτε τὸν δῆμον τῶν Ἀθηναίων ἐκ τοῦ φανεροῦ πείσας ἔσωσεν, ἀλλὰ δεῖ λαθόντας ἢ ἐξαπατήσαντας αὐτὸν εὖ ποιῆσαι.

ni pour la démocratie[1], etc., et ils terminent par un trait caractéristique, en déclarant qu'ils veulent faire de tous les citoyens autant d'ambassadeurs[2]. Voilà de la diplomatie tout athénienne et démocratique. Elle nous rappelle, par le contraste même, des temps plus voisins de nous, où un écrivain chrétien et français, traitant *des Moyens de conserver la paix entre les hommes*, ne trouvait à parler que des relations civiles, et, pour le reste, disait modestement : « Il n'y a guère de « gens qui soient en état de procurer la paix ni « au monde, ni à des royaumes, ni à des villes « autrement que par leurs prières. Ainsi notre « devoir se réduit à la demander sincèrement à « Dieu et à croire que nous y sommes obligés[3]. » Voilà l'humble part qu'un moraliste du temps de Louis XIV faisait à ses concitoyens dans les relations de sa patrie avec les autres peuples.

A un Athénien d'autrefois, de telles idées au-

---

[1] C'est l'idée qui est développée dans l'exorde du discours.

[2] § 41 : Πρεσβευτὰς οὖν πάντας ὑμᾶς ἡμεῖς οἱ πρέσβεις ποιοῦμεν · ὁ γὰρ τὴν χεῖρα μέλλων ὑμῶν αἴρειν, οὗτος ὁ πρεσβεύων ἐστίν, ὁπότερ' ἂν αὐτῷ δοκῇ, καὶ (l. ἢ) τὴν εἰρήνην καὶ (l. ἢ) τὸν πόλεμον ποιεῖν. Tous ces traits me semblent fournir un grave argument en faveur de la haute ancienneté de ce discours. C'est une œuvre médiocre, mais naïve. S'il n'est pas d'Andocide, il n'est pas non plus de quelque faussaire igno-

rant : un rhéteur serait sans peine plus correct ou plus éloquent, mais il serait moins instruit des affaires d'Athènes. Je constate avec plaisir que, dans une thèse publiée après la première édition de mes Études sur les traités publics *de Andocidea quæ fertur tertia Oratione* (Berolini, 1841, in-8°), M. P. Kirchner, arrive aussi à la conclusion que ce discours ne saurait être l'œuvre d'un sophiste.

[3] Nicole, *Essais de morale*, IVe Traité, ch. I.

raient paru presque dignes des barbares asiatiques. Isocrate pouvait bien signaler l'avantage que possède un monarque de gouverner ses affaires avec plus de suite et de vigueur que ne fait une république, « d'envoyer des ambassadeurs où il lui plaît et d'en recevoir quand il lui plaît[1]; » mais il n'allait pas jusqu'à proposer à ses concitoyens le moindre changement, sur ce point, dans les traditions de leur politique.

Cet usage de publicité presque sans réserve nous explique comment, dans les cités libres de la Grèce, les débats politiques pouvaient trouver un écho sur le théâtre; il nous aide à sentir, dans la comédie attique, bien des traits qui ont perdu aujourd'hui tout leur sel pour des lecteurs habitués à considérer la diplomatie comme une œuvre de haute discrétion, et les diplomates comme des personnages du grand monde, dont les défauts ou les ridicules n'amuseront jamais un auditoire tout populaire.

Ainsi, dans les *Acharniens,* Aristophane nous représente Athènes divisée entre le parti de la guerre et celui de la paix; le député Amphithéos revient de Lacédémone; on lui demande s'il rapporte une trêve; il en a, dit-il, de cinq ans, de dix ans et de trente ans: on peut choisir; et comme le grec *spondé* signifie à la fois trêve et libation,

____

[1] *A Philippe,* c. vi. Cf. Démosthène, *Disc. sur la Couronne,* § 235, 236.

il en résulte un jeu de mots, intraduisible dans notre langue, et des allusions au bon vin qui s'améliore en vieillissant [1].

Un peu plus loin, le même Amphithéos se plaint de ce que les Prytanes le laissent mourir de faim; un lecteur moderne ne comprend pas d'abord cette plaisanterie; car il sait que, chez nous, sauf de rares exceptions, les ambassadeurs sont entretenus en pays étranger par leurs gouvernements respectifs [2], et que s'ils sont quelquefois invités à des repas par le chef de l'État où ils résident, c'est là un fait de simple courtoisie. Mais, chez les Athéniens, les Prytanes devaient toujours recevoir à dîner les ambassadeurs étrangers; le trésor public fournissait aux frais de voyage pour les ambassadeurs nationaux; et cet usage paraît avoir été général en Grèce, comme on le voit par la clause finale de plusieurs décrets concernant des négociations diplomatiques [3]. Ainsi s'explique

[1] Aristophane, *Acharniens*, vers 54, 186 et suivants. La scholie grecque sur le premier de ces deux passages est d'un grammairien très-ignorant, qui ne connaissait pas, sur ce sujet, les usages anciens ; elle paraît avoir trompé les commentateurs modernes. Le sens du mot ἐφόδιον aurait pu être déterminé par eux à l'aide des documents attiques (Voy. *Corpus Inscr. græc.*, n° 107).

[2] Voy. de Martens, *Guide diplomatique*, vol. I, p. 125 (4ᵉ éd. 1851, en 2 vol. in-8°).

[3] Πρεσβεῖα (en dialecte crétois πρειγήια), dans le traité de paix entre Hiérapytna et Priansos, *Corpus*, n° 2556; cf. Franz, *Elem. epigr. gr.*, p. 209. On les appelait aussi ἐφόδια, frais de voyage. Rangabé, *Antiq. hellén.*, n° 392. Le Bas, *Voy. arch.*, V, n° 395; ou μεθόδιον, comme dans le traité entre Smyrne et Magnésie, qui sera transcrit plus bas (Barbeyrac, n° 355); ξένια (en latin *dautia*), frais de séjour dans la ville où l'ambassadeur était reçu, ou bien « séjour gratuit dans le Prytanée. » De là l'expression officielle

encore le rôle plaisant d'Hercule dans les *Oiseaux*, lorsque, venant du ciel avec Neptune pour négocier une alliance entre l'Olympe et la nouvelle cité que les hommes ont construite sur les nuages, et trouvant un bon dîner tout servi par Évelpide et Pisthétéros, il oublie, en vrai dieu de la gourmandise, l'objet de sa mission, pour se mettre tout de suite à table[1]; il faut que Neptune le rappelle à son devoir.

On voit aussi, dans une foule de décrets des villes grecques, que les honneurs décernés, soit aux bienfaiteurs, soit aux serviteurs habiles de l'État, particulièrement aux ambassadeurs, étaient l'objet d'une proclamation dans les fêtes religieuses et particulièrement au théâtre[2]. Tout contribuait donc à rendre familiers aux auditeurs d'un théâtre grec le caractère et la personne des négociateurs.

L'usage d'exposer à tous les yeux le texte authentique de tous les actes relatifs aux affaires de l'État préparait encore les Athéniens à en voir

---

καλεῖν ἐπὶ τὰ ξένια εἰς τὸ πρυτανεῖον. Le Bas, *Voy. arch.*, V, nᵒˢ 198, 199; Rangabé, *Antiq. hellén.*, nᵒ 380. Un scholiaste d'Homère (sur l'*Iliade*, VI, 18, des Scholies de Venise, éd. Bekker) fait allusion à cet usage.

[1] *Oiseaux*, v. 1582 et suivants; cf. Isocrate, *sur l'Attelage*, c. I; Andocide, *contre Alcibiade*, § 11; Dion Chrysostome, Discours VII (*Euboïque*), p. 117, éd. **Empérius.**

[2] *Corpus Inscr. gr.*, nᵒ 2671 (inscription d'Iasos); nᵒ 107 (décret athénien en l'honneur de Spartocus); nᵒ 2143 (inscr. d'Égine où le mot θέατρον semble restitué avec certitude par l'éditeur); nᵒ 3640 (inscr. provenant d'une ville éolienne), etc. Voyez une scène de ce genre décrite par Dion Chrysostome, Disc. VII (*Euboïque*), p. 127, éd. **Empérius.**

gaiement travestir les formalités sur la scène comique.

De là l'étrange fiction du poëte Archippus, qui, dans sa pièce des *Poissons*, représentait les Athéniens en guerre avec les poissons, leurs voisins, décrivait plaisamment divers incidents de cette guerre et la supposait terminée par une trêve dont on retrouve aujourd'hui, dans Athénée[1], quelques phrases stipulant l'échange des captifs ou des otages entre les deux nations belligérantes. De là, dans les *Oiseaux* d'Aristophane, ce personnage du *marchand de décrets;* de là ce traité entre Jupiter et les habitants de Néphélococcygie[2]. C'étaient autant de parodies bien faites pour amuser un auditoire athénien.

Souvent aussi la comédie ne se propose pas seulement d'amuser aux dépens des diplomates grecs et de leurs œuvres; elle prend une part directe aux débats et aux actes de la politique. Ainsi Eupolis, dans les *Villes,* et Aristophane, dans les *Iles,* mettaient certainement en scène la politique d'Athènes envers tant de peuples alliés dont elle faisait presque des esclaves[3]. Le chœur se composait de personnages représentant ces peuples mêmes, au moins les principaux[4], avec leurs cos-

---

[1] *Dipnos.*, VII, p 329. Cf. Meineke, *Hist. crit. com. Att.*, p. 305.

[2] *Oiseaux,* v. 1031 et suiv., 1550 et suiv.

[3] Voir les aveux presque naïfs de Xénophon sur ce sujet, dans la *République des Athéniens,* ch. 1er.

[4] On sait qu'ils étaient fort nombreux. Aux quatre-vingts que citent les auteurs, les listes de tributs re-

tumes et leurs attributs. Dans la pièce d'Eupolis, comme dans les *Guêpes* d'Aristophane, un certain Amynias était signalé pour ses prévarications dans une ambassade [1]. Une intention non moins sérieuse anime Aristophane, lorsque, dans les *Acharniens*, il plaide par la bouche du bourgeois Dicéopolis, en faveur de la paix; lorsque, dans les *Chevaliers*, il s'attaque au plus brouillon des hommes de talent qui perpétuaient à leur profit les discordes à l'intérieur d'Athènes et au dehors; lorsque enfin, quelques jours avant la conclusion définitive de la paix de Nicias, il donne au théâtre une comédie qu'il intitule *la Paix*, Εἰρήνη, du nom même d'une divinité qui avait déjà peut-être, mais qui eut certainement de bonne heure des autels dans Athènes [2]. Que de philosophie politique sous cette farce divertissante, où figurent les peuples de la Grèce se mettant à l'œuvre, pour arracher la Paix à sa cachette, chacun tirant bien ou mal, selon l'intérêt qu'il y trouve et les dispositions dont il est animé [3]! Cette fois les hommes d'État qui

trouvées à l'Acropole ont ajouté plus de deux cents noms. Voir les *Antiq. hellén.* de Rangabé, vol. I, p. 289-308, et surtout l'*Économie politique des Athéniens*, par M. Bœckh, vol. II, p. 369-747 de la 2ᵉ édition (*Urkunden*, nᵒ 20).

[1] Ὡς παραπρεσβευτής. Voyez le Scholiaste d'Aristophane, sur les *Guêpes*, v. 1268 et suiv.; sur les *Nuées*, v. 691.

[2] Voy. *Corpus Inscr. gr.*, nᵒ 155; Rangabé, *Antiq. hellén.*, t. II, p. 447 et 502; Bœckh, *Staatshaush. der Athener*, t. II, p. 130 et suiv. de la 2ᵉ édition. Cf. Aristophane, *Acharniens*, vers 1005, où la Paix est invoquée sous le nom de Διαλλαγή.

[3] *Paix*, v. 454 et suiv. Une des scholies grecques sur ce passage commente précisément par des témoignages de Thucydide les plaisanteries d'Aristophane. Cela confirme nos rapprochements.

voulaient assurer à la Grèce quelque repos, après tant de misères et de gloire, trouvaient dans Aristophane un habile auxiliaire de leur politique. Le drame prend ainsi place dans l'histoire comme un document à l'appui des instruments officiels de l'alliance; Thucydide trouve dans Aristophane un commentateur inattendu. Ce commentateur ne serait pas le seul de son genre, si nous possédions plus complet le répertoire de l'Ancienne comédie; car Théopompe, par exemple, avait écrit aussi une pièce intitulée *la Paix*, On peut croire qu'un semblable commentaire de l'histoire diplomatique par la comédie ne nous manquerait pas pour les siècles suivants, si nous avions encore *l'Alliance* et *les Ambassadeurs* de Platon le Comique [1], *les Ambassadeurs* de Leucon et *la Paix* d'Eubulus, autant de drames qui appartiennent à la Moyenne comédie.

Des allusions aux traités publics se rencontrent jusque chez les tragiques athéniens, qui offrent souvent, dans la peinture des mœurs et des événements de l'âge héroïque, un reflet si fidèle de l'histoire même d'Athènes. C'est ainsi que les

[1] M. Bergk rattache avec quelque vraisemblance à cette dernière pièce le fragment incertain n° 11 rapporté par Pollux, VII, 210 : Τὰ γράμματα τούς τε χάρτας ἐχφέρων, qui nous fournit le plus ancien exemple peut-être du mot χάρτης. Il s'agissait problablement des *papiers* de quelque ambassadeur. Pour plus de détail sur ce sujet, on pourra lire nos observations *sur le prix du papier au temps de Périclès*, p. 184 des *Mémoires d'histoire ancienne et de philologie.*

Suppliantes d'Euripide se rattachent étroitement
aux dissensions qui régnaient alors entre Athènes
et Argos, et que les *Héraclides* du même poëte
rappellent, en plus d'un passage, des luttes plus
anciennes avec les descendants d'Érechthée. Les
Phéniciennes nous représentent Polynice pénétrant
dans Thèbes, sous la foi d'une trêve ménagée par
la tendresse de sa mère, défendant devant elle
contre l'ambition d'Étéocle ses droits méconnus
et en appelant, pour leur défense, aux dieux protecteurs de la justice : c'est, en beaux vers, une
scène vraiment historique et qui rappelle certaines pages de Thucydide. Ainsi le théâtre com-
plétait les enseignements de la tribune ; il en
rappelait, mais avec plus de calme et de gravité,
les patriotiques discussions : et cela nous explique
tant de discours et de controverses, qui, dépla-
cées sur notre scène, avaient sur celle d'Athènes
une sorte de convenance toute relative aux
usages du temps [1]. Qui sait même si ces discours
et ces controverses n'avaient pas quelquefois sur
la scène autant d'efficacité qu'à l'Agora? Du
moins on peut croire sans peine qu'ils en avaient
autant que certains discours d'Isocrate lentement
élaborés pour être lus par des patriotes oisifs,

----

[1] Voir sur ce sujet en général
l'excellente thèse de M. H. Weil,
De Tragœdiarum græcarum cum re-
bus publicis conjunctione (Parisiis,
1844, in-8°), M. Patin ne pouvait pas
non plus le négliger dans ses *Étu-*
des sur les Tragiques grecs. Voyez
t. I, p. 179, et t. IV, p. 193, 2° éd.

comme le Discours *sur la Paix*, dont les Athéniens paraissent avoir tenu peu de compte, et comme l'*Exhortation à Philippe*, éloquent recueil de conseils auxquels ce prince répondit en consommant à Chéronée l'humiliation d'Athènes. Mais revenons à Thucydide.

Ce qui peut-être nous étonne le plus dans les actes que nous a transmis l'historien grec, c'est que des conditions *non écrites* complétaient le texte de ces alliances [1]. Pour ne pas trop exposer aux tracasseries des États secondaires l'œuvre encore fragile de la paix, Athènes et Sparte étaient verbalement convenues d'un délai dans lequel leurs alliés respectifs devaient, sous peine d'être tenus pour ennemis, accéder à l'alliance commune. En général, on écrivait moins que nous ne pourrions le croire, dans le siècle de Périclès, au milieu de cette civilisation si active et si brillante. Pendant l'expédition de Sicile, le général de l'armée athénienne ne correspond guère avec sa patrie que par la bouche des messagers d'État. C'est seulement dans les derniers jours de cette expédition désastreuse que Nicias, craignant de n'avoir pas été bien servi par ses messagers, se décide à envoyer aux Athéniens des officiers porteurs d'une lettre, qui sera lue et développée au besoin dans l'assemblée. Thucydide a transcrit la

---

[1] Ἄνευ συγγραφῆς, V, 35. Cf. Festus, p. 113 (éd. O. Müller) : « In-litterata pax est quæ litteris comprehensa non est. »

lettre où les Athéniens se voyaient annoncer ou prédire tant de désastres ; cette scène d'émotion publique est sans doute arrangée chez lui selon la coutume des historiens grecs ; mais elle l'est aussi selon la vraisemblance des mœurs athéniennes. A ce propos, on peut remarquer, en outre, que, même sur les documents les plus complets parmi ceux que nous étudions, il n'est nulle part question de *signatures*. L'écriture, si répandue qu'elle fût, ne servait pas encore à cet usage. On marquait alors d'un cachet ce que nous signons aujourd'hui. Une loi de Solon réglemente déjà l'industrie des artistes qui fabriquaient ces objets à Athènes [1]. Les anciens inventaires des richesses de Minerve, au Parthénon, mentionnent plusieurs fois des cachets en pierre ou en métal [2]. Un témoignage de l'orateur Lycurgue nous montre des prêtresses apposant leur cachet, avec les magistrats, à un décret du peuple [3]. Le *cachet public*, ou σφραγίς, est souvent mentionné dans les actes officiels des cités grecques autonomes [4] ; sous le nom de παράσημον, on voit qu'il était apposé aux actes de proxénie dans la ville thessalienne de

---

[1] Diogène Laërce, I, 57.

[2] *Corpus Inscr. græc.*, n° 150 ; Franz, *Elem. epigr. gr.*, n° 58 ; Rangabé, *Antiq. hellén.*, n° 843, 852, 863, 863 *bis*, etc.

[3] Suidas, au mot Συσσημαίνεσθαι· "Ο καλοῦσι κατασφραγίσασθαι, τοῦτο οἱ ῥήτορες συσσημαίνεσθαι λέγουσι. Λυκοῦργος ἐν τῷ περὶ τῆς Ἱερείας· « ὥστε προστεταγμένον ἐπὶ ψηφίσματος καὶ τὴν ἱέρειαν συσσημαίνεσθαι τὰ γραμματεῖα. » Καὶ σύσσημον τὸ σημεῖον.

[4] Δημοσία σφραγίς, *Corpus Inscr. gr.*; n° 2329, 2332, 2847, 3053, etc. T. Live, XLIII, 15 : « Signatis ta-

Cranon [1]. Mais c'est seulement sous les successeurs d'Alexandre que se trouve pour la première fois le cachet de ministres plénipotentiaires apposé, après le cachet municipal, sur le texte d'un traité [2]. Vers la fin du troisième siècle avant Jésus-Christ, une inscription de Nisyros, dans la mer Égée [3], mentionne la lettre et le cachet du roi « Philippe (Philippe V de Macédoine ?) » à propos des libertés concédées par ce prince aux Nisyriens. Mais c'est plus tard encore que l'on trouve de véritables signatures sous les actes publics ou privés [4].

Dans les textes que nous devons à Thucydide, nous remarquons encore la différence des dialectes employés pour la rédaction de ces actes par les divers peuples de la Grèce ; quand les deux parties contractantes ne parlent pas le même dia -

---

bulis publicis. » Cf. XL, 23 et 55. Ce dernier texte mentionne même un cachet falsifié «signum adulterinum. » Sur ces sortes de falsifications on peut consulter les *Philosophumena* publiés sous le nom d'Origène, IV, XXXIV, p. 70, éd. Miller; p. 104, éd. P.-M. Cruice; p. 100, éd. Duncker et Schneidewin, avec la note des éditeurs.

[1] Théopompe (fragm. 85, édition C. Müller) cité par Antigone de Caryste, *Hist. merv.*, c. 15. Cf. Eckhel, *Doctr. num. vet.*, II, p. 136.

[2] Traité entre Smyrne et Magnésie du Sipyle, *Corpus Inscr. græc.*, n° 3137; Barbeyrac, n° 353, docu-ment qui sera transcrit plus bas, dans ce chapitre.

[3] Ross, *Inscript. græcæ ineditæ*, n° 166.

[4] *Corpus*, n° 3450, à Sardes ; n° 3858, (*in Addendis*); à Acmonia, en Phrygie, Le Bas, *Voy. archéol.* partie V, n° 372 (inscription du temps de l'empire); *Corpus*, n° 6785 : ἔγραψα καὶ ἐσφράγισα. Cf. sur l'usage des signatures dans les documents antiques, le *Nouveau Traité de Diplomatique des Bénédictins*, t. IV, p. 642 et suiv., et la dissertation spéciale de C. Guigues, *de l'Origine de la signature et de son emploi au moyen âge* (Paris, 1863, in-8°).

lecte, chacune d'elles conserve, dans l'exemplaire à son propre usage, le dialecte qui lui est particulier. Les débris de traités publics conservés jusqu'à nous en offrent beaucoup d'exemples, parmi lesquels il suffira de rappeler :

Un traité entre Athènes et Sparte, dont la rédaction en dialecte attique était déposée à l'Acropole (Beulé, *Acropole d'Athènes,* t. II, p. 334, n° 14);

Le traité entre Égosthène et Siphes, dont nous avons les débris en dialecte mégarien (Le Bas, *Voyage archéol.,* II, n° 1 et suivants);

Un traité conçu dans le même dialecte, où paraissent figurer les Achéens et les Béotiens, comme alliés des habitants de Pages en Mégaride (Le Bas, *ibid.,* n° 17);

Le décret, en dorien, qui constate le renouvellement d'une alliance entre la ville crétoise d'Hiérapytna et la ville ionienne de Magnésie (publié par M. Le Bas, *Revue de philologie,* t. I, p. 263-272, n° 3);

Les pièces d'une alliance entre Céos et les Étoliens, où ceux-ci emploient le dialecte dorique, et où les Céiens emploient l'ionique (*Corpus inscr. gr.,* n° 2350 et suiv.; Le Bas, *Voy. arch.,* II, n° 1763-1765);

Un traité en dorien entre les Syracusains et un peuple aujourd'hui inconnu (*Corpus inscr. gr.,* n° 5367);

Les actes de l'asile de Téos, où figurent plus de vingt peuples grecs, s'exprimant chacun dans son dialecte national (*Corpus inscr. gr.*, n° 2045 et suiv.; Le Bas, *Voy. arch.*, V, n° 61 et suiv. Voyez plus bas, p. 73 et suiv.).

Conformément à l'usage que ces exemples attestent, Thucydide nous donne en grec attique les trois premiers documents relatifs à la paix de Nicias : c'est que les Athéniens sont une des principales parties contractantes, et l'historien a bien le droit de reproduire ces actes sous la forme qu'ils avaient sans doute dans l'exemplaire déposé, pour l'usage de ses compatriotes, aux archives de l'Acropole. Mais pour les conventions spéciales entre les cités doriennes du Péloponnèse, il ne craindra nullement de déparer l'unité de sa narration, en nous donnant ces textes en pur dorien. Ainsi l'Athénien qui prête à Périclès, à Cléon, à Brasidas, des discours où les idées seules varient selon la situation et le caractère de ces personnages, mais où le style, toujours attique, porte toujours aussi l'empreinte d'un seul et même talent, cet écrivain pourtant ne s'est pas cru le droit d'effacer, dans des documents officiels, les différences des dialectes, l'un des signes par où s'exprimaient le mieux les diverses nuances du génie hellénique.

Toutefois cette diversité s'effaçait d'elle-même en certains cas et pour faciliter des communica-

tions qui, sans cela, eussent été bien laborieuses.
Ainsi, quand les Péloponnésiens traitent avec les
Perses d'Asie, comme la chancellerie persane était
plus familière avec le dialecte ionien, on ne s'é-
tonnera pas de voir de telles conventions rédigées en ce dialecte vulgaire, sorti surtout de la
corruption de l'ionien et de l'attique, que plus
tard nous voyons appelé *langue commune,* κοινὴ
γλῶσσα ou κοινὴ διάλεκτος. C'est aussi le seul dialecte que, plus tard, la chancellerie romaine ad-
mit dans ses rapports avec les Grecs. Par exception, un magistrat de Rome, comme le Crassus
dont nous parle Quintilien [1], pouvait être assez
lettré pour comprendre et même pour écrire plusieurs dialectes. Mais, en général, la langue *com-*
mune, qui devient d'un emploi si fréquent sur les
marbres de la Grèce et même dans les auteurs,
depuis le siècle d'Alexandre, offrait aux Romains
un instrument plus commode ; et, en effet, parmi
les documents officiels émanés de leur autorité et
dont la traduction grecque nous est parvenue, il
n'en est pas un qui ne soit en langue commune.
Bien plus, sur le monument d'Astypaléa, qui
contenait les diverses pièces relatives à l'alliance
de cette ville et de Rome, le sénatus-consulte
portant acceptation de l'alliance et le texte du

---

[1] *Instit. or.,* XI, 2, § 50 : « Crassus ille Dives, quum Asiæ præes-
set, quinque Græci sermonis diffe-
rentias sic tenuit, ut, qua quisque
apud eum postulasset, eadem sibi
ius redditum ferret. »

traité même sont traduits en ce dialecte vulgaire ; mais le décret municipal par lequel Astypaléa récompense et honore ses propres magistrats, négociateurs de l'alliance, est conçu en pur dorien [1]. Comment méconnaître, dans cette différence, un usage auquel Rome avait donné force de règlement international ?

Ce sont là, sans doute, de simples formalités ; mais les formalités, en diplomatie, ont leur importance, puisqu'elles expriment souvent l'estime réciproque des parties contractantes, le degré que chaque peuple occupe parmi les nations et comme les nuances mêmes de leur concorde.

Nous signalerons encore, dans le traité d'alliance défensive entre Athènes et Lacédémone, la clause qui stipule, en cas de révolte des esclaves, en Laconie, que les Athéniens prêteront main-forte à leurs alliés pour le rétablissement de l'ordre [2]. Athènes, apparemment, ne redoutait pas les mêmes périls, puisqu'elle ne réclame pas les mêmes garanties contre la révolte de ses propres esclaves. Ces malheureux, en effet, étaient traités chez les Athéniens avec plus de douceur que dans le reste de la Grèce [3] ; mais, quelle que fût à cet égard la différence des mœurs et des institutions

---

[1] *Corpus Inscr. græc.*, n° 2485.

[2] Thucydide, V, 23 : Ἦν δὲ ἡ δουλεία ἐπανιστῆται, ἐπικουρεῖν Ἀθηναίους Λακεδαιμονίοις παντὶ σθένει κατὰ τὸ δυνατόν.

[3] Xénophon, *Rép. des Athén.*, I, 10. Cf. Wallon, *Histoire de l'esclavage*, t. I, chap. IX, p. 287.

dans les états helléniques, une inévitable solidarité les unissait pour la protection de l'esclavage.
Un fragment de décret honorifique, récemment
retrouvé à l'Acropole, atteste la reconnaissance
des Athéniens pour un habitant de Chios qui,
ayant retrouvé dans cette île des esclaves fugitifs
d'Athènes, les avait renvoyés à ses frais chez
leurs maîtres [1]. La gratuité de ce service en aug-
mentait le prix ; car il fallait d'ordinaire payer
une récompense à ceux qui ramenaient les esclaves fugitifs [2], et de là vint plus tard l'idée d'un
noble Macédonien, Antimène, qui, gouvernant à
Babylone pour Alexandre, entreprit de rendre,
moyennant huit drachmes par an et par tête, le
prix déclaré par le maître pour chaque tête d'esclave échappé [3] : exemple curieux et unique, je
crois, dans l'antiquité de ces pactes d'assurance
qui jouent un si grand rôle dans l'économie finan-
cière des sociétés modernes. Cent cinquante ans
plus tard, une question semblable agite la Macédoine et l'Achaïe. Les Achéens, en dissentiment avec Persée, voyaient leurs esclaves fuir en

---

[1] Rangabé, *Antiq. hellén.*, t. II, n° 472.

[2] Voyez les témoignages recueillis par M. Letronne : *Récompense promise à qui ramènera deux esclaves échappés d'Alexandrie.* (Journal des Savants de 1853, Mémoire qui a été réimprimé à la suite de l'*Aristophane* dans la Bibliothèque grecque de F. Didot, et, parmi les autres papyrus grecs originaires de l'Égypte, au tome XVIII des *Notices et Extraits des manuscrits,* 2ᵉ partie, p. 178 et suiv.)

[3] Boeckh, *Staatshaush. der Athener*, I, 13, p. 123 de la traduction française ; I, p. 102 de la 2ᵉ édition allemande.

Macédoine et ne pouvaient entrer dans ce pays
pour les y reprendre : fallait-il, pour ce grave intérêt, compromettre, en se rapprochant de Persée,
l'alliance même de Rome ? Tel est le sujet d'un
débat de politique et de droit international dont
Tite-Live nous présente un éloquent résumé [1].

Malgré sa brièveté habituelle, malgré sa fidélité à de certaines leçons des rhéteurs, ses maîtres, on a vu combien Thucydide est un historien
exact et instructif, même sur le sujet spécial où
nous l'avons interrogé. Un commentaire détaillé
des documents diplomatiques dont nous lui devons le texte toucherait à toutes les questions du
droit public de l'antiquité. Nous ne signalerons
plus que deux de ces questions sur lesquelles les
monuments épigraphiques éclairent et confirment d'une façon très-explicite le texte de l'annaliste athénien.

L'alliance de cinquante ans entre Argos et Lacédémone contient cette clause finale, que, si
quelque débat éclate entre les deux nations alliées, elles auront recours à l'arbitrage d'une cité

[1] Tite Live, XLI, 23 : « Servitiis ex Achaïa fugientibus receptaculum Macedonia erat, quia, quum finibus suis interdixissent (Athenienses et Achæi), intrare regni terminos ipsi non audebant. » Persée leur écrit... « Ne similis fuga servorum postea fieret, cogitandum et illis esse. » Callicrate, défendant l'alliance romaine... « Servulorum minimi pretii recipiendorum spe nostram ipsorum libertatem subrui et tentari patimur. » Archon, adversaire de Callicrate (ch. XXIV)... « Commercium tantum juris præbendi repetendique sit (on dirait la traduction d'un original grec), ne interdictione finium nostrorum et nos quoque regno arceamus, ne servis nostris aliquo fugere liceat. »

neutre [1]. C'était, en dehors du tribunal amphictionique, dont l'intervention en ce genre de débats n'est pas démontrée par des témoignages
suffisants [2], un moyen sûr et facile de pacifier
bien des litiges, surtout les litiges d'importance
secondaire. Nous avons beaucoup de preuves que
ce moyen fut souvent employé ; on en trouve,
dès le temps de Solon, un remarquable exemple [3],
et, chaque jour, les inscriptions nous en font connaître de nouveaux. Une inscription de Smyrne,
découverte, publiée et expliquée par M. Le Bas [4],

[1] V, 79 : Αἰ δέ τινι τᾶν πολίων ἢ ἀμφίλογα, ἢ τᾶν ἐντὸς ἢ τᾶν ἐκτὸς Πελοποννάσου, αἴ τε περὶ ὅρων, αἴ τε περὶ ἄλλου τινός, διακριθῆμεν. Αἱ δέ τις τῶν συμμάχων πόλις πόλει ἐρίζοι, ἐς πόλιν ἐλθεῖν ἄντινα ἴσαν ἀμφοῖν ταῖς πολίεσι δοκοίη · τοῖς δὲ ἔταις καττὰ πάτρια δικάζεσθαι. Je doute que Barbeyrac, dans sa traduction de ce document (n° 180), ait bien distingué ici : 1° la prescription générale de recourir à un arbitrage ; 2° les deux cas où cet arbitrage peut être invoqué, d'abord entre des villes (πόλις πόλει), ensuite entre des particuliers (ἔταις, comme sur le monument d'Olympie, ci-dessus, p. 15). Quant à l'expression καττὰ πάτρια, elle est expliquée par les exemples d'arbitrage que nous citerons plus bas.

[2] Voir sur les deux témoignages de Cicéron (de Inventione, II, 23) et de Quintilien (Instit. orat., V, 10, § 111) les judicieuses remarques de M. Ch. Bétant au § 10 de la dissertation citée plus bas, note 4.

[3] Plutarque, Vie de Solon, ch. x: Τῶν Μεγαρέων ἐπιμενόντων, πολλὰ κακὰ καὶ δρῶντες ἐν τῷ πολέμῳ καὶ πάσχοντες ἐποιήσαντο Λακεδαιμονίους; διαλλακτὰς καὶ δικαστάς. Cf. la note de Westermann dans son édition spéciale de cette biographie (Brunswick, 1840, in-8°).

[4] Voyage archéol., partie V, n° 1. Voir aussi le savant commentaire dans lequel M. Le Bas a justifié ses conjectures sur la date de ce monument. Sur ces arbitrages, en général, sujet que nous ne prétendons pas approfondir ici, on trouvera d'amples détails dans la dissertation de M. H. E. Meier, intitulée : Die Privatschiedrichter und die öffentliche Diäteten Athens, so wie die Austrägalgerichte in den griechischen Staaten des Alterthums (Halle, 1846, in-4°); et dans celle de M. Ch. Bétant, An fuerint apud Græcos judices certi litibus inter civitates componendis (Berolini, 1862, in-8°).

résume en ces termes un arbitrage accompli par des juges argiens vers l'an 416 avant Jésus-Christ, peu de temps avant l'époque où Mélos tomba sous la vengeance d'Athènes :

« Le peuple des Argiens a jugé, en exécution
« du décret de l'assemblée générale des Hellènes,
« et après la déclaration faite par les Méliens et
« les Cimoliens, qu'il s'en tiendrait à ce qu'au-
« raient jugé les Argiens au sujet des îles [dont
« ils se disputent la propriété] : Qu'aux Cimoliens
« appartenaient Polyæga, Hétéria et Libia. Leur
« jugement donne gain de cause aux Cimoliens. »

Suit la date du jugement, date marquée par les noms de deux magistrats éponymes.

C'était ce rôle d'arbitre que le roi Pyrrhus voulait prendre entre les Tarentins et les Romains lorsqu'il débarqua en Italie. On sait avec quelle hauteur le consul Valérius Lævinus accueillit une telle prétention [1]. Le temps n'était pourtant pas loin où Rome allait elle-même imposer à bien des nations grecques un semblable arbitrage.

Sans sortir des temps de la Grèce libre, on peut citer plusieurs exemples de ces décisions arbitrales, dont les dernières nous amènent au temps de l'intervention de Rome dans les affaires hellé-niques.

1° Une convention (σύμβολον) entre Athènes et

_____
[1] Plutarque, *Vie de Pyrrhus*, c. XVI.

la communauté des Béotiens, convention d'après laquelle les habitants de Lamia ont été choisis pour arbitres entre les deux États dans un litige dont le sujet nous est inconnu. La ville choisie, en pareil cas, était dite ἔκκλητος, parce qu'on faisait un appel spécial à son équité en même temps qu'à ses sentiments de bienveillance pour les deux parties [1].

2° Une sentence arbitrale déterminant les frontières de deux villes de Thessalie, Mélitée et Péra. Les juges ici sont des Étoliens, qui expriment leur décision en dialecte dorien, et, dans cette décision, je remarque que certaines affaires commerciales de Péréens doivent être soumises aux agoranomes ou édiles de Mélitéa, comme si on avait craint quelque partialité chez les agoranomes de Péra [2].

3° Les célèbres Tables d'Héraclée [3], qui contiennent la fixation des limites du territoire sacré appartenant à un temple de Bacchus.

4° La conciliation (σύλλυσις) [4] opérée entre Paros

[1] Rangabé, *Antiq. hellén.*, n° 451, t. II, p. 138. De là sans doute l'expression ἐκκλησίαν ἑλέσθαι, pour *faire élection de la ville arbitre*, qui a paru obscure aux éditeurs de l'*Éphéméride archéol.* d'Athènes, n° 1056, dans un σύμβολον entre les Athéniens et les Béotiens. Pollux, VIII, 63, atteste que ces δίκαι ἔκκλητοι s'appelaient aussi ἐφέσιμοι.

[2] J. L. Ussing, *Inscr. græcæ ineditæ* (Havniæ, 1847, in 4°), n° 2, document d'une parfaite conservation, reproduit par Rangabé, *Antiq. helléniques*, t. II, n° 692, et par M. Le Bas, *Voy. archéol.*, II, n° 1179. Cf. n° 629, un fragment analogue et dorien, mais presque indéchiffrable.

[3] *Corpus Inscr. græc.*, n° 5774-5775. Göttling, *Fünfzehn römische Urkunden* (Halle, 1845), p. 59 et suiv.

[4] *Corpus Inscr. græc.*, n° 2265.

et Naxos, par des juges érétriens, sur une question religieuse.

Quelques-unes de ces contestations semblent avoir été interminables. Entre Priène et Samos, une querelle de ce genre, d'abord pacifiée par le célèbre Bias, un des sept Sages de la Grèce[1], se renouvelle deux siècles plus tard sous le roi Lysimaque ; celui-ci, choisi pour arbitre, écrit sur ce sujet aux Samiens une lettre qui s'est conservée, en partie, jusqu'à nous, et où je vois invoquer, chose unique en son genre et tout à fait digne de remarque, l'autorité des historiens[2]. Après cette sentence, nouvelle contestation, où les deux cités se réfèrent à l'arbitrage d'Antiochus Théos : celui-ci envoie pour la régler des commissaires qui sont désignés sous le nom d'εὐθέται ou « con- « ciliateurs amiables, » et dont le succès, s'ils réussirent, fut peu durable, puisque nous voyons intervenir encore dans le débat le roi d'Égypte Ptolémée Philométor, et enfin une commission de juges rhodiens, mais cette fois sous l'autorité des Romains, alors maîtres de la Grèce (138 avant

---

[1] *Corpus*, n° 2254 : Πεμφθῆναι οὖν παρὰ τῶν] Πριηνέων Βίαντα περὶ διαλύσεων τοῖς Σα[μίοις ὑπὲρ τῆς χώρας ταύτης, τὸν δ]ὲ διαλῦσαί τε τὰς πόλεις καὶ τοὺς οἰκοῦν[τας. Témoignage confirmé par Plutarque, *Questions grecques*, chap. xx, et par Diogène Laërce, I, 82 et suiv. — οὖν Πριηνεῖς τὴν μὲν ἐξ ἀρχῆς γεγενημένην αὐ[τοῖς κτῆσι]ν τῆς Βα[τ]ινήτιδος χώρας [ἐ]πεδείκν[υ]ον ἔκ τε [τ]ῶν [ἱσ]τοριῶν [καὶ ἐκ τῶν ἄλ]λων μαρτυριῶν καὶ δικαιωμάτων. Comparez avec ce dernier mot le titre, Δικαιώματα πόλεων, de l'ouvrage perdu d'Aristote que nous avons rappelé plus haut, p. 7.

[2] *Corpus*, n° 2254, ligne 12 : Οἱ μὲν

Jésus-Christ). Nous avons encore la meilleure partie de cette dernière sentence, rédigée en dorien, quoiqu'elle s'adressât à deux villes ioniennes dont chacune devait en recevoir un exemplaire [1]. Nous y retrouvons avec intérêt la citation d'un historien grec, Mæandrius de Milet, invoqué aussi comme autorité dans la controverse [2]. La sentence était suivie des actes confirmatifs émanés de la chancellerie romaine [3].

Une autre querelle vraiment interminable fut celle que suscita entre les Athéniens et les Béotiens la possession d'Oropos, ville limitrophe de leurs deux territoires ; elle est encore le sujet de la fameuse ambassade des trois philosophes Carnéade, Diogène et Critolaüs auprès du sénat romain [4]. Le seul sanctuaire d'Amphiaraüs, à Oropos, donna lieu à un bien curieux procès dont nous possédons aujourd'hui une des principales pièces dans le discours, tardivement retrouvé, d'Hypéride *pour Euxénippe* [5].

[1] *Corpus Inscr. græc.*, n° 2905, texte auquel nous devons tous les renseignements qu'on vient de lire.

[2] Τὰν χώραν λαχεῖν αὐτοὶ Κάριον καὶ Δρυοῦσαν κατὰ τὰ ἐν ταῖς συγγραφομέναις Μαιανδρίου τοῦ Μιλησίου ἱστορίαις κατακεχωρισμένα. . . . . ὡς ὑραγέοντο ἱστοριογράφους τοὺς μαρτυροῦντας Σαμίοις ὅτι κ. τ. λ. Ces derniers étaient probablement les auteurs des livres intitulés Ὧροι τῶν Σαμίων ou *Annales des Samiens*, et dont il reste plusieurs fragments.

[3] Cette dernière partie, fort mutilée, du monument de Milet, est reproduite par M. Le Bas, *Voy. archéol.*, v° partie, n° 198, 199.

[4] Voir le commentaire de M. Rangabé sur les inscriptions n° 678 et suiv. dans le tome II des *Antiquités helléniques*, et les textes réunis par Barbeyrac, sous le n° 437, au sujet de l'arbitrage des Sicyoniens dans l'affaire d'Oropos.

[5] *Hyperidis orationes duæ ex papyro Ardeniano editæ, post Ch. Ba-*

Après cela rien de plus naturel que de voir, vers le milieu du 1ᵉʳ siècle avant l'ère chrétienne, le gouverneur romain de l'île de Crète déférer aux Pariens le jugement d'une contestation semblable entre la ville d'Itania et celle d'Hiérapytna. Même après les textes que nous venons de parcourir, la sentence des Pariens est fort instructive pour nous. On y voit avec quelle religieuse attention les arbitres instruisaient de telles affaires, écoutant soigneusement les deux parties, recueillant les textes et les témoignages (les ὅροι ou déterminations de frontières des deux villes sont insérées, en dialecte dorien, dans le texte ionien de la sentence), s'engageant, en présence des commissaires (σύνδικοι) envoyés par les villes rivales, à remplir scrupuleusement leur mandat[1]. Des documents de date encore plus récente permettent de suivre jusque sous l'Empire la perpétuité de cette utile institution[2].

Le bienfait de ces interventions conciliantes n'était pas borné aux affaires d'intérêt général. Souvent aussi, lorsque trop de procès étaient ac-

bingtonem emendavit et scholia adjecit F. G. Schneidewin. Gottingæ, 1853, in-8°.

[1] Corpus Inscr. græc., n° 2561 ᵇ, in Addendis. Emploi du mot σύνδικος que l'on retrouve sous l'Empire (Philostrate, Vies des Sophistes, I, 25 § 8).

[2] Corpus Inscr. græc., n° 1711 monument bilingue dont le texte latin se retrouve dans le recueil d'Orelli, n° 3671), n° 1732 reproduit dans Franz, Elem. epigr. gr., n° 123, et Le Bas, Voy. archéol., partie II, n° 853); cf. n° 3835, les pièces relatives au territoire du temple de Jupiter à Æzani, en Phrygie; n° 4392, inscription égyptienne du temps de Dioclétien; n° 5594, long fragment retrouvé en Sicile.

cumulés dans une ville pour que les tribunaux
ordinaires y pussent suffire, ou lorsque ces tribunaux étaient suspects de partialité, on de-
mandait à une autre ville alliée, soit un, soit plusieurs juges extraordinaires : c'était, avec moins
de solennité peut-être et dans une intention plus
modeste, quelque chose d'analogue aux *grands
jours* de notre ancienne monarchie. Nombreux
aussi sont les témoignages qui nous parlent de
ces tribunaux d'exception. A Lampsaque, un décret d'une ville ionienne, dont le nom n'est pas
venu jusqu'à nous, exprime la reconnaissance de
ses habitants pour les Lampsacéniens qui leur
ont envoyé, sur leur demande, un certain Damocréon, fils de Zénon, comme juge arbitre : les
plus grands honneurs sont décernés et au peuple
de Lampsaque et à Damocréon[1]. A Mégare, un
décret des Orchoméniens remercie les Mégariens
d'avoir envoyé de bons juges, qui ont rempli leur
mission selon la lettre même de leurs instructions
et d'une manière digne de la confiance qu'on leur
a témoignée[2]. A Iasos, un décret semblable de la
ville de Calymna constate que des juges iasiens
ont terminé dans cette ville plus de deux cent cinquante procès, presque tous par voie de concilia-

---

[1] *Corpus Inscr. græc.*, n° 3640, inscription communiquée jadis par M. Boeckh à M. Le Bas, qui en publia une traduction française dans son commentaire sur le n° 175 des *Inscriptions recueillies en Grèce par la Commission de Morée.*

[2] Le Bas, *Voy. archéol.*, partie II, n° 35 : ... κατὰ τὸ διάγραμμα, ἀξίως τᾶς ἐγχειρισθείσας αὐτοῖς πίστεως.

tion et sans recourir au procédé, « toujours plus
« tumultueux, du suffrage [1], » et qu'ils ont loyalement agi « selon les instructions du roi (on ne
« sait de quel prince il s'agit) et selon les lois de
« la ville [2]. » A Téos, un long décret, auquel il manque malheureusement quelques mots importants,
constate que la ville de Bargylie a reçu de Téos
un juge nommé Tyron, fils de Polythrus, qui a
rempli également sa mission avec beaucoup de
succès, à la satisfaction des Bargyliens et du prince
dont ils dépendent [3]. Plusieurs textes moins complets, provenant de diverses villes de la Grèce,
montrent combien cet usage était général [4]. Les
Romains, qui admettaient la liberté des arbitrages
parmi les cités grecques sur des matières d'un
intérêt municipal et presque politique, devaient,
à plus forte raison, l'admettre et même l'encourager pour l'administration de la justice civile. En
effet, un monument d'Andros, restitué naguère

[1] *Corpus Inscr. græc.*, n° 2671.

[2] *Ibid.* Κατὰ τὸ διάγραμμα τοῦ βασιλέως καὶ τοὺς νόμους. Cf. Diodore
de Sicile, XVIII, 56 : Διαγράμματα
ὑπὸ Φιλίππου καὶ Ἀλεξάνδρου γρα-
φέντα. Même emploi dans une inscription du Recueil de M. Le Bas,
V, n° 86.

[3] M. Le Bas, *Voy. archéol.*, V,
n° 87. Quant au long décret des
Éginètes, rendu sous la domination
des Attales en l'honneur de Cléon
de Pergame, le personnage qui en
est l'objet était un gouverneur, non
un juge librement appelé. Voyez
Ph. Le Bas, *Explication d'une inscription grecque de l'île d'Égine* (Paris, 1842, in-8°); inscription reproduite d'abord dans le *Corpus*,
n° 2139b, puis dans les *Antiquités
helléniques* de Rangabé (avec des
corrections utiles), t. II, n° 688.

[4] *Corpus Inscr. græc.*, n° 3184,
juges clazoméniens à Smyrne, remerciés des services qu'a rendus
leur δικαστεία; n° 2147, juges an-
driens à Chalcis; n. 3568 *f*, juges
antandriens à Peltæ, en Phrygie, etc.

et commenté avec beaucoup de soin par M. Ph. Le Bas, nous montre la ville d'Adramytte prodiguant les récompenses et les honneurs à un juge andrien et à son secrétaire, et cela sous le gouverneur romain Cn. Aufidius, vers l'an 70 avant l'ère chrétienne[1].

Au sujet de ces arbitrages, un monument de Téos, unique en son genre, mais malheureusement incomplet, nous offre l'exemple curieux et rare d'une étrange complication dans les rapports des cités de l'Asie mineure, soit entre elles, soit avec le roi Antigone.

Sous le règne de ce prince (entre 306 et 301 av. J.-C.) les habitants de Lébédos sont forcés de quitter leur patrie et de s'établir à Téos. Par un abus de pouvoir dont il y a malheureusement plusieurs exemples dans l'histoire ancienne, c'est probablement le roi Antigone qui a décrété cette fusion arbitraire (συνοικισμός) de deux populations; c'est lui qui en règle les conditions par deux ordonnances sous forme épistolaire à l'adresse des Téiens. Dans ces singuliers documents, d'une rédaction souvent obscure pour nous, quelques articles surtout se rapportent au sujet de nos études. D'abord nous y voyons la ville de Mitylène

---

[1] *Inscr. recueillies par la Commission de Morée,* n° 175; reproduit avec des changements par M. Boeckh dans le *Corpus,* n° 2349 b. Voir, pour une énumération plus complète des documents de ce genre le § 19 de la dissertation, déjà citée plus haut, de M. Bétant, *An fuerint apud Græcos judices certi litibus inter civitates componendis.*

appelée comme arbitre pour régler maint différend sur des affaires d'intérêt entre les habitants
de Téos et leurs nouveaux concitoyens. Puis, lorsqu'il s'agit de pourvoir à la législation qui régira
la nouvelle commune, le roi détermine comment
un certain nombre de commissaires prépareront
le travail, comment ce travail sera soumis à la
sanction du peuple, comment il interviendra lui-
même pour le sanctionner définitivement ou le
soumettre « au jugement d'une ville arbitre. »
Enfin, chose plus singulière encore, en attendant
que les nouvelles lois soient rédigées, le prince
constate que les deux villes sont d'accord pour
emprunter, dans un court délai, aux habitants
de Cos des lois dont l'usage sera tout provisoire.
De là nomination de commissaires spéciaux pour
aller recueillir des copies authentiques de la législation des Coïens, précautions particulières
pour que ces copies soient promptement trans-
mises aux intéressés, etc. [1]. On ne peut imaginer
plus d'efforts pour concilier l'arbitraire avec les
ménagements qu'imposait l'humanité envers un
peuple inoffensif et malheureux. Mais surtout,
c'est un fait singulier que ce recours de deux
villes à la législation d'une ville voisine. Les historiens de la philosophie ancienne mentionnent

[1] Le Bas, *Voyage archéol.*, partie V, Inscr. n° 86, avec le commentaire où M. Waddington, après la
mort de M. Le Bas, a éclairci les
principales difficultés de ces deux
documents.

plusieurs philosophes à qui la confiance d'un peuple délégua le difficile devoir de lui donner des lois. Ainsi Platon fut un jour prié de rédiger des lois pour les Arcadiens [1]. Une tradition, qui a pour elle des autorités assez graves, nous représente la loi des XII Tables comme le produit d'un emprunt fait par les Romains aux lois athéniennes de Solon [2]. Nous savons d'ailleurs que les Étoliens avaient des magistrats spéciaux qui, sous le nom de *nomographes,* procédaient régulièrement à la révision de leurs lois (νομογραφίαι), et sans doute à l'insertion des lois nouvelles dans le recueil de la législation nationale [3]. Une magistrature semblable existait sous un nom différent à Corcyre [4]. Mais le document de Téos, que nous venons d'analyser, est le seul exemple qui nous reste d'un État appelé à sanctionner les lois d'un autre État; c'est le seul exemple d'une ville prêtant ses lois à une autre ville. Voilà des singularités dignes d'attirer l'attention de tous ceux qui étudient l'histoire ancienne du droit public.

Un dernier témoignage que nous allons recueillir chez Thucydide nous engagera plus avant

---

[1] Diogène Laërce, III, 17. On trouvera d'autres exemples dans le Catalogue des législateurs grecs, dressé selon l'ordre alphabétique par Fabricius, *Bibliotheca græca,* II, p. 28 et suiv. éd. Harles.

[2] Tite Live, III, 31 ; Pline, *Hist. nat.,* XXXIV, 5; Pomponius, *De origine juris,* § 4, etc.

[3] *Corpus Inscr. gr.,* n° 3046; Le Bas, *Voy. archéol.,* partie V, n° 85.

[4] Διορθωτήρ τῶν νόμων. *Corpus Inscr. græc.,* n° 1845, § 5. Cf. *Ibid.* t. II, p. 407°.

encore dans l'histoire des cités grecques et de leurs relations diplomatiques.

Les traités transcrits au V⁰ livre de la *Guerre du Péloponnèse* se terminent par une formule de réserve expresse pour toute amélioration que les parties contractantes voudraient, d'un commun accord, apporter au traité primitif[1]. Les documents contenus au VIII⁰ livre nous montrent précisément de quelle manière les alliances s'améliorent ou, au moins, se transforment selon le besoin des circonstances et selon la marche des événements. Dans le traité des Lacédémoniens et de leurs alliés avec les satrapes de Darius, traité dont Thucydide nous transmet les trois rédactions successives, la seconde rédaction étend et confirme la première; la troisième étend et confirme la seconde, si bien que, pour éviter, sans doute, les répétitions inutiles, l'historien transcrit seulement avec le troisième traité les formules du protocole diplomatique [2]. Ici encore les documents épigraphiques nous fournissent un précieux commentaire du texte de Thucydide. La conclusion d'une alliance entre deux villes de Crète, Latos et

----

[1] C. XVIII : Εἰ δέ τι ἀμνημονοῦσιν ὁποτεροιοῦν, καὶ ὅτου πέρι, λόγοις δικαίοις χρωμένοις εὔορκον εἶναι ἀμφοτέροις ταύτῃ μεταθεῖναι ὅπη ἂν δοκῇ ἀμφοτέροις, Ἀθηναίοις καὶ Λακεδαιμονίοις.

C. XXIII : Ἢν δέ τι δοκῇ Λακεδαιμονίοις καὶ Ἀθηναίοις προσθεῖναι καὶ ἀφελεῖν περὶ τῆς ξυμμαχίας, ὅτι ἂν δοκῇ, εὔορκον ἀμφοτέροις εἶναι.

C. XLVII : Ἐὰν δέ τι δοκῇ ἄμεινον εἶναι ταῖς πόλεσι ταύταις, προσθεῖναι πρὸς τοῖς ξυγκειμένοις · ὅ τι δὲ ἂν δόξῃ ταῖς πόλεσιν ἁπάσαις κοινῇ βουλευσαμέναις, τοῦτο κύριον εἶναι.

[2] Thucydide, VIII, 18, 37, 58.

Olonte, alliance conservée sur un marbre de Cy-
donie, constate que les contractants, « après dé-
« libération commune, ont résolu d'ajouter des
« clauses nouvelles à leur convention d'amitié,
« d'alliance, d'égalité c' ile, etc. » Sur le même
marbre on avait gravé le texte, aujourd'hui
perdu, de ces additions [1].

D'autres traités parvenus jusqu'à nous contiennent aussi une formule par laquelle les cités
contractantes se réservent expressément ce droit
de révision et en déterminent les conditions. Tel
est un traité entre Hiérapytna et Priansos [2], que
nous citerons pour exemple.

« AVEC L'AIDE DU DIEU BON.

« A la bonne heure, et pour le salut [commun
« des deux peuples]. Sous les cosmes d'Hiéra-
« pytna, collègues d'Énipas, fils d'Hermæos, au
« mois d'Imalios; et sous les cosmes de Priansos,
« collègues de Néon, fils de Chimaros, au mois de
« Droméios, il a été traité et convenu de ce qui suit,
« entre les Hiérapytniens et les Priansiens, déjà
« alliés par les précédents actes, dressés en parti-
« culier pour les Gortyniens et les Hiérapytniens,
« et en commun pour les Hiérapytniens, les Gor-

[1] *Corpus Inscr. græc.*, n° 2554,
l. 205. Nous donnons plus bas en
français la plus grande partie de ce
long morceau.

[2] *Corpus Inscr. græc.*, n° 2556,
(Crète); Barbeyrac n. 336, dont
nous reproduisons avec quelques
changements la traduction, revue
par nous sur le texte plus correct
de M. Boeckh.

« tyniens et les Priansiens, où ils ont renouvelé
« pour toujours l'amitié, l'alliance offensive et dé-
« fensive, les serments faits auparavant, et cela
« tant pour les villes mêmes, que pour tout le
« territoire que l'une et l'autre tiennent et possè-
« dent. Il y aura entre les Hiérapytniens et les
« Priansiens droit de combourgeoisie, droit de ma-
« riage, droit d'acquérir des possessions dans le
« pays l'un de l'autre, et en un mot d'avoir part en
« commun et réciproquement à toutes les choses
« divines et humaines. Tout citoyen de l'une des
« deux villes qui viendra habiter dans le pays de
« l'autre y pourra vendre et acheter, prêter et
« emprunter de l'argent à intérêt, et faire toute
« autre sorte de contrats, avec une pleine liberté,
« et selon les lois établies chez l'un et l'autre. Il
« sera permis aux Hiérapytniens de semer dans
« les terres des Priansiens, et, réciproquement,
« aux Priansiens dans celles des Hiérapytniens,
« en payant les mêmes impôts que les autres ci-
« toyens, selon les lois de l'une ou de l'autre ville.
« Si les Hiérapytniens transportent quelque chose
« à Priansos ou les Priansiens à Hiérapytna, que
« ce soit par mer ou par terre, ils seront francs
« d'impôts, soit en apportant, soit en emportant
« les choses mêmes ou leurs revenus. Mais pour
« ce qui est sujet à des impôts quand on le trans-
« porte par mer, ils le payeront, selon les lois de
« l'une ou de l'autre ville, moyennant quoi, ils

« seront à l'abri de toute recherche. Mais si quel-
« qu'un y contrevient, et qu'il soit surpris en
« faute, il payera l'amende, selon qu'elle sera
« taxée par les lois de l'une ou de l'autre ville. Les
« cosmes d'Hiérapytna fourniront ce qui sera né-
« cessaire aux députés qui viendront de la part
« de Priansos, et réciproquement les cosmes de
« Priansos à ceux d'Hiérapytna; que s'ils man-
« quent à le fournir, les cosmes de la ville où les
« députés seront venus leur payeront dix sta-
« tères. Le cosme des Hiérapytniens aura entrée
« dans le sénat de Priansos, et séance dans l'as-
« semblée du peuple, avec les cosmes; de même
« le cosme de Priansos aura entrée dans le sénat
« d'Hiérapytna, et séance dans l'assemblée du
« peuple, avec les cosmes. Dans la fête des Hé-
« ros et dans les autres fêtes, ceux qui s'y trou-
« veront iront les uns chez les autres au festin
« sacré, de même que les autres citoyens. Désor-
« mais et toujours, ceux qui seront cosmes de
« l'une ou de l'autre ville, liront tous les ans l'in-
« scription de cette stèle, à la fête des Hyperboïes,
« et ils se le feront savoir les uns aux autres,
« dix jours avant qu'ils en devront faire la lec-
« ture. Que si les uns ou les autres ne lisent pas
« l'inscription de la stèle, ou n'avertissent pas du
« temps où ils la devront lire, ceux qui y auront
« manqué payeront cent statères, savoir : les
« cosmes d'Hiérapytna à la ville de Priansos, et

« les cosmes de Priansos à la ville d'Hiérapytna.

« Si quelqu'un, contre la bonne foi, vient à violer
« ces conventions publiques, soit cosme, ou sim-
« ple particulier, il sera permis à chacun de l'ap-
« peler en justice devant le tribunal commun, en
« taxant l'amende à proportion de l'offense com-
« mise, et, s'il gagne sa cause, il aura la troi-
« sième partie de l'amende ; le reste sera pour les
« villes. Que si, par la faveur des dieux, nous
« prenons quelque chose de bon sur nos enne-
« mis, soit dans une expédition faite en commun,
« ou dans une expédition des uns ou des autres
« en particulier, et cela par mer ou par terre,
« chacun en aura sa part en tirant au sort, à pro-
« portion du nombre de ses gens qui auront été
« en campagne, et la dîme du butin reviendra à la
« ville des uns et des autres[1]. A l'égard des injures
« déjà faites de part ou d'autre, depuis que la
« communauté de droits et d'assemblées a été in-
« terrompue, Énipas et Néon, avec leurs collè-
« gues, termineront les différends nés à ce sujet,
« dans tel tribunal qu'il plaira à l'une et à l'autre
« ville, pendant qu'ils seront revêtus de la dignité
« de cosmes ; et on donnera là-dessus des répon-
« dants, depuis le jour que la stèle aura été

[1] Cet important témoignage a échappé aux recherches de l'abbé Barthélemy, dans sa réponse aux questions de lord Stanley *sur le partage du butin chez les anciens peuples* (OEuvres diverses, éd. 1823, t. II, p. 19-42), mémoire d'ailleurs fort utile à consulter.

« dressée, dans l'espace d'un mois après. Mais
« pour les injures qui se commettront désormais,
« on emploiera des avocats, selon l'ordre prescrit
« dans l'édit publié. A l'égard du lieu où sera le
« tribunal commun, les cosmes établis dans les
« deux villes constitueront tous les ans la ville
« que les deux parties auront jugé bon de choi-
« sir et dans laquelle doivent être pris les arbitres
« pour la décision du litige, et l'on se donnera
« réciproquement des garants, dans l'espace de
« deux mois à partir du jour que les magistrats
« entrent en charge. Tout cela s'exécutera, pen-
« dant qu'ils seront cosmes, selon l'ordonnance
« faite en commun par les deux peuples. Que si
« les cosmes manquent à quelque chose de ce qui
« est écrit ici, chacun payera cinquante statères,
« savoir, les cosmes d'Hiérapytna à la ville de
« Priansos, et ceux de Priansos à la ville d'Hiéra-
« pytna. Si désormais les deux villes trouvent bon,
« d'un commun accord, de faire quelque meilleur
« règlement pour leur utilité commune, ce qu'el-
« les auront ainsi résolu sera bon et valable. Les
« cosmes de l'une et de l'autre ville feront ériger
« des stèles, pendant qu'ils seront revêtus de leur
« dignité ; savoir, ceux d'Hiérapytna, dans le
« temple d'Athéna Poliade, et ceux de Priansos,
« dans le temple de la même déesse. Que si les
« uns ou les autres ne font pas dresser de stèle, se-
« lon qu'il est écrit, ils payeront la même amende,

« qui leur est imposée dans l'article des juge-
« ments. »

L'alliance, qui peut s'affermir, comme on vient
de le voir, par l'extension ou la restriction de ses
clauses primitives, s'affermit encore par l'acces-
sion de nouveaux alliés. Nous avons un exemple
de ce dernier genre dans diverses pièces dont la
plus importante vient d'être découverte à Athènes. On sait, et cela surtout par le récit de Diodore, le changement qui s'accomplit dans les
affaires de la Grèce lorsque Athènes, si longtemps
humiliée, reprit, grâce à son alliance avec les ennemis de Sparte et au talent de quelques habiles
généraux, un durable ascendant sur son ancienne rivale. Or on a retrouvé le décret par lequel Athènes, proclamant sa nouvelle alliance
avec Thèbes, Chios, Mitylène, etc., fait appel aux
autres alliés qui voudront entrer dans la ligue
contre les Lacédémoniens. Naguère c'était Sparte
qui recherchait et obtenait l'alliance des barbares ; ici c'est Athènes qui, tout en ménageant
ces mêmes barbares, s'attache à concentrer autour d'elle les forces des cités grecques indépendantes en les excitant contre l'ambition de Sparte.
Comme d'ailleurs Athènes n'a pas toujours tenu
ce noble langage et cette conduite libérale,
comme elle a des raisons de croire les Grecs in-
disposés à son égard par le souvenir d'anciennes
alliances trop facilement changées pour eux en

une intolérable servitude, on va voir combien elle multiplie, cette fois, les promesses et les garanties d'un entier désintéressement. Nous transcrivons cette pièce intéressante et peu connue encore [1], qui vient si à propos éclaircir et compléter le récit des historiens sur une importante époque de l'histoire ancienne [2].

« Sous l'archontat de Nausinique,

« Callibios, fils de Céphisophon, du bourg de « Pæanie, était le secrétaire, sous la septième « prytanie, celle de la tribu Hippothoontide. Ré- « solution du sénat et du peuple. Charinos Ath- « monéen était l'épistate. Aristotèle a proposé : « Pour la bonne fortune des Athéniens et de leurs « alliés [3] ; afin que les Lacédémoniens laissent les

---

[1] Ce texte, qui comble une lacune dans l'histoire des anciens traités de Barbeyrac (n° 221), a été publié pour la première fois par M. Eustratiadès, dans le Compte rendu des fouilles faites par la Société archéologique d'Athènes (Athènes, 1851, in-4°); puis par M. H.-E. Meier, dans sa *Commentatio epigraphica* I (Halis, 1852, in-4°), puis reproduit en 1853 par le même, avec des additions et corrections provenant de découvertes nouvelles faites par les archéologues d'Athènes (*Comment. epigr.* II). La publication dudit monument par M. Rangabé a eu lieu aussi à deux reprises et pour les mêmes causes, *Antiquités helléniques*, n°ˢ 381 et 381 *bis*. (T. II, Athènes, 1855, page 40 et suiv. et page 375 et suiv.)

[2] Je reproduis la traduction française de M. Rangabé, en la modifiant selon les corrections importantes apportées au texte par l'édition de M. Meier.

[3] Le lecteur préférera, je pense avec moi, cette traduction de la formule ἀγαθῇ τύχῃ à la traduction vulgaire : *A la bonne fortune*, qui suppose une sorte de dédicace, tandis qu'il s'agit d'un vœu comme celui que les Latins exprimaient par : *Quod bonum, felix faustumque sit.* Au reste, je puis m'appuyer ici sur l'autorité de Barbeyrac qui, en pareil cas, traduit d'ordinaire, dans un sens tout semblable : *A la bonne heure soit*, par exemple, n° 335, et ailleurs.

« Grecs, libres et indépendants, jouir en repos et
« en sécurité de leurs patries. . . . .
. . . .
    « Il a été décrété par le peuple. Si quelqu'un,
« soit des Grecs soit des barbares, habitant le
« continent, soit des insulaires non soumis au roi,
« veut faire partie de la ligue, qu'il y soit autorisé
« en conservant sa liberté, son indépendance et
« la forme de gouvernement qu'il préfère, sans
« recevoir de prytanes, sans accepter de magis-
« trats, sans payer de tribut, et aux mêmes con-
« ditions que les Chiotes et les Thébains et les au-
« tres alliés. A ceux qui seront entrés dans la
« ligue des Athéniens et de leurs alliés le peuple
« abandonne toutes les propriétés, soit privées,
« soit publiques, que les Athéniens posséderaient
« dans les pays qui font partie de la ligue; et il
« donnera pour cela les plus solides garanties.
« Que partout où, dans les villes qui font partie
« de la ligue, il se trouverait des actes hostiles
« aux Athéniens, le sénat qui sera en fonction
« soit autorisé à les faire détruire. A partir de
« l'archontat de Nausinique, il ne sera permis à
« aucun Athénien d'acquérir, soit particulière-
« ment, soit publiquement, par voie d'achat,
« d'hypothèque ou par tout autre moyen, des
« terres dans les territoires des alliés. Si quel-
« qu'un y achète, y acquiert, ou y prend une hy-
« pothèque, que tout allié qui voudrait puisse le

« dénoncer aux commissaires des alliés, et que
« les commissaires allouent la moitié [de l'amende]
« à celui qui aura fait la dénonciation, et que
« l'autre moitié appartienne en commun aux al-
« liés. Si quelqu'un commet des hostilités, soit
« par terre, soit par mer, contre un des peuples
« qui ont conclu cette alliance, que les Athéniens
« et les alliés viennent à son secours par terre et
« par mer, de toutes leurs forces et selon leur
« pouvoir. — Si un citoyen, magistrat ou parti-
« culier, propose ou met aux voix quelque me-
« sure contraire à la teneur de ce décret, en vue
« d'abolir quelqu'une des dispositions qui y sont
« contenues, qu'il soit dégradé de ses droits et
« honneurs, que ses biens soient confisqués, que
« la dîme en appartienne à la Déesse, et qu'il soit
« jugé devant les Athéniens et les alliés comme
« cherchant à rompre l'alliance, et qu'il soit
« condamné à la mort ou à l'exil, partout où s'é-
« tend l'autorité des Athéniens et de leurs alliés ;
« que, s'il a été condamné à mort, il ne soit en-
« terré ni en Attique, ni dans le territoire des al-
« liés.

« Que le secrétaire du sénat inscrive ce décret
« sur une stèle de pierre et la fasse poser près de
« Zeus Éleuthérios [1], et que les trésoriers de la
« Déesse donnent l'argent nécessaire pour l'in-

---

[1] Cf. Aristophane, *Acharniens*, vers πεισάμην, Μέτειμ', ἵνα στήσω φανερὰν
735 : Ἐγὼ δὲ τὴν στήλην, καθ' ἣν ἐσ- ἐν τἀγορᾷ.

« scription, soixante drachmes, pris sur les dix
« talents. Sur cette stèle on inscrira les noms des
« villes qui sont alliées et de toutes celles qui le
« deviendraient par la suite. En outre, que le
« peuple élise aussitôt trois députés et les envoie
« à Thèbes, pour déterminer les Thébains à tout
« ce qui paraîtra être avantageux. Ont été élus
« députés : Aristotèle de Marathon, Pyrrhandre
« d'Anaphlyste, Thrasybule de Collyte. »

Suivait un autre décret rendu sur la proposition du même Aristotèle dont on vient de voir le nom ; ce décret, dont il ne reste que quelques lignes, était évidemment relatif à la même alliance.

Tous ces actes étaient comme résumés par la liste même des nouveaux alliés d'Athènes, que l'on avait fait graver sur la stèle principale. D'abord, au bas du marbre, on lit les noms de vingt et un peuples, qui sont sans doute les premiers admis dans la ligue, puisque parmi eux se trouvent les Chiotes, les Mitylénéens, les Rhodiens, les Byzantins, les Thébains, désignés à ce titre, soit par Diodore, soit par le décret même qu'on vient de lire [1]. Sur le côté gauche du marbre, trente noms environ de nouveaux alliés attestent que l'appel des Athéniens avait été entendu et nous

[1] Les Chiotes ne figurent ici que par suite d'une conjecture de M. Meier qui comble une lacune du texte ; mais la conjecture paraît à peu près certaine, puisqu'elle se fonde sur le témoignage de Diodore.

aident à comprendre le témoignage des historiens, qui fixent à soixante et dix ou soixante et quinze adhésions les succès d'Athènes dans cette négociation mémorable [1].

Parmi ses nouveaux alliés on remarque deux princes des Molosses, Alcétas et Néoptolème, l'aïeul et le père de cette Olympias qui devait épouser un jour Philippe de Macédoine et donner au monde Alexandre le Grand. C'est donc, suivant toute apparence, au même corps de documents diplomatiques qu'il faut rapporter un décret athénien en faveur d'Arybbas, frère aîné de Néoptolème, décret où ce prince semble traité plutôt avec un sentiment de protection bienveillante qu'avec la considération que réclamerait une tête couronnée [2]. Nous avons aussi des fragments, mais trop incomplets, d'un décret par lequel Athènes confère, vers le même temps, les droits de citoyen au fameux Denys, roi de Syracuse [3], et à ses fils; on lira, je pense, avec intérêt, l'acte, heureusement mieux conservé, qui con-

[1] Diodore de Sicile, XV, 28; Xénophon, *Helléniques*, V, 4. Cf. Polybe, II, 62, qui nous fournit une statistique précieuse des richesses de l'Attique à l'époque de ce traité d'alliance.

[2] Rangabé, *Antiq. hellén.*, t. II, n° 388, traduction de M. Rângabé, reproduite avec quelques changements.

[3] *Corpus Inscr. græc.*, tome I, *Addenda*, n. 85 *b* et *c*, deux fragments d'un même acte, ce que n'avait pas remarqué M. Boeckh. Voy. Brunet de Presle, *Établissements des Grecs en Sicile*, page 269, où l'auteur signale avec raison dans la lettre de Philippe aux Athéniens, conservée par Démosthène (*Philippique* IV), une allusion évidente à cet acte de courtoisie du peuple d'Athènes envers le roi de Syracuse.

state les étroites alliances de la république athénienne avec les petits souverains de la Molossie,
notamment avec Arybbas :

« Que le droit de cité, qui avait été accordé par
« le peuple à son grand-père, et les priviléges
« qui existaient en sa faveur, soient aussi en vi-
« gueur pour lui et pour ses descendants. Qu'en
« tout temps le sénat qui sera en fonction et les
« généraux qui commanderont, ainsi que tout
« Athénien qui se trouvera présent, de quelque
« manière que ce soit, aient soin qu'Arybbas ne
« soit aucunement lésé. Qu'il ait accès près du sé-
« nat et du peuple, lorsqu'il en aura besoin, et que
« les prytanes qui auront la prytanie aient soin
« qu'il y obtienne l'accès. Que le secrétaire du sé-
« nat inscrive ce décret sur une stèle de pierre, et
« qu'il le dépose dans l'Acropole; et que le tréso-
« rier du peuple donne pour les frais de l'inscrip-
« tion trente drachmes sur les fonds alloués au
« peuple par les décrets. Qu'on invite Arybbas à
« souper demain dans le prytanée, et qu'on invite
« aussi pour demain ceux qui sont venus avec
« Arybbas, pour être traités dans le prytanée.
« Qu'on délibère aussi sur les autres sujets dont
« parle Arybbas. Que tout le reste soit fait selon
« qu'il a plu au sénat. Si quelqu'un complote de
« tuer Arybbas ou l'un de ses fils, qu'il soit puni
« des mêmes châtiments qui puniraient le meur-
« tre de tout autre Athénien. Et que les généraux

« en fonction pourvoient à ce qu'Arybbas et ses
« enfants recouvrent l'autorité paternelle. »

Ce ne sont pas là les seules pièces relatives
au traité de l'an 378 qui soient parvenues jusqu'à
nous sur les marbres. Le fragment d'un décret qui
concerne les rapports des Athéniens avec Mitylène paraît se rattacher aux préliminaires de cette
alliance [1]. Un décret en l'honneur des Céphal-
léniens, des Corcyréens et des Acarnaniens, se
rattache, au contraire, aux événements militaires
qui l'ont suivie, et témoigne de la fidélité de ces
peuples à l'amitié d'Athènes [2]. Pour les Acarnaniens en particulier, on en a un témoignage
plus récent encore sur les marbres découverts
dans les fouilles de l'Acropole [3]. Mais à côté de
ces débris d'une collection qui, comme on le voit,
a pu être fort nombreuse, quelques lignes d'un
décret honorifique rendu en faveur d'un Lacédé-

---

[1] Rangabé, *Antiq. hellén.*, t. II, n° 380. On sait que les Mityléniens furent des premiers à se rapprocher d'Athènes.

[2] Rangabé, *Antiq. hellén.*, n° 382; Meier, *Comment. epigr.* I, p. VII.

[3] Fragment d'un décret en l'honneur de Phormion et Carphinas, dans Beulé, *l'Acropole d'Athènes,* Appendice, n° 15, et Rangabé, *Antiq. hellén.*, t. II, n° 2279. Les Acarnaniens y sont appelés πατρόθεν φίλοι τῶν Ἀθηναίων, ce que confirment et le témoignage de Diodore de Sicile, **XV**, 36, et le témoignage plus ancien de Thucydide. Voir de semblables remercîments à des alliés qui ont rempli courageusement leurs promesses, dans un fragment publié par l'*Éphéméride archéol.* d'Athènes, n° 244, et par M. Curtius, *Inscr. atticæ nuper repertæ* XII (Berlin, 1848), n° 12. On y trouve, pour exprimer cette communauté des travaux dans la guerre, le mot συνδιαπολεμεῖν que Thucydide nous avait seul offert jusqu'ici (VIII, 13) et sous la forme attique ξυνδιαπολε-μεῖν. Comparez plus haut (p. 10) le mot ἐπιμαχία.

monien nous laissent apercevoir le dénoûment
de la ligue contre Sparte : on devine que déjà
Thèbes inquiétait Athènes et ses alliés par des
victoires menaçantes, et que les Athéniens sen-
taient le besoin de se réconcilier avec leurs rivaux de la veille [1]. Ainsi, tandis que notre méthode ordinaire, dans l'étude de l'histoire, part
des annalistes, pour chercher sur les monuments
la confirmation ou le complément de leurs témoignages, ici ce sont les documents authentiques
qui, sortant peu à peu des ruines, nous sollicitent à chercher dans l'histoire la suite des événements auxquels ils se rapportent.

Par un contraste regrettable, quand les affaires de l'année 378 et des années suivantes ont
laissé tant de traces sur les monuments d'Athènes, la lutte contre Philippe en a laissé très-peu.
C'est chez les historiens et les orateurs qu'il faut
chercher ce qui reste aujourd'hui des nombreux
actes diplomatiques échangés entre les royautés
et les cités libres de la Grèce durant cette lutte
mémorable. Or, parmi les historiens, qui l'a-
vaient racontée, nous n'avons plus que des com-
pilateurs, dont le plan n'admettait pas, comme
celui de Thucydide, l'insertion de documents officiels. Chez les orateurs, ces documents ne sont
pas toujours intégralement cités; et, quand ils

____
[1] Rangabé, *Antiquités hellén.*, t. II, n° 385.

l'avaient été, la main des copistes ou divers accidents, dont la cause nous est inconnue, les ont souvent altérés jusqu'à les rendre suspects aux yeux de la critique moderne. Nous n'avons pas à entrer ici dans le détail des débats engagés sur ce sujet [1], et nous nous bornons à signaler les pièces les plus authentiques, pièces d'ailleurs assez connues pour n'avoir pas besoin d'être ici textuellement citées.

Dans l'intervalle de vingt-cinq ans à peine qui sépare la paix dite, chez les anciens même, *paix de Philocrate* et la mort d'Alexandre, ce sont plus de cent pièces, telles que lettres, décrets des cités libres, ordonnances royales, traités d'alliance, dont les orateurs attiques et Diodore nous ont conservé soit l'analyse, soit de simples extraits, soit le texte à peu près intact. Après Barbeyrac [2] et avec une méthode plus sévère, éclairée d'ailleurs par bien des découvertes récentes, M. Boehnecke [3], dans ses savantes Recherches sur Démosthène, en a curieusement dressé la liste, et

----

[1] A. Boeckh : *De Archontibus atticis qui vulgo vocantur pseudeponymi* (Seebod's kritische Bibliothek, 1828); L. Spengel : *Ueber die sogenannten Pseudeponymi in Dem. Rede für Ctesiphon* (Rhein. Museum, II, p. 367-404); Droysen : *Ueber die Æchtheit der Urkunden in Dem. Rede vom Kranze* (Berlin, 1839, in-8°); Th. Voemel : *Die Æchtheit der Urkunden in des Dem. Rede vom Kranze vertheidigt gegen* prof. Droysen (Frankfurt, 1840, in-4°); A. Westermann : *Untersuchungen über die in die attischen Redner eingelegten Urkunden.* (Leipzig, 1850, in-8°. Extr. des Mém. de l'Acad. roy. de Saxe.)

[2] *Histoire des anciens traitez*, n° 250, 251 et suiv.

[3] *Forschungen auf dem Gebiete der attischen Redner und der Ge-*

il a rassemblé tout ce qui nous en reste : c'est comme une section de l'ouvrage perdu de Cratérus. Parmi les pièces les mieux conservées et les moins suspectes, à ce qu'il semble, on remarque :

1° Le décret portant promulgation de la paix de Philocrate. Cette pièce elle-même fut précédée d'une résolution dans laquelle les commissaires (σύνεδροι) des alliés d'Athènes autorisaient les Athéniens à traiter pour eux et faisaient d'avance appel à l'adhésion des autres cités indépendantes.

2° La deuxième Lettre de Philippe, celle dont Démosthène attribuait la rédaction à Eschine, et où se montrent, avec l'astucieuse politique du roi, les lenteurs et les inconvénients qu'entraînait, dans la diplomatie grecque, l'usage de ratifier les traités par un échange de serments.

3° Le décret par lequel sont acceptés, au nom d'Athènes et de ses alliés, les changements que Philippe veut bien apporter à la paix de Philocrate, quatre ans après sa conclusion.

4° La quatrième Lettre de Philippe, où ce prince, à propos de l'affaire d'Halonnèse, récrimine contre les prétentions des Athéniens, et commence à parler en arbitre de la paix et de la guerre. Une bien vieille question de droit public

schichte ihrer Zeit (Berlin, 1843, in-8°), 2e partie : Συναγωγὴ ψηφισμάτων quæ ætate Demosthenica inde a pace Philocratea usque ad Alexandri in Asiam expeditionem a senatu populoque Atheniensium lata sunt, et partim integra, partim decurtata exstant. Accedunt alia quædam documenta historiam hujus temporis illustrantia.

y paraît pour la seconde fois depuis que la lutte est engagée entre Athènes et la Macédoine; je veux dire la piraterie, ce fléau de la Méditerranée, que, dans l'antiquité, le ferme et absolu pouvoir de Rome parvint seul à extirper pour quelques siècles [1], et qui devait tant de fois reparaître après la chute de l'empire romain.

5° Un décret des Byzantins, conservé sous sa forme originale dans le discours de Démosthène *sur la Couronne,* décret par lequel les Athéniens sont remerciés des services rendus à Byzance et à Périnthe dans la guerre que ces villes ont soutenue contre la Macédoine.

6° Le décret des Athéniens constatant la rupture de l'alliance avec Philippe.

7° Les principaux articles du *traité de paix avec Alexandre,* qui fait le sujet même du discours attribué par les uns à Démosthène et par les autres à Hypéride ou bien à Hégésippe, et qui, en tout cas, ne saurait être une œuvre de sophiste. Il est surprenant que Barbeyrac ait complétement omis une pareille pièce. Peut-être la tenait-il pour apocryphe; mais cette opinion même valait la peine d'être discutée [2].

---

[1] N° 41 de la collection de Boehnecke. Cf. n° 21, et deux inscriptions du *Corpus*; n°ˢ 2140, 2263 c; 2347 c, 3612, qui contiennent des témoignages intéressants sur la piraterie dans l'Archipel, à une époque voisine de l'ère chrétienne.

[2] Voir: 1° dans Denys d'Halicarnasse, *Lettre à Ammæus*; la liste des Philippiques, où ce discours ne figure pas; *Jugement sur Démosthène,* §57, où Denys condamne ce discours, et renvoie aux preuves qu'il avait données de son opinion

8° Le cruel décret par lequel les commissaires des alliés, réunis en congrès, autorisent les vengeances du roi contre la malheureuse ville de Thèbes. On y mesure tout l'abaissement de la Grèce et toute l'horreur des droits de la guerre en ces siècles même de civilisation élégante et raffinée.

9° L'abaissement d'Athènes, en particulier, se montre trop bien dans ce qui nous reste d'une lettre où les Athéniens félicitent Alexandre d'être revenu sain et sauf de son expédition contre les Illyriens et les Triballes.

Ce sont là comme autant de monnaies à peine altérées, qui portent encore la vive empreinte des mœurs et des événements.

S'il fallait en croire une assertion de l'orateur Eschine [1], Démosthène aurait demandé aux Athéniens, au milieu même de ces douloureuses agitations, un titre, nouveau pour nous dans l'histoire, celui d'εἰρηνοφύλαξ ou *gardien de la paix*. Mais peut-être ne faut-il voir dans l'assertion d'Eschine qu'une sanglante ironie, une calomnie uniquement destinée à faire ressortir le contraste des prétentions patriotiques de Démosthène avec

dans un ouvrage spécial, aujourd'hui perdu ; 2° l'argument grec de Libanius ; et comparer G. Becker, *Demosthenes als Redner und Staatsmann*, I, p. 263-265.

[1] *Contre Ctésiphon*, ch. 49. Xénophon, dans son traité *des Revenus d'Athènes*, c. v, paraît déjà proposer l'établissement d'une semblable magistrature.

les malheurs qu'on lui reproche d'avoir attirés sur sa patrie.

Quoi qu'il en soit à cet égard, la plus curieuse pièce diplomatique de ce temps et peut-être la mieux conservée, c'est la déclaration ou ordonnance en forme de circulaire adressée aux États de la Grèce par Polysperchon, tuteur des deux faibles héritiers d'Alexandre, pour rallier les forces helléniques autour de la Macédoine, et pour les tourner contre l'ambition menaçante d'Antipater et d'Antigone. Diodore, à qui nous devons savoir gré de trouver place dans la brièveté habituelle de son récit pour quelques documents diplomatiques, nous a transmis cette pièce; elle mérite, ce nous semble, d'être insérée ici et pour son importance historique et parce qu'elle est, en son genre, un document unique dans les annales diplomatiques de l'Antiquité [1].

« Commé nos ancêtres ont fait beaucoup de
« bien aux Grecs, nous voulons conserver les
« mêmes sentiments et témoigner hautement à
« tout le monde que nous avons constamment la
« même affection pour ces peuples. Déjà aupara-
« vant, lorsque Alexandre fut mort et que son
« royaume eut passé à nous de droit, nous

---

[1] Diodore de Sicile, XVIII, 55 ; n° 285 du recueil de Barbeyrac, dont j'ai pu conserver la traduction française, en y apportant toutefois quelques changements. Ici, comme ailleurs, la prose de Barbeyrac me paraît avoir une autorité particulière, étant d'une main très-familiarisée avec le style de ces instruments officiels.

« crûmes qu'il fallait ramener tous les Grecs à la
« paix et aux formes de gouvernement autrefois
« établies par notre père Philippe, et nous en
« écrivîmes à toutes les villes. Néanmoins il ar-
« riva, pendant que nous étions loin des Grecs,
« que quelques-uns d'entre eux, s'étant laissé
« égarer, ayant entrepris la guerre contre les Ma-
« cédoniens, et ayant été vaincus par nos capitai-
« nes, les villes furent aussi exposées à souffrir
« beaucoup de maux ; de quoi vous pouvez être
« assurés que ces capitaines sont seuls la cause.
« Or maintenant, nous, suivant la disposition où
« nous avons été dès le commencement, nous
« vous donnons la paix et consentons que vous
« vous gouverniez et que vous agissiez dans tout
« le reste de la même manière que vous faisiez
« sous Philippe et Alexandre, et selon la forme de
« leurs ordonnances. Nous rappelons de plus
« tous ceux d'entre vous qui ont émigré ou qui
« ont été chassés de leurs villes par nos capi-
« taines depuis qu'Alexandre passa en Asie. Et
« nous voulons que ceux qui rentreront ainsi
« dans leur patrie conservent, chacun chez eux,
« tous leurs droits et biens, sans esprit de faction
« ni ressentiment des injures passées. Tout ce
« qui a été résolu contre eux sera nul et de nul
« effet, excepté contre ceux qui, pour cause de
« meurtre ou d'impiété, ont été bannis selon les
« lois. Le retour ne sera pas non plus libre à ceux

« des Mégalopolitains qui ont été bannis, avec
« Polyénète, pour cause de trahison, ni aux Am-
« phissiens, ni aux Triccéens, ni aux Pharcado-
« niens, ni aux Héracléotes. Tous les autres seront
« reçus avant le trentième du mois Xanthique.
« Que s'il y a dans les règlements établis par Phi-
« lippe et Alexandre quelque chose de contraire
« aux intérêts des Grecs, on n'a qu'à nous venir
« trouver, afin que nous les corrigions d'une
« manière conforme à ce que demandent notre
« intérêt et celui de chaque ville. Les Athéniens
« resteront d'ailleurs dans le même état que
« sous Philippe et sous Alexandre. Les Oro-
« piens retiendront Orope de la même manière
« qu'ils l'ont présentement. Nous donnons Samos
« aux Athéniens, puisque Philippe notre père la
« leur avait donnée. Tous les Grecs porteront d'un
« commun accord un décret portant qu'aucun
« d'eux ne prendra les armes ni ne fera aucune
« chose contre nous, et que ceux qui le feront se-
« ront bannis avec leurs familles et dépouillés de
« leurs biens. Au reste, nous avons ordonné à
« Polysperchon de traiter avec vous de toutes ces
« choses. Vous donc, écoutez-le comme nous vous
« l'avons déjà écrit, car nous ne souffrirons pas
« qu'aucun contrevienne à rien de ce que nous
« mandons. »

Dans cette déclaration si pleine de traits intéressants pour l'histoire, on remarquera les clau-

ses qui concernent le rappel des exilés dans leur patrie, rappel déjà autorisé par Alexandre. Un fragment d'inscription en dialecte éolien, retrouvé dans l'île de Lesbos, se rapporte précisément au retour des exilés de Mitylène. L'acte de réconciliation (διάλυσις, διαλλάγα), gravé sur ce monument, établit qu'une commission de vingt citoyens, dont dix choisis parmi ceux qui reviennent, présidera à toutes les formalités, soit civiles, soit religieuses, de la réintégration. C'est, à ma connaissance, le seul monument écrit qui se rattache aux règnes de Philippe et d'Alexandre le Grand[1]. Avec la circulaire qui précède on peut dire qu'il marque nettement pour nous une seconde phase dans l'histoire des races grecques. Jusqu'ici aucune puissance, soit hellénique, soit barbare, n'a réussi à s'imposer durablement aux petites cités qui se partageaient le sol grec et y pratiquaient, chacune à sa manière et selon son génie, le régime de ses institutions nationales. Désormais s'élève et grandit au milieu d'elles, pour les dominer enfin, malgré bien des résistances, le pouvoir des Macédoniens. Or, chose singulière, un même publiciste, Isocrate, résume pour nous l'ancienne politique de la Grèce indépendante, et appelle de ses vœux, que dis-je? de ses fréquents conseils ce protectorat de la Macédoine, destiné à

---

[1] *Corpus Inscr. græc.*, n° 2166 ; Franz, *Elem. epigr. gr.* n° 75.

préparer la Grèce, par bien des hontes et à travers bien des orages, au joug des Romains. C'est Isocrate qui dans les lignes suivantes de son célèbre *Discours panégyrique* nous peint avec une admiration éloquente l'efficacité des *panégyries*, l'une des institutions sur lesquelles s'appuyait le mieux l'unité nationale de l'hellénisme :

« Si on a loué avec raison les fondateurs des
« panégyries de noús avoir transmis une cou-
« tume qui nous induit à conclure entre nous des
« trêves et à effacer les anciennes inimitiés, pour
« nous réunir en un même lieu, pour faire en-
« semble des prières et des sacrifices, pour ré-
« veiller ainsi le souvenir d'une ancienne parenté
« et prendre des sentiments de bienveillance mu-
« tuelle, pour rafraîchir d'anciens pactes d'hos-
« pitalité et en former de nouveaux; si ce passe-
« temps ne laisse inoccupés ni le vulgaire ni les
« hommes de talent; si, au milieu du concours
« de la Grèce entière, les uns ont à se faire hon-
« neur de leurs avantages, les autres à jouir du
« spectacle des luttes engagées, de façon que
« personne ne soit désintéressé, mais que chacun
« ait un sujet d'émulation et d'orgueil...; si tant de
« bien résulte pour nous de ces réunions, Athènes
« n'en est pas non plus déshéritée; car elle offre
« des spectacles nombreux et magnifiques, les
« uns avec la splendeur du luxe, les autres avec
« tout l'éclat des arts, et d'autres qui présentent

« réunis ces deux genres de beauté, et ces specta-
« cles attirent une telle foule, que, s'il y a quel-
« que avantage à se rapprocher les uns des au-
« tres, notre cité en jouit pleinement..... Enfin
« les autres assemblées ont lieu à de longs inter-
« valles et se dispersent aussitôt ; mais notre ville
« offre à tous les peuples une perpétuelle pané-
« gyrie [1]. »

Assurément on ne pouvait mieux montrer la
grandeur de ces institutions salutaires et la noble domination du génie athénien ; et pourtant
c'est ce même Isocrate qui mainte fois ailleurs et
surtout dans son Discours à Philippe provoque
imprudemment ses concitoyens à pacifier leurs
divisions en concentrant toutes leurs forces sous
le commandement d'un roi habile, pour les diri-
ger ainsi plus sûrement contre l'Asie ; il devait
pressentir trop tard les conséquences fatales de
sa politique, lorsqu'il expirait de douleur à qua-
tre-vingt-dix ans, en apprenant la défaite d'A-
thènes à Chéronée.

Divers épisodes moins célèbres de cette période
de l'histoire grecque s'éclairent encore pour nous
d'une lumière imprévue par des documents épigraphiques récemment retrouvés et dont quel-

---

[1] *Panégyrique,* § 43. J.-J. Ampère, dans sa *Promenade en Amérique,* t. I, p. 249 (morceau imprimé d'a- bord dans la *Revue des Deux Mondes* du 15 mars 1853), nous décrit une sorte de panégyrie des sauvages du haut Missouri et du haut Mississipi, qui offre avec les institutions de la Grèce antique le moins prévu et le plus étrange des rapprochements.

ques-uns nous révèlent des faits aussi curieux que nouveaux pour nous.

Ici, c'est un traité de commerce conclu par Amyntas, roi de Macédoine, avec la ville de Chalcis en Eubée; on y réglait l'exportation du bois pour les édifices et pour les constructions navales, sous la condition d'une déclaration préalable et d'un droit à payer [1]. Là, c'est un traité d'alliance militaire conclu, pendant la guerre sociale, à ce qu'il semble, entre les Érythréens d'Asie et Hermias, le tyran d'Atarnes [2], celui même qu'a illustré son amitié avec Aristote. Dans le fragment qui nous reste de cette pièce, on trouve les conditions relatives au commerce des deux États pendant la durée de la guerre. « Les « parties contractantes se reconnaissent récipro- « quement le droit de débarquer et de mettre en « sûreté des marchandises sur le territoire allié. « Ces marchandises, mises en dépôt, ne devront « être sujettes à aucun droit, à moins qu'elles ne « soient vendues; dans ce cas, elles seront taxées « au cinquantième de leur valeur. A la paix, elles « devront être enlevées dans les trente jours, ou « bien payer le droit; le dépôt devra être accom- « pagné d'une déclaration loyale de la valeur [3]. »

---

[1] Le Bas, Voy. archéol., part. II, n° 1406.

[2] Publié par M. H. Waddington, dans le Bulletin archéologique de l'Athenæum français, n° 4 (avril 1855).

[3] Je transcris le résumé même de M. Waddington.

Suit la formule abrégée des deux serments que se sont prêtés, d'une part, les Érythréens, et, de l'autre, le tyran Hermias avec ses « alliés dans « la guerre [1]. »

Que l'on rapproche de ces deux textes les débris d'un acte plus ancien encore, je veux dire du traité de commerce conclu entre Athènes et Iulis pour l'exploitation du μίλτος ou vermillon [2], et l'on aura une idée de la minutieuse précision avec laquelle ces sortes d'actes étaient rédigés dès une haute antiquité. Un décret de date un peu plus moderne constate les relations d'amitié qui existaient entre Athènes et Spartocus IV, roi du Bosphore cimmérien ; il nous laisse voir que de puissantes raisons d'économie publique assuraient l'alliance d'Athènes avec un pays dont les plaines fertiles fournirent souvent une partie du blé nécessaire à la nourriture du peuple athénien [3].

Deux autres décrets athéniens nous ramènent à l'histoire des successeurs d'Alexandre. Le premier, qui date de l'an 295 avant J-C. et constate un rapprochement entre Athènes et Démétrius, fils d'Antigone, nous montre quel empressement

---

[1] Οἱ ἑταῖροι πολέμου ἕνεκεν, ce qui rappelle l'expression *cæterisque quos societas tenet bellica*, dans la fameuse lettre d'Aurélien à Zénobie (Vopiscus, *Vie d'Aurélien*, c. XXVI).

[2] Rangabé, *Antiq. hellén.*, t. II, n° 677 (cf. *Éphéméride arch. d'Athènes*, n° 2738) ; Boeckh, *Staatshaushaltung der Athener*, 2e édition, t. II, p. 349 et suiv. n° XVIII. On pourra comparer quelques observations sur ce sujet, dans mes *Mémoires d'histoire ancienne et de philologie*, p. 67.

[3] *Corpus Inscr. gr.*, n° 107; Franz, *Elem. epigr. gr.*, n° 69.

et quelle solennité la république mettait à récompenser les services directs ou indirects qu'on avait pu lui rendre; il montre aussi avec quelle obstination elle entendait défendre les derniers restes de son indépendance [1].

« Considérant qu'Hérodore s'est montré par le « passé dévoué au peuple d'Athènes, lorsqu'il sé- « journait auprès du roi Antigone, et que main- « tenant aussi, jouissant de la confiance du roi « Démétrius, il continue à faire tout le bien qu'il « est en son pouvoir, disant toujours ce qu'il y a « de plus avantageux à la ville et à la liberté du « peuple athénien; et que les députés envoyés au « roi Démétrius, pour traiter de la paix, annon- « cent qu'il a aidé le peuple à conclure la paix « avec le roi et à terminer au plus tôt la guerre, « aussi bien qu'à rentrer en possession de la cita- « delle, et des droits de la démocratie; avec la « fortune propice, il a plu au peuple de donner « des éloges à Hérodore, fils de Ph... de..., pour « le dévouement et l'empressement qu'il témoi- « gne au peuple d'Athènes, de le couronner d'une « couronne d'or d'après la loi et de proclamer la « couronne dans les Dionysiaques de la ville, « pendant les jeux des tragédiens. Qu'il soit

---

[1] Rangabé, *Antiq. hellén.*, t. II, p. 118, n° 443, dont je reproduis la traduction avec quelques changements et en supprimant, comme peu utiles pour l'objet que nous nous proposons ici, les lignes, qui d'ailleurs se trouvent mutilées, du préambule.

« Athénien, lui et ses descendants, et qu'il soit
« inscrit dans la tribu, le dème et la phratrie qu'il
« voudra[1]; et qu'il ait, lui et l'aîné de ses descen-
« dants, à perpétuité, sa nourriture au prytanée,
« ainsi que la préséance à tous les jeux donnés
« par la ville. Qu'on lui élève une statue équestre
« en bronze dans le marché, auprès d'Harmodius
« et d'Aristogiton[2] et des Sauveurs; qu'on élise
« aussitôt, à main levée, trois commissaires athé-
« niens qui auront soin de l'érection de la statue;
« et que l'intendant et les chefs des trittys al-
« louent la dépense qui sera faite pour la statue.
« Que les prytanes mettent aux voix cette affaire
« lors de la première assemblée, et que les thes-
« mothètes introduisent au tribunal l'examen de
« sa naturalisation et des honneurs qu'il reçoit,
« la première fois que les tribunaux s'assemble-
« ront. Que le secrétaire de prytanie inscrive le
« décret sur une plaque de pierre, qui sera placée
« dans l'Acropole, et que le trésorier de l'État
« donne trente drachmes pour l'inscription de la
« stèle. »

[1] Même formule n° 447 et dans un fragment de décret semblable n° 2299. On pourra comparer, sur ce sujet, les textes que nous avons réunis dans un mémoire spécial *sur l'état civil chez les Athéniens* (*Mémoires d'histoire ancienne et de philologie*, Paris, 1863, p. 105-129).

[2] Cette superstition des Athéniens pour la mémoire de leurs prétendus libérateurs est attestée par beaucoup d'autres écrivains (voir Beulé, *la Monnaie d'Athènes*, p. 336, et R. Rochette, *Lettre à M. Schorn*, p. 203-204, 2ᵉ éd.); mais il ne faut pas omettre d'en rapprocher les sévères jugements d'Hérodote (V, 55; VI, 123), et de Thucydide (I, 20; VI, 54).

Un autre décret, dont la partie principale est à peu près intacte, porte acceptation d'une alliance entre les Athéniens, plusieurs peuples libres de la Grèce, Ptolémée Philadelphe et le roi de Sparte Aréus, en vue de repousser l'ambition du roi de Macédoine Antigone Gonatas [1]. Un document de date voisine atteste les services rendus à des députés athéniens auprès du roi Cassandre par un Athénien nommé Posidippe, compagnon volontaire de l'ambassade [2]. C'est le cas peut-être de remarquer à combien d'écritures donnait lieu alors, chez les Athéniens, chaque négociation publique [3]. On peut aussi remarquer, que, selon une observation de Théophraste [4], les services, et particulièrement les services d'hospitalité rendus à des ambassadeurs, n'étaient pas toujours désintéressés, puisqu'ils obtenaient souvent de si pompeuses récompenses.

En Asie Mineure, divers documents nous montrent l'étroite union des successeurs d'Alexandre avec les villes grecques de la côte. Sur une inscription de Milet, Séleucus II et son frère Antiochus témoignent de leur amitié pour les Milé-

---

[1] Rangabé, *Antiq. hellén.*, t. II, n° 453.

[2] Rangabé, *Antiq. hellén.*, t. II, n° 2298; *Éphém. archéol. d'Athènes*, n° 1372.

[3] *Civitas litterarum conficientissima*, dit Cicéron, en parlant d'une ville grecque (*pro Flacco*, c XIX),

à propos d'une affaire de finance. Cela se pouvait dire aussi des affaires diplomatiques, au temps, du moins, où nous sommes parvenus.

[4] Théophraste, cité par Cicéron, *de Officiis*, II, 18, et, d'après Cicéron, par Lactance, *Institutiones div.*, VI, 12.

siens, en leur envoyant pour le temple d'Apollon Didyméen de riches offrandes dont la liste nous est parvenue [1]. Déjà Séleucus Ier avait donné l'exemple d'une générosité pareille, et l'on sait même, à ce propos, comment les dieux étaient d'utiles conciliateurs entre les rois et les cités libres de leur voisinage : l'oracle d'Apollon à Milet avait su prévoir et prédire, en temps opportun, les victoires auxquelles Séleucus dut le nom de Nicator [2]; il était naturel que le roi vainqueur se montrât reconnaissant.

Trois documents trouvés à Smyrne, et qui datent de l'an 244 avant Jésus-Christ, nous montrent sous un autre jour et d'une façon plus explicite encore l'union des villes maritimes de l'Ionie avec les Séleucides. Le premier est un décret des Smyrnéens, portant promulgation d'une alliance avec leurs voisins les habitants de Magnésie sur le Sipyle.

« I. Il a été résolu et arrêté par le peuple (de « Smyrne), de l'avis des stratéges. D'autant que « ci-devant, quand le roi Séleucus a fait une ex- « pédition dans la Séleucide, quoique notre ville « et notre territoire fussent de toutes parts expo- « sés à un grand nombre de périls, et de grands « périls, le peuple a néanmoins conservé sa bonne « volonté et son amitié pour lui, sans se laisser

____

[1] *Corpus Inscr. græc.*, n° 2852. Cf. n. 3595 et 3596.

[2] Appien, *Syriaca*, c. LVI; Diodore, **XIX**, 90.

« épouvanter par l'irruption des ennemis, ni se
« mettre en peine de la perte de ses biens, mais
« plutôt ne tenant compte de rien, au prix du
« dessein où il était de persister dans de tels sen-
« timents et de contribuer de toutes ses forces à
« maintenir ou remettre en bon état les affaires
« du roi, comme il l'avait promis dès le commen-
« cement ; à cause de quoi le roi Séleucus, prince
« pieux, et plein d'affection pour ceux qui lui ont
« donné la vie, étant aussi magnanime et sa-
« chant témoigner sa reconnaissance à ceux qui
« lui rendent quelque service, a comblé d'hon-
« neurs notre ville, en considération de la bonne
« volonté et de l'ardeur avec laquelle le peuple
« s'est empressé pour l'avancement de ses inté-
« rêts, et parce que son père, le dieu Antiochus, et
« la mère de son père, la déesse Stratonice, ont
« été consacrés (déifiés) parmi nous ; le peuple en
« commun, et chaque citoyen en particulier, leur
« ayant rendu les honneurs qu'ils méritaient :
« Séleucus a aussi confirmé au peuple le droit de
« se gouverner par ses propres lois, et sa forme
« de gouvernement démocratique ; il a écrit aux
« rois, aux princes, aux villes et aux peuples,
« pour leur signifier qu'il avait bien voulu non-
« seulement reconnaître et faire reconnaître pour
« un asile le temple d'Aphrodite Stratonicide, mais
« encore que notre ville fût sacrée et également
« inviolable : et maintenant après l'expédition du

« roi Séleucus dans la Séleucide, les stratéges, par
« le zèle qu'ils avaient pour la prospérité des af-
« faires du roi, ont envoyé une ambassade aux
« habitants de Magnésie, et à leur cavalerie et
« leur infanterie, qui est dans les cantonne-
« ments, leur dépêchant un d'entre eux, Denys,
« pour les exhorter à garder perpétuellement
« l'amitié et l'alliance avec le roi Séleucus, et
« leur promettre que, s'ils persistaient à main-
« tenir ses intérêts, et à n'avoir d'autres amis et
« d'autres ennemis que les siens, ils recevraient
« du peuple et du roi toute sorte de marques de
« bonté et de bienveillance, et qu'on reconnaî-
« trait leurs services d'une manière digne de
« leurs sentiments; en conséquence desquelles
« exhortations, les Magnésiens, déjà portés
« d'eux-mêmes à demeurer dans l'amitié et l'al-
« liance avec le roi et à maintenir ses intérêts,
« ont d'abord acquiescé avec ardeur à la demande
« des stratéges, et promettent d'avoir les mêmes
« sentiments que notre peuple, sur tout ce qui re-
« garde l'avantage du roi Séleucus ; après quoi
« ils nous ont envoyé des ambassadeurs, savoir,
« du corps des habitants, Potamon et Hiéroclès,
« et des troupes cantonnées, Damon et Apolloni-
« cète, pour conférer avec nous et nous apporter
« le traité selon lequel ils entendent faire amitié
« avec nous : et ces ambassadeurs, étant intro-
« duits dans l'assemblée du peuple, y ont parlé

« sur toutes choses, conformément à ce qui est
« écrit dans l'acte du traité. Là-dessus, il a été
« résolu, à la bonne heure soit : de traiter amitié
« avec ceux de Magnésie, en tout ce qui sera pour
« le bien du roi Séleucus, et de désigner trois
« ambassadeurs, pour leur apporter le traité que
« le peuple trouvera bon de faire, pour conférer
« avec eux des conditions qu'il contiendra, et
« pour les exhorter à les approuver et les accom-
« plir. Si les Magnésiens y acquiescent, les am-
« bassadeurs qui ont été nommés leur feront
« prêter le serment contenu dans le traité. Après
« que les Magnésiens auront approuvé tout cela,
« qu'ils auront scellé en commun le traité et
« prêté le serment, et que les ambassadeurs se-
« ront de retour, on exécutera toutes les autres
« choses contenues dans ce traité. Ce décret sera
« écrit [dans les registres], selon que la loi l'or-
« donne; il sera aussi gravé sur les stèles où l'on
« gravera le traité même. Les officiers mensuels
« du sénat inviteront les ambassadeurs venus de
« Magnésie à l'hospitalité dans le Prytanée. Calli-
« nus, le trésorier, fournira, selon les règle-
« ments, sur les deniers de la ville, aux ambas-
« sadeurs qui seront désignés, ce qui sera né-
« cessaire pour leur voyage, pour autant de jours
« que le peuple en aura marqué. — On a mar-
« qué cinq jours. Ont été nommés pour ambas-
« sadeurs, Phanodème, fils de Micion, Dénys, fils

« de Dionytas, Parménisque, fils de Pythias. »

Le texte même de l'alliance forme le second document, un des plus longs et des plus complets en ce genre qui nous aient été conservés, un des plus abondants en prescriptions minutieuses.

« II. Sous le pontife Hégésias et le stéphané-
« phore Pythodoros, au mois de Lénæon, à la
« bonne heure soit. Sous les conditions suivan-
« tes, les Smyrnéens et les habitants de Magnésie,
« tant la cavalerie et l'infanterie de ceux-ci qui
« est dans la ville, que celle qui est dans les
« campements, et les autres habitants ont fait
« ensemble ce traité d'amitié. Les Smyrnéens
« ont donné le droit de bourgoisie aux habitants
« de Magnésie, à leur cavalerie et leur infanterie,
« tant à celle qui est dans les campements qu'à
« celle qui est dans la ville, et aux autres qui de-
« meurent dans la ville; à condition que les Ma-
« gnésiens garderont perpétuellement, avec tout
« le zèle possible, l'alliance et l'attachement aux
« intérêts du roi Séleucus; qu'ils défendront de tout
« leur pouvoir tout ce qu'ils ont reçu en garde du
« roi Séleucus, et le lui rendront. Ils se gouver-
« neront d'un commun accord avec les Smyr-
« néens, selon les lois de la ville, sans causer aucun
« trouble, et ayant les mêmes amis et les mêmes
« ennemis qu'eux. Les Magnésiens prêteront aux
« Smyrnéens, et réciproquement les Smyrnéens
« prêteront aux Magnésiens, le serment contenu

« ci-dessous dans le traité. Après les serments,
« ainsi prêtés de part et d'autre, tous les griefs
« nés entre eux au temps de la guerre seront
« éteints, et il ne sera permis ni aux uns, ni aux
« autres, de poursuivre le redressement de ces
« griefs formés à l'occasion de la guerre, ni par
« les voies de la justice, ni de quelque autre ma-
« nière : que si on l'entreprend, toutes les pour-
« suites que l'on fera seront nulles et de nul ef-
« fet. Les habitants de Magnésie, et leur cavalerie
« et leur infanterie, tant celle qui est dans la
« ville que celle qui est dans les campements,
« auront dans Smyrne droit de bourgeoisie, sem-
« blablement et de la même manière que les
« autres citoyens. On accordera également la
« bourgeoisie à tous les autres qui demeurent à
« Magnésie, pourvu qu'ils soient de condition
« libre et de nation grecque. Les écrivains mili-
« taires donneront au peuple un rôle des com-
« pagnies des Magnésiens, tant de cavalerie que
« d'infanterie, et de celle qui est dans la ville et
« de celle qui est dans les campements. Pour les
« autres qui demeurent dans le pays, la liste en
« sera fournie par des gens que les habitants de
« Magnésie nommeront. Quand les écrivains
« présenteront le rôle des compagnies, et les
« personnes nommées celui des autres habitants,
« les enquêteurs les feront jurer sur les victimes
« offertes à la Mère [des dieux], qu'ils ont donné

« en toute bonne foi la liste de leurs habitants, de
« la cavalerie et de l'infanterie, tant de celle qui
« est dans la ville que de celle qui est dans les
« campements : ils feront aussi jurer les per-
« sonnes qui présenteront le rôle des autres ha-
« bitants, qu'elles ont donné de même la liste des
« autres qui demeurent à Magnésie, et qui sont
« de condition libre et de nation grecque. Les
« enquêteurs ensuite remettront ces listes au
« garde des registres du sénat et du peuple, et
« celui-ci les serrera dans les archives. Les en-
« quêteurs rangeront par le sort dans les tribus
« tous les noms de ceux dont ils apporteront la
« liste, et ils les écriront dans les rôles du tirage
« pour chaque tribu. Ceux qui seront inscrits
« dans ces rôles du tirage auront part aux
« mêmes avantages que les autres citoyens. Et
« après avoir été ainsi revêtus du droit de bour-
« geoisie, ils suivront, dans Magnésie même,
« les lois de Smyrne, pour les contrats et les pour-
« suites qui regarderont ceux de Smyrne. On
« recevra à Magnésie la monnaie de cette ville,
« comme bonne et valable selon les lois. Les
« Magnésiens recevront aussi un gouverneur
« que le peuple (de Smyrne) leur enverra, et qui
« aura les clefs de la ville, la défendra, et la gar-
« dera pour le roi Séleucus. Ceux de Smyrne
« donneront pour loger aux personnes qui se-
« ront envoyées de Magnésie, des maisons qui au-

« ront autant de lits que le peuple jugera à pro-
« pos, cela pendant six mois depuis le temps que
« le traité aura été scellé en commun. Le trésorier
« des deniers publics et les stratéges prendront
« ces maisons à loyer, et cela aux frais du tré-
« sor public. Les habitants de Magnésie, la ca-
« valerie et l'infanterie, tant celle qui est dans
« la ville que celle qui est dans les campements,
« et les autres qui sont admis à ce droit de bour-
« geoisie, prêteront le serment qui suit : « Je jure
« par Jupiter, par la Terre, par le Soleil, par Arès,
« par Athéné Martiale, par Artémis, par la Mère
« Sipylène, par Apollon de Pandes, par tous les
« autres dieux et déesses, et par la Fortune du
« roi Séleucus, que je garderai perpétuellement
« les conventions que j'ai faites avec les Smyr-
« néens, et que je persisterai dans l'alliance et la
« bonne volonté envers le roi Séleucus et la ville
« de Smyrne ; que je défendrai aussi de toutes
« mes forces ce que j'ai reçu en garde du roi Sé-
« leucus, et que je le rendrai au roi Séleucus ;
« que je ne contreviendrai à aucun des articles
« du traité, et qu'en aucune manière ni par au-
« cun artifice, je n'éluderai ni ne pervertirai rien
« de ce qui y est écrit ; que je vivrai avec ceux à
« qui je m'unis par une communauté de droits,
« en bonne concorde et sans trouble, selon les
« lois des Smyrnéens et les décrets du peuple ;
« que j'agirai de concert, avec tout l'empresse-

« ment possible et en tout temps, pour maintenir
« la liberté et le gouvernement populaire, et les
« autres priviléges que le roi Séleucus a accordés
« aux Smyrnéens ; que je ne ferai aucun mal ni
« aucun tort à personne d'entre eux, et que j'em-
« pêcherai, de tout mon pouvoir, qu'aucun autre
« ne le fasse ; que, si je viens à savoir que quel-
« qu'un forme quelque projet contre la ville ou
« les lieux de son territoire, ou trame quelque
« chose contre son gouvernement populaire ou
« contre l'égalité des citoyens, je le déclarerai au
« peuple de Smyrne, je l'assisterai de toute mon
« ardeur, et je ne l'abandonnerai point, autant
« qu'il me sera possible. Si je tiens mon serment,
« que bien me soit ; mais si je me parjure, puis-
« sé-je périr, moi et mes descendants. » Les
« Smyrnéens d'autre côté prêteront aux Magné-
« siens le serment qui suit : « Je jure par Jupiter,
« par la Terre, par le Soleil, par Arès, par Athéné
« Martiale, par Artémis, par la Mère Sipylène,
« par Vénus Stratonicide et par tous les au-
« tres dieux et déesses, que je garderai per-
« pétuellement les conventions que nous avons
« faites avec les habitants de Magnésie, avec leur
« cavalerie et leur infanterie, tant celle qui est
« dans la ville que celle qui est en campagne, et
« avec les autres qui sont admis à ce droit de
« bourgeoisie, ne contrevenant à aucun des ar-
« ticles du traité, et n'éludant ni ne pervertissant

« en aucune manière, ni par aucun artifice, rien
« de ce qui y est écrit ; que je serai plein de
« bonne volonté pour le roi Séleucus et pour les
« habitants de Magnésie, tant ceux qui sont dans
« la ville que ceux qui sont dans les campements,
« et les autres qui demeurent dans Magnésie et
« qui sont de condition libre et de nation grecque;
« que je leur donnerai, à eux et à tous leurs des-
« cendants, le droit de bourgeoisie, sur le même
« pied et de la même manière qu'aux autres ci-
« toyens; que je les admettrai dans les tribus et
« les y placerai selon que le sort assignera son
« rang à chacun d'eux; que je ne leur ferai au-
« cun mal ni aucun tort et que j'empêcherai de
« tout mon pouvoir qu'aucun autre ne le fasse ;
« que si je viens à savoir que quelqu'un dresse
« des embûches à eux ou à leurs descendants,
« ou à leurs biens, je le déclarerai au plus vite que
« je pourrai, et les assisterai avec ardeur ; que je
« leur ferai part des charges et des autres com-
« muns avantages dont les autres citoyens jouis-
« sent. Si je tiens mon serment, que bien me soit;
« mais si je me parjure, puissé-je périr, moi et
« mes descendants. » Les Smyrnéens et les Ma-
« gnésiens nommeront, de part et d'autre, autant
« de personnes qu'ils jugeront à propos, pour
« faire prêter le serment au commun peuple, et
« à Smyrne et à Magnésie ; et ces personnes, le
« jour auparavant, le notifieront à ceux de la

« ville, et leur enjoindront d'y demeurer jusqu'à
« ce que les serments soient prêtés selon le traité.
« Le serment ci-dessus sera exigé des Smyrnéens,
« par ceux que les Magnésiens auront nommés
« pour cet effet; et des Magnésiens, par ceux que
« les Smyrnéens de leur côté auront désignés.
« Pour les victimes nécessaires à la solennité du
« serment, le trésorier Callinus les fournira, dans
« Smyrne, du fonds que le peuple l'ordonnera;
« et, dans Magnésie, les trésoriers que le peuple
« en aura chargé. Les uns et les autres feront
« graver le traité sur des stèles blanches; sa-
« voir, ceux de Smyrne, et dans le temple d'A--
« phrodite Stratonicide, et à Magnésie près du
« Méandre, dans le temple d'Artémis Leuco-
« phryène; et les Magnésiens, dans la place près
« de l'autel de Bacchus et des statues des rois, et
« à Pandes dans le temple d'Apollon, et à Grynée
« dans le temple aussi d'Apollon. Le garde des
« registres publics du sénat et du peuple mettra
« une copie du traité dans les archives. L'acte du
« traité que l'on donnera aux Smyrnéens sera
« scellé en commun par ceux que la communauté
« de Magnésie aura nommés, et cela tant de
« leur sceau particulier que du sceau public;
« et celui qu'on donnera aux Magnésiens sera
« scellé par les stratéges et les enquêteurs de
« Smyrne, tant du sceau de la ville, que de leur
« sceau particulier. Que tout cela s'effectue heu-

« reusement pour l'un et pour l'autre peuple! »

On se croirait en pleine diplomatie du moyen âge, au temps où les républiques de l'Italie septentrionale s'agitaient dans des discordes sans fin, protégées et opprimées tour à tour par les royautés du midi ou par l'Empereur. Ce n'est pas tout pourtant. Un troisième document, gravé sur la même pierre, nous montre qu'il a fallu prendre une précaution de plus contre la défection des Magnésiens.

« III. Il a été résolu et arrêté par le peuple (de
« Smyrne) de l'avis des stratéges, ainsi que suit.
« D'autant que le peuple a constamment pourvu
« à tout ce qui est de l'avantage du roi Séleucus,
« de sorte que, voulant contribuer à augmenter
« l'empire de ce prince et maintenir ses intérêts
« autant qu'il a dépendu de lui, il a ci-devant
« souffert, sans en tenir compte, la perte ou le
« dégât de plusieurs de ses biens propres, et s'est
« exposé à plusieurs dangers, pour conserver
« l'amitié avec le roi Séleucus; et maintenant
« encore souhaitant avec ardeur de concourir à
« maintenir et assurer, autant qu'il est possible,
« le bon état de ses affaires, il a fait un traité
« d'amitié avec les habitants de Magnésie, avec
« leur cavalerie et leur infanterie, et avec les au-
« tres qui demeurent dans Magnésie, à celle fin
« qu'ils gardent l'alliance avec le roi Séleucus et
« qu'ils demeurent toujours dévoués; croyant,

« de plus, nécessaire pour la ville, de faire livrer
« la place de Palæmagnésie, fortifiée, et d'y met-
« tre garnison, afin que la garde en étant confiée
« à la ville, tout fût plus en sûreté pour le roi
« Séleucus dans tous les environs, il a envoyé
« solliciter les habitants de la place d'entrer dans
« l'amitié avec le roi Séleucus, de remettre les
« clefs à un commandant envoyé par le peuple,
« et de recevoir une garnison, qui, de concert
« avec eux, défende la place et la conserve au
« roi Séleucus, promettant que, s'ils le faisaient,
« ils recevraient toute sorte de bons offices et de
« faveurs de la ville; sur quoi les habitants de la
« place ayant pris avec tout l'empressement pos-
« sible le parti d'entrer dans l'amitié du roi Sé-
« leucus, ont accepté les propositions du peuple,
« ont livré les clefs de la ville au commandant en-
« voyé par le peuple, et ont reçu dans la place la
« garnison de la ville; il a été résolu (à la bonne
« heure soit) qu'ils seraient citoyens, et qu'ils
« auraient les mêmes priviléges que les autres
« citoyens; que les deux portions de terres, sa-
« voir, celle qu'Antiochus le Dieu et Sauveur leur
« a accordée, et celle sur laquelle Alexandre leur
« avait envoyé des lettres, leur demeureront fran-
« ches de toute dîme, et que si notre ville vient
« à acquérir le pays qu'occupent ceux qui étaient
« autrefois habitants de Magnésie, ils auront ces
« trois portions gratuitement et conserveront

« néanmoins l'exemption d'impôts dont ils jouis-
« sent à l'heure qu'il est ; que pour ceux d'entre
« eux qui n'ont point encore de portion assignée,
« on leur donnera gratuitement une portion de
« cavalier, de celles qui sont voisines de la place ;
« que Timon et les fantassins qu'il commande,
« et qui ont été choisis sur la phalange (ou le ba-
« taillon) pour garder la place, auront le même
« droit de bourgeoisie et la même immunité que
« les autres, et demeureront dans la place ; que
« de plus Omanès, avec les Perses qui sont sous
« son commandement et ceux qui ont été en-
« voyés de Smyrne pour garder la place, comme
« aussi Ménéclès et ceux qu'il commande, joui-
« ront du même droit de bourgeoisie, et des au-
« tres faveurs que le peuple a résolu d'accorder
« aux autres Magnésiens ; que le peuple aura
« soin de leur faire donner, du trésor royal, le
« blé et les autres vivres qu'on a accoutumé de
« leur fournir des revenus du roi ; qu'enfin ce
« décret sera gravé sur des stèles qui doivent
« être déposées dans les temples par le peuple
« et le sénat de Magnésie, et qu'il sera écrit dans
« les archives publiques [1]. »

On voit quelles dures nécessités et quelle étroite
dépendance se cachaient quelquefois sous les

[1] *Corpus Inscr. græc.*, n° 3137, où l'éditeur ne paraît pas avoir connu la reproduction et la version française de ces longs documents données par Barbeyrac sous le n° 353. Je reproduis, sauf quelques changements, la traduction de ce dernier éditeur.

formes, si bénignes en apparence, des relations diplomatiques entre les rois macédoniens et les villes grecques de l'Asie.

Les inscriptions, auxquelles nous avons été ramenés par ces divers témoignages, vont, au contraire, nous offrir, et vers le même temps, le contraste de libertés orageuses, dans un pays grec situé cependant sur la route de toutes les invasions qui furent si fatales à l'indépendance des villes de l'Ionie asiatique, à celle d'Athènes, de Lacédémone et de leurs alliés.

La Crète est peut-être de tous les pays grecs celui dont l'histoire nous est le moins connue; mais, par compensation, c'est celui où l'on a retrouvé les plus considérables documents diplomatiques qui soient parvenus jusqu'à nous. Plutarque, voulant encourager des frères à la concorde, leur cite l'exemple des villes de Crète, qui, souvent déchirées par des dissensions intestines [1], ne manquaient pourtant pas de se réunir sous la menace de quelque ennemi commun : c'est cette union des villes de Crète qui s'appelait, nous dit-il, le *syncrétisme* [2], mais qui sur les monuments paraît plutôt s'exprimer par les mots *la communauté des Crétois*, τὸ κοινὸν τῶν Κρηταιέων,

---

[1] Voyez surtout les témoignages de Polybe, entre autres quelques lignes du livre XXV, § 3 *b*, édit. Didot.

[2] *De l'Amitié fraternelle*, c. XIX; *Etymol. magnum*, s. v. Συγκρητίσαι. Cf. K. Hœck, *Kreta*, t. III, p. 470 (Göttingue, 1829).

selon l'usage de la langue grecque quand il s'agit de semblables confédérations [1]. Les inscriptions grecques de l'ancienne Crète nous offrent aujourd'hui un ample commentaire de ce mot, si étrangement détourné aujourd'hui de son acception primitive [2]. La Crète, durant les derniers siècles de son indépendance, la Crète, au temps d'Aristote, vivait dans une continuelle anarchie. Les constitutions politiques ne s'y étaient pas développées selon le progrès des mœurs ; de là de fréquents et inévitables déchirements. Quand l'aristocratie ou la démocratie avait pris trop de prépondérance, une révolution rétablissait l'équilibre. Nul pays grec, malgré son isolement du reste de la Grèce, malgré la communauté d'origine qui unissait toutes ses cités doriennes, n'était plus sujet à ces révolutions. Mais là comme partout, alors comme toujours, le besoin de paix et d'unité qui domine toute société humaine faisait sortir l'ordre des excès même de

---

[1] Voir un exemple dans Pashley, *Travels in Crete*, I, p. 155 et comparez Polybe, XXIX, 4, où l'on voit les Rhodiens renouveler leurs alliances πρὸς πάντας Κρηταιεῖς.

[2] Dictionnaire de l'Académie, au mot *Syncrétisme* : « Terme didactique. Conciliation, rapprochement de diverses sectes, de différentes communions. *Si l'on ne peut parvenir au vrai syncrétisme, du moins la tolérance civile peut jusqu'à un certain point le remplacer.* » Il est remarquable que le témoignage de Plutarque et celui de l'*Etymologicum magnum* nous ont seuls conservé le mot συγκρητισμός, comme seuls ils rappellent le fait important que ce mot résume d'une manière si expressive. Barthélemy (*Voyage d'Anacharsis*, c. LXXIII) a tort d'appeler cela « la loi du syncrétisme. » C'est seulement un fait, tout au plus un usage.

la discorde. D'ailleurs, si quelque danger surve-
nait du dehors, il fallait bien se rapprocher et
s'entendre. On se rapprochait donc, et chaque
fois un nouveau traité scellait cette concorde
passagère et pourtant bienfaisante.

De là les documents, dont plusieurs n'ont re-
paru au jour que depuis quelques années[1], et dans
lesquels nous voyons les villes de Crète tantôt di-
visées par des haines violentes, tantôt unies par
des alliances qui semblent ne laisser entre elles
aucun nuage.

L'un des plus anciens, le plus intéressant peut-
être, est le serment que se prêtèrent cent quatre-vingts membres d'une sorte de milice municipale dans la ville de Dréros, au lendemain sans
doute d'un traité conclu entre cette ville et la ville
de Cnosse. Les Drériens s'engagent à n'accorder
ni paix ni trêve aux habitants de Lyttos, à leur
causer, au contraire, tout le mal qu'ils pourront; sinon, ils appellent sur leur propre tête la
colère de tous les dieux amis de Dréros et de
Cnosse. Suivent des prescriptions sévères contre
les magistrats, cosmes ou sénateurs, qui ne fe-
raient pas prêter aux nouveaux membres de la-

---

[1] Depuis la première édition de
nos Études, un de ces traités crétois
a été publié par M. R. Bergmann
(*de Inscriptione cretensi inedita qua
continetur fœdus a Gortyniis et Hie-
rapytniis cum Priansiis factum*. Berolini, 1860, in-4°). Malheureusement, il est dans un déplorable état
de mutilation; néanmoins, il offre,
pour la grammaire dialectique et
pour l'histoire, des faits précieux à
recueillir.

dite milice le serment destiné à perpétuer la haine
et la guerre entre les cités rivales. A la fin de cet
étrange engagement on voit figurer le nom d'une
autre ville, Milatos, qui est signalée comme en-
nemie de Dréros et de Cnosse [1].

Il est naturel d'en rapprocher un long document, de date plus récente peut-être, le traité
d'alliance offensive et défensive entre la ville
d'Hiérapytna et celle de Lyttos, que nous venons
de voir si menacée. Ce texte a été gravé en cinq
exemplaires, deux pour Hiérapytna, deux pour
Lyttos, le cinquième pour une ville neutre, Gortyne. Il contient les deux formules de serment,
où paraissent comme garants des traités et les
dieux communs à toute la race hellénique et des
dieux moins connus, particuliers sans doute à
chacune des villes crétoises [2].

Même luxe de formalités religieuses et politiques dans le pacte des Olontiens et des Latiens,
qui renferme une nouvelle détermination de la
frontière des deux peuples, avec le règlement des
droits et priviléges qu'ils se concèdent l'un à
l'autre, soit pour les simples citoyens, soit pour
les magistrats. Nous le choisirons pour exemple
entre les instruments de cette famille [3].

---

[1] Rangabé, n° 2478, et surtout Le Bas, *Rapport sur une inscription crétoise* (1859), extrait du t. XX, première partie, des *Mém. de l'Académie des inscriptions;* Ph.-A. De-thier, *Dreros und kretische Studien,* Wien, 1859, in-8°.

[2] Le Bas, dans la *Revue de philologie,* t. I, p. 264-272, n° 2.

[3] *Corpus Inscr. græc.,* n° 2554;

« Avec la fortune propice et pour le salut com-
« mun des deux villes. Il a été convenu entre les
« Latiens et les Olontiens, sous les cosmes col-
« lègues de Pyléros, [à Lato...] le trente du
« mois de... et [sous les cosmes collègues] de
« Sophronichos, fils d'Aristios, à Olonte, le trente
« du mois Éleusinien :

« Les deux villes resteront amies et alliées pour
« toujours, en toute franchise et bonne foi ; elles
« auront mêmes amis et mêmes ennemis. Si
« quelqu'un envahit ou entame le territoire des
« Latiens ou saisit les forteresses des Latiens, les
« Olontiens sortiront tous en armes de leur pays
« pour venir au secours, toute affaire cessante.
« Si quelqu'un fait invasion sur le territoire des
« Olontiens ou attaque les Olontiens, les Latiens
« sortiront tous en armes de leur pays pour por-
« ter secours, toute affaire cessante. Tout citoyen
« de Lato ou d'Olonte jouira dans la ville alliée
« de tous les droits religieux et civils. Les cos-
« mes de chacune des deux villes liront annuelle-
« ment le traité et engageront par serment les
« tribus après proclamation (ou notification) dans
« la fête des Théodésies. Les deux villes se don-
« neront mutuellement avis quand devront se

Barbeyrac, n° 339. Pour ces traités
crétois, M. Bœckh a connu et cité
le travail de Barbeyrac. Nous donnons ici une traduction nouvelle du
texte principal, qui offre d'ailleurs
beaucoup de difficultés, surtout à
cause du mauvais état dans lequel
il nous est parvenu.]

« faire ladite lecture et ledit serment. Si les cos-
« mes de Lato ne font pas prêter le serment et ne
« convoquent pas les tribus pour la lecture du
« traité, ou ne font pas cette lecture, chacun des-
« dits magistrats payera aux Olontiens cent sta-
« tères d'argent. De même les cosmes olontiens,
« s'ils n'engagent pas les tribus de leur ville par
« le serment convenu, s'ils ne font pas la convo-
« cation ou ne lisent pas le traité, payeront cha-
« cun cent statères d'argent aux Latiens. Si un
« cosme latien vient à Olonte, ou un cosme olon-
« tien à Lato, qu'ils soient conduits solennelle-
« ment au prytanée et à l'*andreion*. Si plusieurs
« cosmes latiens se rendent à Olonte ou plusieurs
« cosmes olontiens à Lato, ils y auront, excepté
« un seul de chaque nation, le rang de simples
« particuliers. Des deux villes viendront les in-
« specteurs des lois pour vérifier et régler ce que
« de droit; ils jouiront de tous les priviléges, et
« particulièrement en route, de la table d'hospi-
« talité. Si, dans ces voyages, quelque tort est fait
« auxdits magistrats, l'amende sera de six fois
« le dommage. Les juges décideront, entre autres
« choses, des mariages mixtes.

« Le Latien sera dans Olonte à l'égard des
« Olontiens, et l'Olontien à Lato à l'égard des La-
« tiens, libre de vendre et d'acheter..... de prêter
« et d'emprunter, de faire tel contrat qu'il lui
« conviendra selon les lois des deux pays. Les La=

« tiens, dans Olonte, assisteront aux Théodésies,
« même aux sacrifices secrets; et de même les
« Olontiens pour les sacrifices qui se célèbrent à
« Lato. Si les deux villes, après délibération, ju-
« gent convenable de faire quelque addition au
« traité, on y sera tenu sous la religion des mêmes
« serments, et si l'on supprime du traité quelque
« article, on ne sera plus tenu par serment à
« l'exécution dudit article. Graver le présent traité
« sur deux stèles, dont une pour chacune des
« deux villes contractantes; l'une des deux stèles
« sera placée à Lato dans le temple d'Apollon,
« l'autre à Olonte dans le temple de Jupiter Tal-
« læus. Une troisième sera consacrée en commun
« à Cnosse dans le temple d'Apollon Delphinien.
« Le décret..... dans chaque ville, dans le temple
« de..... et dans la salle d'assemblée des esclaves
« échappés (?). »

(Ici se lisent les limites des deux villes, dont le
détail n'intéresse que les géographes et n'importe
pas à l'objet que nous nous proposons. Le texte
continue par la formule du serment.)

« Je jure par Hestia, par Zeus né en Crète, par
« Héra, par Jupiter Tallæus, par Posidon, par
« Amphitrite, par Latone, par Artémis, par Arès,
« par Aphrodite, par la déesse d'Éleusis, par Bri-
« tomartis, par Hermès, par les Curètes, par les
« Nymphes et les autres dieux et déesses, que je
« demeurerai l'ami, l'allié et le concitoyen des

« Olontiens, que je garderai envers eux mon ser-
« ment, que je les secourrai, en toute franchise
« et bonne foi, sur terre et sur mer ; que si quel-
« qu'un en guerre avec les Olontiens envahit
« leur ville, leur territoire, leurs magasins ou
« leurs ports, je quitterai mon pays pour les dé-
« fendre, et je ne les abandonnerai ni dans la
« paix ni dans la guerre ; que je resterai fidèle à
« nos serments et que je rendrai la justice et
« toute espèce de service selon les conventions.
« Que beaucoup de bien m'advienne, si je rem-
« plis mes serments ; le contraire, si je les trahis.

« Le serment des Olontiens selon la même for-
« mule.

« Sous les cosmes collègues de Mænæos, fils
« de Chernétadas, le 10 du mois Thermolaos [à
« Lato] ; sous les cosmes collègues de Cratinos,
« fils d'Aristonymos, à Olonte, le 10 du mois Hé-
« ræus, les Latiens et les Olontiens, après délibé-
« ration commune, ont résolu d'ajouter au traité
« d'amitié, d'alliance, d'égalité et aux autres con-
« ventions bienveillantes qui les unissent, et d'in-
« scrire lesdites additions sur les stèles déposées
« dans chacune des deux villes, comme étant
« utiles et favorables pour resserrer entre lesdi-
« tes villes les liens d'amitié..... »

Même développement, ou plus minutieux encore, dans le texte presque intact du traité entre
Priansos et Hiérapytna que nous avons reproduit

plus haut, traité qui en mentionne un autre commun à ces deux villes et à celle de Gortyne, et un troisième entre Gortyne et Hiérapytna [1].

A côté de ces alliances, motivées peut-être par des hostilités passagères, Hiérapytna semble avoir eu d'anciennes et solides amitiés ; on le voit par un décret qui rappelle une vieille communauté d'affection, d'intérêts, de priviléges religieux, commerciaux et politiques, entre les Hiérapytniens et les Magnésiens de Crète [2]. Ailleurs, ce sont des Hiérapytniens, formant colonie, toujours en Crète, mais hors du territoire de leur métropole, qui s'engagent à user fraternellement de l'égalité civile (ἰσοπολιτεία) et des autres droits que celle-ci leur conserve [3].

Mais les villes crétoises vont chercher aussi des alliances au dehors. Témoin l'acte qui nous montre Hiérapytna s'alliant avec l'île de Rhodes, voisine de la Crète, et habitée comme elle par les races doriennes [4]. Les conditions de cette alliance militaire y sont exposées avec le plus minutieux détail. Les serments réciproques n'y sont pas

[1] *Corpus*, n° 2556 ; Barbeyrac, n° 336 (voyez plus haut, p. 79).

[2] C'est le troisième des documents publiés par M. Le Bas, dans la *Revue de philologie*, t. I, p. 264-272 ; il a été, depuis, publié d'après une meilleure copié par M. Naber, dans le recueil intitulé *Mnémosyne*, t. I, p. 114 (Leyde, 1852).

[3] *Corpus Inscr. gr.*, n° 1556 ; Barbeyrac, n° 336, 337.

[4] Le Bas, *Revue de philologie*, t. I, p. 264-272. Inscr. I, complétée par une addition de quatre-vingts lignes (qui contient le préambule et le corps même de l'acte dont on n'avait que la fin) dans la *Mnémosyne*, vol. I, p. 79 et suiv.

compris; mais, en revanche, nous y voyons quels magistrats hiérapytniens présideront à cette formalité chez les Rhodiens, quel magistrat rhodien (car de ce côté il n'y en a qu'un seul, l'ἄγγελος) y présidera dans la ville d'Hiérapytna. Nous avons, comme dans plusieurs documents de ce genre, le chiffre de la dépense autorisée pour les stèles de marbre où l'on gravera le texte de l'alliance, et la mention des fonctionnaires à qui revient le soin de cette opération; mention étrange, à la première vue, pour un lecteur moderne, mais qui s'explique assez bien, si l'on songe que l'inscription publique sur le bronze ou la pierre était chez les anciens ce qu'est chez nous l'insertion au *Moniteur* ou au *Bulletin des lois*. Voilà pourquoi aussi, lorsque les habitants de Priansos et d'Hiérapytna, voulant préserver de la désuétude et de l'oubli les clauses d'une alliance conclue entre eux *à toujours*, décident que ces clauses seront relues solennellement chaque année dans les deux villes, le rédacteur de l'acte nous dit que les cosmes ou magistrats supérieurs alors en fonction *liront la stèle*, c'est-à-dire le texte inscrit sur le marbre et revêtu par conséquent de toute l'autorité d'un instrument authentique.

Nous venons de voir les Doriens de Crète s'allier avec ceux de Rhodes. Ces bonnes relations s'étendent plus loin encore. La ville dorienne d'Allaria, en Crète, vivait en intime égalité avec les Ioniens de Paros. On possède les dernières lignes d'une lettre que ceux-ci écrivent aux Allariotes sur le droit d'asile; on possède tout entière la réponse des Allariotes : ils viennent de recevoir l'exemplaire officiel du décret des Pariens sur ce sujet ; ils les remercient avec une sorte d'effusion des sentiments dont cet acte témoigne, et ils leur renouvellent la promesse d'une parfaite et entière amitié [1].

Ici nos documents touchent à l'une des questions les plus graves dans le droit des gens. « Le « droit d'asile, comme l'a dit justement M. Wal- « lon, dans un excellent écrit sur ce sujet [2], ce « droit, placé au-dessus du droit commun, non « pour le combattre, mais pour le garder, pour « le suppléer quand il fait défaut et le redresser « quand il dévie; droit tutélaire des sociétés « naissantes, et qui semble même avoir présidé à « leur formation, » joue un grand rôle dans l'histoire de la Grèce civilisée, et jusque sous le gouvernement des Romains.

Chez un peuple divisé en tant de petits États, où Aristote trouvait à décrire plus de cent constitutions politiques différentes, au milieu de perpétuelles discordes qui sans cesse jetaient dans l'exil les citoyens les plus honnêtes et les plus

[1] *Corpus Inscr. gr.*, n° 2557; Barbeyrac, n° 338.

[2] *Du Droit d'asile* (Paris, 1837, in-8°).

distingués, et qui, plus d'une fois, ont fait mettre hors la loi des populations tout entières [1]; dans une société où l'esclavage était, sous diverses formes, partout consacré par la législation et par les mœurs, partout protégé par une impitoyable solidarité d'intérêts, et où la guerre le recrutait sans cesse parmi toutes les classes de citoyens, ce n'était pas assez que, de temps à autre, une loi de pardon rappelât au foyer domestique les membres de la faction vaincue, comme on le voit dans Athènes à la chute des Trente tyrans, et dans l'île de Lesbos, lors de la réaction démocratique qui suivit la mort d'Alexandre [2]; car ces lois d'amnistie, hélas! étaient trop souvent violées ou éludées, comme on peut s'en convaincre par la célèbre amnistie à laquelle Thrasybule attacha son nom [3]. Il ne suffisait pas que le traité qui mettait fin à une guerre stipulât la restitution réciproque des captifs; il fallait encore que, durant les guerres mêmes, des asiles fussent ouverts pour les victimes des agitations

---

[1] Voir le décret lancé par les alliés d'Alexandre le Grand contre les Thébains, lorsque ce prince fit le siége de leur ville (cité plus haut, p. 58).

[2] *Corpus Inscr. gr.*, n° 2166, cité plus haut, p. 61.

[3] Xénophon, *Hellenica*, II, 4; décret athénien transcrit par Andocide, dans son discours *sur les Mystères*, § 77. Ce discours même, le plaidoyer de Lysias *contre Ératosthène*, l'un des Trente tyrans, et le discours du même orateur *contre Agoratus*, sont des preuves que l'amnistie n'était jamais sans réserve. Cf. Rangabé, *Antiq. hellén.*, n° 253 et 481, fragments de deux serments d'amnistie dont les termes répondent aux paroles de Thucydide, IV, 73 : Ὁρκώσαντες πίστεσι μεγάλαις μηδὲν μνησιχαχήσειν.

civiles et politiques, pour tant d'hommes brusquement déchus de leur liberté natale. C'est ainsi qu'après la prise d'Athènes par Lysandre, Sparte ayant décrété que tout Athénien fugitif pourrait être saisi partout où on le trouverait et serait ramené de force dans sa patrie, les Thébains, au moins, protestèrent par des mesures pleines d'humanité contre ce décret d'une vengeance impitoyable[1]. C'est ainsi que le roi Pausanias condamné à mort par les Spartiates pour n'avoir pas secouru en temps utile son compatriote Lysandre, dont il avait ainsi causé la mort, trouva un refuge tout près de sa propre patrie, dans la ville de Tégée sous la protection de la déesse Athéna[2]. Beaucoup de temples jouissaient donc d'un privilége permanent pour la protection des fugitifs[3]; des villes entières, comme Athènes et Téos, le revendiquaient comme un honneur. La littérature grecque, les tragédies surtout, sont pleines des éloges que les Athéniens se décernent à ce sujet, et ces éloges ne sont pas menteurs. Athènes fut toujours, par excellence, la cité hospitalière parmi les cités helléniques; elle l'était même pour les esclaves fugitifs. Mais enfin, pour faire respecter chez elle le droit d'asile, la Minerve du Parthénon avait à ses ordres des

---

[1] Plutarque, *Vie de Lysandre,* c. XXVII.

[2] Plutarque, *Ibid.,* c. XXX.

[3] A. Maury, *Histoire des religions de la Grèce antique,* t. II (Paris, 1857, in-8°), p. 68 et suiv.

flottes et des armées puissantes. Il est plus beau
de voir une ville du second ou du troisième rang,
Téos, en Asie Mineure, obtenir que d'autres cités
s'engageassent à respecter l'indépendance religieuse non-seulement de ses temples, mais de
tout son territoire. Or il s'est conservé, dans les
ruines de cette ville, une série d'actes authentiques constatant la reconnaissance de son droit
d'asile par vingt-cinq États, presque tous doriens [1]. C'est aujourd'hui le plus riche recueil de
documents que nous ayons sur une seule et même
affaire. A lui seul, il nous fait apprécier ce que
pouvaient être les archives d'une ville grecque
et que de matériaux y trouvait un historien stu-
dieux.

Plusieurs traits singuliers et nouveaux signalent quelques-unes de ces pièces. Et d'abord,
parmi les garants du droit d'asile de Téos figurent
ces Étoliens que tant d'auteurs nous représentent
comme obstinément adonnés au brigandage; et
les Étoliens ne s'engagent pas seulement à respecter les personnes protégées par le dieu de
Téos, mais ils prétendent les traiter selon les règlements qui s'appliquent, en Étolie, *aux artistes*

[1] *Corpus Inscr. græc.*, n°s 3045 et suivants; documents reproduits avec des corrections et des additions considérables par M. Ph. Le Bas, *Voy. archéol. Inscr.*, part. v, n° 60 et suivants; augmentés en- core de quelques textes par M. Na- ber, dans la *Mnemosyne* (Leydé, 1852), t. I, p. 118-125; commentés depuis la mort de M. Le Bas, par le continuateur de son travail, M. H. Waddington.

Dionysiaques ou de Bacchus [1]. Les artistes de Bacchus, ce sont les musiciens et les acteurs ; ce sont ces puissantes corporations organisées vers le temps d'Alexandre le Grand, et qui, durant plusieurs siècles, desservirent les théâtres de la Grèce et même ceux de l'Occident. Voilà les priviléges du talent, l'amour de la poésie et de la musique au milieu des pays les plus mal famés du continent grec. Particulièrement en ce qui tient au droit des gens, l'Étolie était bien peu digne de la grande patrie hellénique : elle avait l'étrange habitude de tourner à son profit les dissensions de ses alliés en fournissant des soldats aux deux adversaires et en pillant tour à tour les deux territoires [2]. On y parlait, d'ailleurs, on y écrivait en mauvais dorien ; mais on se piquait d'honorer Bacchus, le dieu des fêtes dramatiques, et de récompenser généreusement ses serviteurs. Il est vrai que les Étoliens étaient alors au plus haut point de leur prospérité ; riches et puissants, ils se faisaient volontiers honneur d'encourager, à leur tour, le culte des beaux-arts. Une inscription qui date aussi du temps de l'autonomie étolienne nous montre ce peuple décernant les honneurs de la proxénie à une femme poëte, native de Smyrne, qui l'avait dignement louée en vers [3].

---

[1] *Corpus Inscr. græc.*, n° 3046 ; Le Bas, *Voyage archéol.*, part. V, n° 85.

[2] Polybe, XVII, 4 et 5.

[3] Rangabé, *Antiq. hellén.*, n° 741. Le n° 742 est aussi un décret de

Voici un fait non moins neuf et plus piquant encore que nous relevons sur les monuments de l'asile de Téos. Parmi les ambassadeurs envoyés à Gnosse pour le règlement de cette affaire, figure un certain Ménéclès, habile musicien, qui donna dans la ville crétoise des concerts assez semblables à ceux qu'on nomme aujourd'hui des concerts historiques. Les Cnossiens, dans leur lettre aux citoyens de Téos, se montrent fort touchés d'avoir entendu exécuter ainsi les chants « de Ti- « mothée, de Polyïdus et de leurs anciens « poëtes [1] ; » ils remercient vivement la ville de Téos du choix qu'elle a fait d'un tel représentant, choix qui, sans doute, a contribué au facile succès de l'ambassade. La réponse des habitants de Priansos aux Téiens contient un remercîment semblable, et à propos du même personnage, avec une circonstance de plus ; c'est que Ménéclès, outre les morceaux d'ancienne musique, avait apporté avec lui, pour faire plaisir aux Téiens, une compilation de tous les textes en vers ou en prose qui intéressaient l'histoire et les antiquités poétiques de la Crète [2]. A ces traits, on

proxénie, qui paraît de même origine, en faveur d'un poëte.

[1] *Corpus Inscr. græc.*, n° 3053 ; Le Bas, part. v, n° 80.

[2] *Corpus Inscr. græc.*, n° 3057, complétée dans Le Bas, part. V, n° 82 : Καὶ ἐπεδείξατο Μενεκλῆς μετὰ κιθάρας τά τε Τιμοθέου καὶ Πολυΐδου καὶ τῶν ἁμῶν παλαιῶν ποιητᾶν καλῶς καὶ πρεπόντως · εἰσήνεγκε δὲ κύκλον [τᾶν?] ἱστορημέναν ὑπὲρ Κρήτας κα[ὶ τ]ῶν ἐν [Κρή]τᾳ γεγονότων θεῶν τε καὶ ἡρώων, [ποι]ησάμενο[ς τ]ὰν συναγωγὰν ἐκ πολλῶν ποιητᾶ[ν] καὶ ἱστοριαγράφων (sic). Ce texte s'ajoutera utilement aux trop rares

reconnaît bien le vrai génie de la Grèce, ce génie à la fois si patriotique et si amoureux des jouissances de l'art. D'ailleurs l'exemple de ce Ménéclès n'est pas une exception. Les artistes grecs, associés aux cérémonies du culte, étaient considérés comme inviolables; on les choisissait donc volontiers à ce titre pour ambassadeurs, et il semblait ainsi que leur personne dût être doublement respectée chez les peuples où on les envoyait [1]. Ischandros, Néoptolème, enfin le célèbre Eschine, qui représentèrent Athènes en Macédoine, étaient d'anciens acteurs et l'on ne voit pas qu'ils aient eu à s'en excuser, quand, du moins, ils exerçaient avec talent leur profession.

Le nom d'Eschine nous rappelle encore que le théâtre pouvait conduire à la tribune, que l'éloquence est fort utile dans les ambassades; et quel peuple fut jamais plus sensible que les Grecs aux séductions de l'éloquence? Les Syracusains, un jour, donnèrent, dit-on, deux talents et élevèrent une statue à un ambassadeur lucanien qui les avait harangués convenablement dans leur propre langue [2].

---

témoignages que l'on possédait jusqu'ici sur ce que les critiques anciens appelaient le *Cycle épique*. Voir, entre autres ouvrages, W. Müller, *de Cyclo Græcorum epico* (Lipsiæ, 1829), et Welcker, *der epische Cyclus* (Bonn, 1835-1849).

[1] Voy. saint Augustin (*Cité de Dieu*, II, 11), qui signale cette alliance des deux caractères, le civil et le religieux, mais qui l'apprécie, à ce qu'il me semble, avec trop peu de justice.

[2] Dion Chrysostome, *Disc.* XXXVII, t. II, p. 112, édit. Reiske; p. 527, édit. Empérius.

Tant de passion pour les arts de l'esprit ne pouvait manquer de nuire un peu chez les Grecs à la raison politique. Les ambassadeurs qui plaisent ne sont pas toujours ceux qui servent le mieux leur patrie. Athènes surtout en fit plus d'une fois l'expérience. Si elle eut souvent à récompenser par des cadeaux et des honneurs les services des négociateurs accrédités par elle auprès des autres États [1], souvent aussi elle eut à punir parmi ces fonctionnaires des prévaricateurs et des traîtres. Entre autres prescriptions sévères, on sait par Démosthène [2] que la loi (probablement une loi de Solon, comme la plupart de celles que citent les orateurs) interdisait sous peine de mort aux ambassadeurs de recevoir des présents, et que ce n'était pas là une vaine menace ; on sait qu'elle punissait de mort l'usurpation seule du titre d'ambassadeur [3]. En cas d'infraction, il y avait contre le coupable des poursuites [4] spéciales, et même, dans un de ses plans de république imaginaire, Platon a voulu pré-

---

[1] Rangabé, *Antiq. hellén.*, t. II, n° 422, décret en faveur de Démétrius de Phalère ; cf. 2298, décret en l'honneur d'un certain Posidippe qui avait rendu des services à une députation envoyée auprès du roi Cassandre. Cf. Le Bas, *Voy. archéol.*, partie V, n° 395, honneurs rendus à un ambassadeur par les habitants de Mylasa.

[2] Au commencement du discours *sur les Prévarications de l'ambassade*, à la fin de l'exorde. Cf. § 31, Xénophon, *Helléniques*, VII, 1, § 33-38 ; et Plutarque, *Vie de Pélopidas*, c. XXX, l'exemple de Timagoras qui fut, en effet, condamné à mort pour avoir reçu des présents du grand Roi.

[3] Même discours, § 126 et 131.

[4] Pollux, *Onomasticon*, VIII, 40, 46, 137 ; VI, 154.

voir et réprimer les fautes des ministres publics [1].
Le scandale de ces trahisons a retenti jusqu'à
nous, grâce aux éloquentes controverses de Démosthène et d'Eschine, controverses où il est aujourd'hui si difficile d'interposer un jugement
équitable, tant les griefs et les injures se balan-
cent, sans que les témoignages nous offrent de
sérieuses garanties de sincérité. Le procès intenté
à Eschine, au sujet des *Prévarications de l'ambassade*, n'est d'ailleurs pas le seul exemple qui nous
reste de semblables débats. Démosthène en cite
plusieurs autres dans le cours de sa longue accusation [2]; il transcrit même quelques lignes de la
sentence prononcée par des juges athéniens contre un certain Épicrate, accusé à peu près des
mêmes délits qu'Eschine. Le XXVIIe discours de
Lysias, dont nous ne lisons plus que la pérorai-
son, morceau médiocre et peu instructif [3], était
dirigé contre ce même « Épicrate et ses collè-
« gues d'ambassade ». Un décret, qui nous est
parvenu intact sur un monument antique d'Am-
phipolis [4], paraît se rattacher directement ou indirectement à quelque affaire de ce genre; car
des deux personnages, Philon et Stratoclès, qui
y sont condamnés à l'exil perpétuel, le dernier

---

[1] Platon, *Lois*, XII, p. 941 A.

[2] *Sur l'Ambassade*, § 277.

[3] Belin de Ballu, *Hist. crit. de l'éloquence grecque*, t. I, p. 208-209, croit en savoir là-dessus un peu plus que ne nous en apprend Lysias.

[4] *Corpus Inscr. græc.*, n° 2008, avec le commentaire de Bœckh sur ce monument qui est unique en son genre.

figure dans la première *Olynthienne* de Démosthène comme ayant rempli auprès des Athéniens les fonctions d'ambassadeur. C'est aussi, comme négociateur vénal et infidèle aux intérêts de l'État, que Philocrate fut accusé par le célèbre Hypéride et condamné par les Athéniens [1].

On sait d'ailleurs, par le témoignage positif de Quintilien, que de tels procès étaient très-fréquents en Grèce [2], et, comme tous les sujets qui pouvaient être traités devant les tribunaux, les procès relatifs à des ambassades fournissaient aux rhéteurs des matières d'exercice oratoire. Cela se voit déjà dans un écrit de la jeunesse de Cicéron, son traité *de Inventione*, où la doctrine est tout entière empruntée aux écoles grecques [3]. On trouve là et dans Quintilien plusieurs des questions que la justice pouvait avoir à décider concernant la conduite des ambassadeurs. Il est une, pourtant, de ces questions que je ne vois pas indiquée par les anciens, c'est celle qui se pose quand l'ambassadeur s'est rendu coupable non pas envers ses commettants, mais envers l'État auprès duquel il est accrédité. Une inscription du

[1] Hypéride, *Discours pour Euxénippe*, § 30. Cf. Démosthène, *sur l'Ambassade*, § 116; Eschine, *contre Ctésiphon*, § 79.

[2] *Institutio orat.*, VII, 4 : « Male gestæ legationis (quæstio) apud Græcos et veris causis frequens : ubi juris loco quæri solet, an omnino aliter agere quam mandatum sit liceat? et quousque sit legatus? quoniam aliæ in renuntiando desinunt, ut in Heio qui testimonium in Verrem dixerat post perlatam legationem. Plurimum tamen est in eo, quale sit factum? »

[3] *De Inventione*, II, 29 et 42.

pays et du temps de Mausole, de ce célèbre satrape qu'a immortalisé la douleur de sa veuve Artémise, nous en fournit un exemple qui mérite d'être particulièrement signalé.

Voici la traduction de ce précieux document [1] :

« L'an 309 (c'est-à-dire l'an 367 avant Jésus-
« Christ), Artaxerxès étant roi et Maussolos étant
« satrape, décret de l'assemblée souveraine des
« Mylasiens confirmé par les trois tribus. Consi-
« dérant qu'Araïssis, fils de Thyssolos, député
« auprès du roi par les Cariens, a manqué aux
« devoirs de sa mission et conspiré contre Maus-
« solos, bienfaiteur de la ville des Mylasiens,
« ainsi que son père Hécatomnos et leurs ancê-
« tres ; que le roi, ayant convaincu Araïssis de
« son crime, l'a fait mettre à mort, l'assemblée
« décide d'agir au sujet de ses biens selon les lois
« du pays ; elle les déclare acquis à Maussolos,
« et elle défend de rien proposer ni mettre aux
« voix qui soit contraire à ces résolutions. Que si
« quelqu'un les enfreint, qu'il soit anéanti lui et
« toute sa race. »

Mettons à part l'inhumanité de ces impréca-

[1] *Corpus Inscr. græc.*, n° 2691 *c ;* inscriptions dont les deux dernières Franz, *Elem. epigr. gr.*, n° 73 ; Le sont, comme celle-ci, des décrets Bas, *Voy. archéol.* V, n° 377. Ce de l'assemblée de Mylasa, portant monument, transporté à Paris par des peines plus ou moins sévères les soins de M. Le Bas, orne au- contre des citoyens coupables en- jourd'hui une des salles du Musée vers la personne du satrape et de du Louvre. Il se compose de trois son père Hécatomnos.

tions finales, dont l'effet, sans doute, n'était pas
aussi terrible que la menace, et qui se repro-
duisent avec des variantes plus ou moins graves
sur tant d'actes publics de l'ancienne Grèce [1];
n'est-ce pas une loi étrange que celle des Mylasiens, qui consacrait ainsi par une confiscation
l'arrêt de mort prononcé contre un citoyen de
Mylasa par une autorité suzeraine sans doute,
mais enfin distincte de l'autorité municipale?
Rien ici ne témoigne que la municipalité de Mylasa ait revisé, ou fait reviser, ne fût-ce que pour
la forme, le procès de l'ambassadeur coupable.
C'était le cas, ou jamais, d'invoquer un de ces
juges, une de ces commissions d'arbitrage dont
nous avons vu que les villes grecques usèrent si
souvent, même sous le protectorat des Séleucides
ou des Romains. Assurément la question « du
« juge compétent des ambassadeurs » est une
question fort délicate. Le savant hollandais [2], qui
en a fait le sujet d'un livre spécial, traduit du la-

[1] Voir, par exemple, le monument de Téos, dans le *Corpus Inscr.
græc.*, n° 3044, et l'inscription publiée dans l'*Éphéméride archéologique* d'Athènes, n° 2851, et, plus
haut dans ce volume, les pages 23
et 35.

[2] Bynkershoek, *de Foro legatorum tam in causa civili quam in
criminali*, plusieurs fois réimprimé, entre autres, t. II, n° 7, des
œuvres de l'auteur (Lugd. Bat.,
1767, in-folio). La traduction de
Barbeyrac, imprimée d'abord en
1723, a été aussi réimprimée avec
l'ouvrage de Wicquèfort (*l'Ambassadeur et ses fonctions*), édition
d'Amsterdam, 1746, in-4°. Cf. de
Martens, *Précis du droit des gens
moderne de l'Europe*, liv. VII, c. v,
avec les notes de ses divers commentateurs, vol. II, p. 102 et suiv.
de l'édition donnée, en 1858, par
M. Vergé.

tin en français par Barbeyrac, le conclut en ces termes : « Ainsi voilà autant de têtes, autant de « sentiments. C'est au lecteur à juger, dans ce « conflit, lequel des deux disputants se tire d'af- « faire avec le plus d'avantages. » Mais ces hési- tations même des jurisconsultes sont un hom- mage rendu à la justice dont ils recherchent l'arrêt avec de si scrupuleux efforts. Au contraire, dans l'affaire du malheureux Araïssis, on n'aper- çoit pas que la question de compétence soit seule- ment posée; on dirait qu'elle est résolue d'avance par une législation tout orientale. Bynkershoek avoue, sur le cas de crime manifeste, « qu'il est « difficile d'en décider selon les lois de la rai- « son [1]. » Il est prudent du moins d'écouter alors les conseils de l'humanité. Or, on peut le dire, à l'honneur de la société grecque et de la société romaine, parmi les exemples que l'histoire a cités jusqu'ici d'ambassadeurs coupables de délits ou de fautes envers la nation auprès de laquelle ils étaient accrédités, il y en a plusieurs qui mon- trent quelque effort pour concilier les devoirs de la justice avec les droits de la partie offensée; il n'y en a pas un qui rappelle la froide cruauté du décret des Mylasiens.

L'orateur Démocharès était député auprès de Philippe; le roi de Macédoine lui demanda ce

____

[1] Du Juge compétent des ambassadeurs, c. XVII.

qu'il pourrait faire pour être agréable au peuple d'Athènes : « Te pendre, » répond Démocharès ; et Philippe, au lieu de punir ce Thersite, comme l'appelle Sénèque, se contente de répliquer en s'adressant aux autres ambassadeurs : « Reportez « de ma part aux Athéniens qu'il y a moins de « superbe à entendre de telles paroles sans vou- « loir s'en venger, qu'à les dire [1]. » Économes d'orateurs comme de paroles, les Lacédémoniens avaient envoyé un seul ambassadeur au roi Démétrius, fils d'Antigone. Démétrius s'en irritait comme d'un manque d'égards envers sa majesté royale. Le député lui répondit avec le laconisme de son pays : « Un vers un [2]. » Mais la boutade de Démocharès n'était qu'une étourderie insolente ; la réponse du Spartiate n'était qu'un bon mot, bien placé quoiqu'un peu vif. Les faits suivants sont plus graves.

Pélopidas et Isménias, ambassadeurs des Thébains auprès d'Alexandre, tyran de Phères, en Thessalie, sont soupçonnés d'intrigues contre l'indépendance des Thessaliens, et, à ce titre, jetés en prison ; Thèbes répond par une déclaration de guerre à ce qu'elle regarde comme une violation du droit des gens ; et cependant il ne paraît pas que Pélopidas fût tout à fait innocent de la faute qui lui était reprochée [3].

[1] Sénèque, *de Ira*, III, 23.
[2] Plutarque, *du Trop parler*, chapitre XII. (XVII édit. gr. lat. Didot).
[3] Corn. Népos, *Pelopidas*, c. V :

Même sévérité, chez les Romains, sur l'application de ces principes protecteurs. On faisait remonter jusqu'à Numa la loi qui attribuait au tribunal vénéré des Féciales la connaissance de tous les délits relatifs à l'exercice du droit d'ambassade [1], et il semble que les mœurs fussent d'accord avec l'intention du sage auteur de ce règlement. Bien peu d'exemples, dans les annales de Rome, témoignent d'une infraction aux principes qui protégeaient les ministres étrangers. Au plus fort de la deuxième guerre punique, quand Tarente menace de trahir la cause des Romains pour s'unir aux Carthaginois, le Tarentin Philéas, séjournant à Rome comme ambassadeur, s'introduit par fraude auprès des otages de Tarente, que l'on gardait dans un édifice public, et il les fait évader. Bientôt poursuivis et ramenés, tous les Tarentins sont mis à mort, aux applaudissements du peuple [2]. Regrettable violence, que pourtant excusent le droit douteux de Philéas et l'émotion des Romains au milieu d'une guerre qui mettait en péril la fortune

« Cum Thessaliam in potestatem Thebanorum cuperet redigere, legationisque jure satis tectum se arbitraretur, quod apud omnes gentes sanctum esse consuesset, etc. »

[1] Denys d'Halicarnasse, *Antiquités romaines*, II, 72.

[2] Tite-Live, **XXV**, 7 : « Phileas Tarentinus, diu jam *per speciem legationis* Romæ quum esset, etc. » Je ne puis croire que Tite-Live atténue, par ménagement pour les Romains, l'inviolabilité du personnage principal. Cf. dans Salluste, *Jugurtha*, c. XXXV, l'affaire de Bomilcar, où l'on voit que ce dernier n'avait pas non plus le caractère d'un ambassadeur régulier.

même de la république. En des temps moins
terribles et pour des cas de trahison moins fla-
grante, le sénat se contentait de chasser de Rome
les députés suspects ou convaincus de quelque
manœuvre, ou en général de quelque action contraire au devoir de leur charge. Après l'expulsion des Tarquins, leurs ambassadeurs conspi-
raient dans Rome pour le retour de ces princes
détrônés; la conspiration découverte, bien que
la complicité des ambassadeurs fût notoire, cependant le respect du droit des gens l'emporta, et
la république nouvelle ne crut pouvoir sévir que
contre ses propres citoyens [1]. L'an 415 de Rome,
pendant une guerre avec les Latins, Annius, ambassadeur de ce peuple, reçu au Capitole par le
sénat, insulta cette assemblée avec une extrême
violence à laquelle répondit la violence du consul
Manlius. Un grand tumulte s'ensuivit, au milieu duquel Annius, en se retirant, fit une chute
et tomba sans connaissance. Dans le récit de
cette scène [2] Tite-Live se montre inquiet de l'opinion qu'en auront ses lecteurs, et il avoue, non
sans embarras, que si les députés latins échap-
pèrent vivants à l'indignation publique, ce fut
moins grâce « au droit des gens », que grâce au

[1] Tite-Live, II, 4 : « Quamquam
visi sunt commisisse ut hostium
loco essent, jus tamen gentium va-
luit. »

[2] Tite-Live, VIII, 5—6; cf. VI,
17 : ... « Denuntiatum facesserent
propere ex Urbe, ne nihil eos legationis jus... tegeret. »

zèle des magistrats romains chargés par le consul même de les défendre [1]. Durant la seconde guerre punique, Scipion avait vu ses ambassadeurs indignement maltraités par les Carthaginois, ces « violateurs d'alliance », comme les appelle quelque part Cicéron [2]; par une sorte de vengeance céleste, une ambassade carthaginoise tomba entre les mains du consul ; il ne se crut pas autorisé à la maltraiter en vertu du droit de représailles, et il la renvoya saine et sauve à Carthage [3]. Quand des ambassadeurs étrangers ne réussissaient pas dans leur mission pacifique et que le sénat était résolu à la guerre, on les congédiait quelquefois brusquement; c'est un cas dont les historiens nous offrent plusieurs exemples [4]. Mais dans tout cela rien qui ne nous montre l'inviolabilité des ministres publics comme un principe de droit des gens sévèrement observé chez les Romains comme chez les Grecs [5]. Mettre à mort sans l'entendre l'envoyé d'un ennemi, comme jadis avaient fait les Athéniens au début des guerres médiques, c'était un crime que suivaient de bien près le remords des coupables et

----

[1] Tite-Live, VIII, 6 : « Adsensu populi excepta vox consulis tantum ardoris animis fecit, ut legatos proficiscentes cura magistratuum magis, qui jussu consulis prosequebantur, quam jus gentium ab ira impetuque hominum tegeret. »

[2] *De Officiis*, I, 12 : « Pœni fœdifragi, crudelis Hannibal, reliqui justiores (hostes fuere). »

[3] Diodore de Sicile, XXVII, 12.

[4] Polybe, XXVII, 7; XXXII, 1 ; Appien, *Macedonica*, c. IX.

[5] Voir les textes cités dans le Digeste, XLVIII, 2, l. 12 et 6, l. 7, *de Vi publica*.

la vengeance des dieux; on le voit par le naïf et beau récit d'Hérodote [1]. De bonne heure on laissa aux Barbares de telles violences [2]. Gêner seulement des ambassadeurs dans l'exercice de leurs fonctions, était un défaut de courtoisie qu'on remarquait pour le blâmer, même chez les sujets du roi de Perse [3]. En général, les négociateurs étaient traités à Rome, comme en Grèce, avec de grands égards. Hébergés aux frais de la république par les soins d'un questeur ou d'un consul [4], quelquefois même ils étaient, dans un intérêt facile à deviner, trop bien traités peut-être par les autorités romaines. Dans un piquant extrait de son discours pour la loi Auféïa, qu'une heureuse fortune a fait parvenir jusqu'à nous, C. Gracchus, rappelant l'exemple de l'orateur athénien dont la Macédoine achetait le silence, semble accuser ses concitoyens de pratiquer ce genre de corruption sur les ambassadeurs des rois étrangers [5]. Au milieu des passions humai-

[1] Hérodote, VII, 133 et suiv.

[2] Voir dans Polybe, II, 8, l'assassinat des ambassadeurs romains accompli par les ordres de Teuta, reine d'Illyrie.

[3] Voir un exemple dans Strabon, XVII, c. xix, p. 802, ed. Cas.

[4] Exemples dans Tite-Live, XXX, 17; XLII, 6, 19 et 26; XLV, 20, etc. recueillis, ainsi que d'autres, avec beaucoup de soin, dans la dissertation de Weiske, dont nous avons plus haut (p. 2 n. 1) donné le titre.

[5] Dans Aulu-Gelle, XI, 10. Après avoir montré que tous les hommes, en général, travaillent pour quelque profit... « Legationes autem a regibus, quum putant eos sua causa reticere, sumtus atque pecunias maxumas præbent; item uti in terra Græcia, quo in tempore græcus tragœdus gloriæ sibi ducebat talentum magnum ob unam fabulam datum esse, homo elo-

nes, le droit des gens courait beaucoup de périls. Souvent les Athéniens accusèrent leurs négociateurs de s'être laissé séduire, surtout à la cour de Macédoine. Les historiens de Rome, latins ou grecs, en général favorables au peuple dont ils racontent la glorieuse histoire, ne nous ont pas dit combien de fois il pratiqua ce genre de séduction ; il fallait la malice indiscrète d'un tribun comme Gracchus pour nous révéler un tel trait de mœurs. Ils ne nous disent pas davantage combien de fois des ambassadeurs étrangers ont corrompu des magistrats romains. A l'honneur des temps modernes nous pensons que de semblables procédés sont à jamais abolis de l'usage, comme ils sont condamnés par la morale ; mais c'est assurément un progrès de date bien récente. En plein dix-septième siècle, ne lit-on pas, dans l'ouvrage classique d'Abraham Wicquefort[1], une page où l'auteur défend avec candeur le droit qu'a, selon lui, l'ambassadeur de corrompre les ministres du prince auprès duquel il est accrédité ? En général, si les maximes du droit des gens vont s'épurant et s'élevant sans cesse, la pratique ne suit pas toujours le même progrès, et Louis XIV, par exemple, expliquant à son fils sa politique en matière d'alliances, ne montre ni

quentissimus civitatis suæ Demades ei respondisse dicitur : Mirum tibi videtur, si tu loquendo talentum quæsisti ? Ego ut tacerem decem talenta a rege accepi. »

[1] P. 209 de l'édit. de Cologne,

toute la franchise, ni toute la sévérité qui conviendraient à un prince chrétien [1].

Mais nous devons nous garder de ces digressions, trop séduisantes, sur le terrain de l'histoire moderne ; c'est assez que la mention des Romains nous conduise, hors des limites de la société grecque, sur le terrain, déjà si vaste, de l'empire conquis par la République et organisé par les Césars.

1677, in-12 ; p. 220 de l'éd. de La Haye, in-8°, même année.

[1] *Œuvres de Louis XIV*, tome II, p. 199-202, 1re édit.; t. II, p. 445-446, éd. Dreyss. Le roi écrit : « Les traités ne s'observent pas toujours à la lettre et les intérêts des couronnes sont de telle nature que les princes qui en sont chargés ne sont pas toujours en liberté de s'engager à leur préjudice. » Le secrétaire du roi, Pellisson, développe cette pensée de manière à l'aggraver encore : « ...On pourroit dire qu'en se dispensant également d'observer les traités à la rigueur, on n'y contrevient pas, parce qu'on n'a point pris à la lettre les paroles des traités, quoiqu'on ne puisse employer que celles-là, comme il se fait dans le monde pour celles des compliments, absolument nécessaires pour vivre ensemble, mais qui n'ont qu'une signification bien au-dessous de ce qu'elles sonnent. » (*Ibid.*)

CHAPITRE III.

LES RELATIONS INTERNATIONALES ET LES TRAITÉS PUBLICS
PENDANT LES CONQUÊTES DES ROMAINS.

En parcourant, comme nous avons fait, l'histoire des États anciens à la lumière même des documents originaux qui constatent leurs dissensions et leurs alliances, on est sans cesse ramené vers Rome, sa politique et ses conquêtes. Surtout à partir de la deuxième guerre punique, l'histoire entière des peuples alors connus gravite vers ce centre commun. Directement ou indirectement, toutes les pièces diplomatiques qui nous restent de ce temps (et nous les devons presque toutes à des historiens) touchent par quelque côté aux progrès de la puissance romaine, aux résistances qu'elle rencontre, aux moyens qu'elle emploie pour en triompher. Telles sont, outre les pièces que nous avons eu déjà occasion de transcrire ou de mentionner :

1° Sur une pierre d'Abella, le texte écrit en langue osque, d'un traité entre cette ville et celle de Nola, monument précieux d'un idiome italiote que les Romains laissèrent vivre, qu'ils protégèrent même dans sa lente mais fatale disparition, car ils respectaient en lui un des ancêtres de la langue latine, l'idiome des premiers écrivains d'*Atellanes*; monument non moins précieux des libertés municipales de l'Italie, avant la domination romaine [1]. On en peut rapprocher une liste, rédigée en grec, des peuples qui formaient, vers le même temps, la confédération des *Frentani*, sur le rivage de l'Adriatique [2]. On en peut rapprocher encore le fragment, tout récemment découvert, d'un traité conclu entre Messène, Phialée et les Étoliens, vers l'an 220 avant Jésus-Christ [3], c'est-à-dire vers le temps des premiers rapports politiques des Romains avec la Grèce orientale, vers le temps où les vaincus de Cannes envoyaient à Delphes une modeste ambassade pour y demander les conseils d'Apollon [4].

2° Dans Polybe : le troisième traité et une partie

---

[1] Mommsen, *die Unteritalischen Dialekte* (Leipzig, 1850), p. 119 et suiv.; Huschke, *die Oskischen und Sabellischen Sprachdenkmäler* (Elberfeld, 1856), p. 33 et suiv.

[2] *Corpus Inscr. græc.*, n° 5878, avec les ingénieuses et savantes observations de Franz sur ce monument qui paraît entouré encore de beaucoup d'obscurité.

[3] Voir le texte de ce fragment publié dans le *Philopatris* d'Athènes du 1er juillet 1859, par M. Koumanoudis. Phialée est la ville que les auteurs appellent Phigalée.

[4] Tite-Live, XXIII, 11.

du cinquième traité entre Rome et Carthage [1];

3° Un traité entre les habitants de Byzance, le roi de Bithynie et les Rhodiens [2];

4° Le traité entre Annibal et Philippe de Macédoine [3], qui règle comme un partage du monde entre deux puissances destinées à tomber bientôt elles-mêmes sous le joug des Romains;

5° L'alliance entre Pharnace et Ariarathe [4], vain effort pour unir trois peuples, au moins, de l'Asie contre une domination désormais inévitable;

6° L'alliance d'Antiochus et des Romains [5], qui consomme l'humiliation de la Syrie et qui fait prévoir la prochaine réduction de ce pays en province de la république;

7° Dans Salluste, la substance, sinon le texte authentique, d'une lettre de Mithridate à Arsace et à Tigrane, pour les solliciter à s'allier contre leur ennemi commun [6];

8° Dans le livre des *Macchabées* et chez l'historien Josèphe, vingt pièces environ, qui montrent les relations du peuple juif d'abord avec les rois de Syrie sous le patronage des Romains, puis avec les Romains eux-mêmes [7].

[1] Polybe, III, 24, 25; dans Barbeyrac, nº 231 et 332.

[2] IV, 52; Barbeyrac, nº 365.

[3] VII, 2, et Tite-Live, XXXIII, 33, 39; Barbeyrac, nº 378.

[4] XXVI, 6, et Tite-Live; XL, 20; Barbeyrac, nº 419.

[5] XXI, 14; XXII, 26, et Tite-Live, XXXVII, 31 sqq.; Barbeyrac, nº 415.

[6] Fragments du livre VI des *Histoires*.

[7] Barbeyrac, nºˢ 313, 329, 330, 429, 430, 435, 444-448. Pour tous

En suivant les divisions des petits peuples de l'Orient, la soumission de plus en plus étroite des cités jadis libres de la Grèce aux monarchies asiatiques, on s'explique bien, parmi ces peuples, l'ascendant dominateur de Rome, de son sénat, de ses armées. La plupart des nations de l'Asie perdaient peu ou ne perdaient rien à changer de maîtres pour devenir des provinces romaines [1].

Dans une de ces conférences diplomatiques que Tite-Live résume souvent avec une si noble impartialité, Ménippus, un des plénipotentiaires d'Antiochus, roi de Syrie, dit à Quinctius Flamininus, le pacificateur de la Grèce, qu'il y a trois espèces d'alliance entre les peuples : l'une, celle qu'un vainqueur impose au vaincu sous des conditions inégales ; la seconde, celle qui est conclue après une guerre où les avantages se sont balancés de part et d'autre ; la troisième, celle que deux peuples, qui n'ont jamais été ennemis, concluent pour resserrer des relations d'égal à égal ; et Ménippus réclame pour son maître le droit de traiter avec les Romains sur le pied d'une éga-

---

ceux de ces actes, lettres, décrets, etc. dont on a deux textes différents, l'un plus original, à ce qu'il semble, dans le livre des *Macchabées*, l'autre plus élégant et plus arrangé, dans Josèphe, Barbeyrac a eu le soin fort judicieux de mettre en regard ces deux rédactions différentes.

[1] « Et domiti melius se habebunt, quia (l. qui) indomiti deterius se habuerunt. » Cicéron, *de Republica*, cité par saint Augustin, *de Civ. Dei*, XIX, 21.

lité où l'on ne distingue ni vainqueur ni vaincu. Alors Quinctius, éludant ces distinctions, vraies peut-être, mais un peu embarrassantes pour la politique dont il est l'interprète officiel, se contente de marquer les deux conditions hors desquelles Rome ne traitera jamais avec Antiochus : la première, c'est que ce prince laisse aux peuple romain toute liberté de se mêler aux affaires des villes d'Asie, de garder avec elles ses anciennes alliances ou d'en former de nouvelles ; la seconde, c'est qu'Antiochus renonce pour sa part à toute intervention dans les affaires de l'Europe[1].

La diplomatie romaine paraît là bien rigoureuse et bien exigeante ; mais elle a aussi d'autres procédés[2]. L'affaire relative à l'asile de Téos nous en est un exemple. Elle nous montre Rome luttant, pour ainsi dire, de justice et d'humanité avec les princes asiatiques protecteurs de cet asile. A la date de cette importante négociation (193 avant Jésus-Christ), après la bataille de Cynoscéphales, qui venait de terminer la seconde guerre avec la Macédoine, Rome n'a plus de ri-

---

[1] Tite-Live, XXXIV, 57-58 : « Cum Antiocho quia longior disceptatio erat, decem legatis, quorum pars aut in Asia aut Lysimachiæ apud regem fuerant, delegata est. Tito Quinctio mandatum, ut, adhibitis iis, legatorum regis verba audiret, responderetque iis quæ ex dignitate atque utilitate populi roman responderi possent, etc. »

[2] Voir de sages remarques en ce sens dans l'*Histoire de Jules César* par l'empereur Napoléon III, t. I, p. 63 et p. 185-186, édit. 1864, in-8°.

vaux sérieux en Orient. Mais, alors même, la cité conquérante ménage encore ceux qu'elle abat, elle sait respecter des libertés innocentes ou les utiliser à son profit; elle aime à réveiller, au détriment des grandes monarchies, les sentiments de l'indépendance locale, dont, pour sa part, elle n'a rien à craindre. Tout l'esprit de cette politique se retrouve dans l'acte par lequel le sénat de Rome s'associe à la protection de l'asile consacré chez les Téiens.

« M. Valérius, fils de Marcus, préteur, les Tri-
« buns et le Sénat au Sénat et au peuple des
« Téiens, salut. Ménippus, l'ambassadeur envoyé
« auprès de nous par le roi Antiochus, et auto-
« risé aussi par vous à agir ici au nom de votre
« ville, nous a remis votre décret et nous a parlé
« dans le même sens avec beaucoup d'empresse-
« ment. De notre côté, nous l'avons reçu avec
« bienveillance, et à cause de la réputation qu'il
« s'est acquise et à cause de son mérite person-
« nel, et nous avons écouté volontiers sa de-
« mande. Que nous fassions toujours le plus
« grand cas de la piété envers les dieux, c'est ce
« que l'on peut induire de la bienveillance même
« que, pour cela, le ciel nous a montrée. Toute-
« fois, nous voulons qu'il y ait d'autres preuves
« évidentes pour tous, de notre particulière défé-
« rence envers la divinité. A cette cause, et à
« cause de vous et en considération de votre am-

« bassadeur, nous décidons que votre ville et
« son territoire demeurent sacrés comme ils sont
« aujourd'hui, ayant droit d'asile, avec immu-
« nité de tout tribut envers les Romains. Nous
« nous efforcerons d'ajouter aux honneurs du
« dieu et aux priviléges des hommes, tant que
« vous conserverez, pour l'avenir, les mêmes
« sentiments d'amitié à notre égard [1]. »

On voit ici avec quelle affectueuse gravité
s'exprime la chancellerie romaine dans ces relations avec des cités grecques ou déjà soumises,
ou tout près de l'être, et qui assurément n'auraient pu revendiquer comme un droit ce qui
leur est accordé comme une faveur. Je trouve le
même ton, mêlé, il est vrai, de quelques plaintes,
dans une lettre du vainqueur de Cynoscéphales
aux habitants d'une ville de Thessalie, pour leur
annoncer une donation de territoire, qui n'était,
à vrai dire, qu'une habile et partielle restitution [2];
je le retrouve dans la lettre d'un autre général
romain aux habitants d'Héraclée dans le Pont [3].
Que si, par malheur, l'esprit de faction se réveille
dans les cités grecques, Rome fait alors sentir
plus fermement son autorité un instant mécon-

---

[1] La traduction grecque de ce document, dont l'original est perdu,
se trouve parmi les inscriptions de
Téos, au *Corpus Inscr. gr.*, n° 3045,
et, avec la traduction d'autres documents du même genre, dans

l'Appendice de nos *Latini sermonis
reliquiæ.*

[2] *Corpus Inscr. græc.,* n° 1770.

[3] *Corpus Inscr. græc.,* n° 3800,
le commencement et la fin en sont
mutilés.

nue. Des désordres éclatent (113 ans avant Jésus-Christ) à Dymes, en Achaïe, des archives y sont brûlées avec les pièces qu'elles contiennent; une lettre du gouverneur romain, Q. Fabius Maximus, annonce aux magistrats de cette ville que deux des coupables, parmi lesquels se trouve un de leurs collègues, ont déjà été mis à mort, et qu'un troisième est envoyé à Rome pour y rendre compte de sa conduite [1]. Mais en dehors de ces cas de rébellion, bien rares, on le comprend, depuis la prise de Corinthe, Rome se montre pleine d'égards pour les moindres villes grecques. La ville dorienne d'Astypalée, dans l'une des îles Sporades, n'est guère qu'un petit port comptant à peine aujourd'hui quelques centaines d'habitants et qui, même au temps de sa prospérité, n'a pu être comparé à l'un des grands États commerçants de la Grèce; eh bien! Astypalée a eu l'honneur un jour, et cela vers l'an 105 avant Jésus-Christ, longtemps après que toute la Grèce était devenue province romaine, de conclure une alliance offensive et défensive avec le sénat romain. On a des fragments du sénatus-consulte qui consacra le traité; on a une partie du traité même, stipulant pour les deux peuples jusqu'au droit de révision en commun; on a enfin quelques lignes du décret par lequel les Astypaléens

---

[1] *Corpus Inscr. græc.*, n° 1543.

récompensent et honorent les négociateurs de l'alliance [1]. Ainsi le mépris des nationalités n'aveuglait pas la nation conquérante, et les plus petits peuples l'ont trouvée souvent attentive à leur honneur comme à leur intérêt; Cicéron pouvait s'appuyer sur des exemples pris dans l'histoire même de Rome, quand il disait que la justice doit être observée « même, envers les « faibles [2]. »

En cela, d'ailleurs, les ménagements de l'autorité romaine semblent, naturellement, se mesurer sur le degré de civilisation des peuples soumis, plus encore que sur leur importance politique. En Sicile, par exemple, où l'on avait trouvé des institutions d'ordre public aussi sages que respectées, le sénat n'y changea que ce qui était nécessaire pour assurer le pouvoir de Rome. L'usage des juges arbitres, dont nous avons relevé tant d'exemples dans la Grèce orientale, fut non-seulement maintenu, mais régularisé chez les Siciliens, par un acte solennel, auquel s'attacha le nom du proconsul P. Rupilius, président d'une commission nommée à cet effet par le sénat; et ce règlement, sous le titre de *Lex Rupilia,* était encore en vigueur au temps de la préture de Verrès [3].

---

[1] *Corpus Inscr. græc.,* n° 2485. Cf. quelques réflexions sur ce monument dans mes *Mémoires d'histoire ancienne et de philologie,* p. 264.

[2] *De Officiis,* I, 13 : « Meminerimus autem etiam adversus infimos justitiam esse servandam. »

[3] Cicéron, *in Verr.,* II, 13, 15,

Cela nous explique peut-être comment bien des villes grecques, après le triomphe des armes romaines, trouvèrent leur condition plus douce que sous la tutelle des rois d'Asie. Nous avons pu apprécier déjà [1] les rapports de Smyrne avec le roi Séleucus. Un document que M. H. Waddington a rapporté naguère d'Éphèse, document unique en son genre et doublement précieux pour nous, nous montre les Éphésiens déclarant la guerre au roi Mithridate, après que celui-ci eut violemment rompu son alliance avec les Romains, et arrêtant toutes les mesures offensives ou défensives qu'entraînait cette déclaration. Ces Grecs ne craignent pas d'associer « la défense du gou- « vernement de Rome à celle de leur propre in- « dépendance [2]. » On s'étonne, au premier abord, d'une telle résolution, surtout en songeant que les Éphésiens s'étaient d'abord associés à toutes les cruautés de Mithridate contre les Romains; elle est peut-être plus sincère et plus juste qu'elle ne semble. Dans l'état où se trouvait alors le monde, entre Rome et Mithridate, il n'est guère douteux que les Éphésiens, en préférant Rome, aient agi, sinon pour la cause de l'antique liberté, au moins pour celle de la civilisation. Probable-

---

37, etc. Cf. R. Dareste, *de Forma et conditione Siciliæ provinciæ romanæ* (Paris, 1850), c. III.

[1] Plus haut, p. 108 et suiv.

[2] Ὑπέρ τε τῆς Ῥωμαίων ἡγεμο- νίας καὶ τῆς κοινῆς ἐλευθερίας. *Voy. archéol.* de M. Le Bas, continué après sa mort par M. Waddington, inscriptions, Vᵉ partie, section 1, n. 136 a.

ment quelqu'une de ces révolutions morales auxquelles sont sujettes les assemblées populaires comme les particuliers, et dont nous avons un mémorable exemple chez Thucydide dans l'affaire de Mitylène, aura brusquement incliné, dans cette occasion, les Éphésiens à la prudence et au repentir.

Mais, il faut l'avouer, tous les peuples n'étaient pas traités par les Romains avec le même respect que les Grecs. Dans une controverse entre Massinissa et les Carthaginois, les Romains non-seulement acceptent un arbitrage qui leur est déféré, mais ils l'exercent au profit de leur ambition et de leur haine contre Carthage[1]. Pris pour arbitre d'une controverse entre la ville de Luna et celle de Pise, le sénat envoie sur les lieux cinq commissaires, tous romains[2]. Nous avons encore la sentence qui, dans une occasion semblable, fut rendue, l'an de Rome 636, en vertu d'un sénatus-consulte, par les deux frères Minucius Rufus[3]; elle atteste qu'une information attentive

---

[1] Tite-Live, XXXIV, 62, complété, sur ce sujet, par Polybe, XXXII, 2.

[2] Tite-Live, XLV, 13.

[3] *Q. et M. Minuciorum sententia inter Genuates et Viturios dicta...* edidit ot illustravit A. A. F. Rudorff (Berlin, 1842, in-4°). Le texte en est reproduit avec quelques notes dans les *Reliquiæ sermonis latini vetustioris*, p. 185 et suiv., et avec une pré- cision définitive 'dans le *Corpus inscriptionum latinarum*, n° 199. Un érudit génois, M. A. Grassi, vient d'en donner une nouvelle édition dans le mémoire intitulé : *della Sentenza inscritta nella tavola di Porcevera* (Genova, 1865, gr. in-8°). Cf. la lettre de Barthélemy au comte de Caylus en date du 22 septembre 1755. Voir aussi, dans le Recueil d'Orelli, n° 3110, 3118, 3347, etc.,

a eu lieu en présence des deux parties intéressées; d'ailleurs le ton en est sévère [1], et si des
ambassadeurs sont mentionnés à la fin du texte
officiel [2], on sent très-bien que ce n'étaient pas là
les représentants de deux cités libres, traitant
sur un pied honorable avec le sénat ou avec ses
commissaires, mais de modestes fonctionnaires,
qui étaient venus demander justice et auxquels
on donnait acte de l'accomplissement de leur
mission.

Si donc on veut apprécier avec équité la politique extérieure des Romains, il y faut distinguer des nuances souvent délicates à saisir.

Toutefois, au point de vue où nous placent ces
observations et ces réflexions, certains documents, que la critique a longtemps tenus pour
suspects, reprennent, ce nous semble, dans l'histoire une légitime et considérable autorité.

On a souvent remarqué comment les écrivains
juifs, tels que l'auteur du livre des *Macchabées* et
l'historien Josèphe, s'efforcent d'exagérer le rôle
de leur petite nation dans les affaires du monde
avant l'avénement du christianisme. Il semblait
qu'un peuple traité avec tant de dédain par les

des inscriptions dont chacune résume quelque sentence analogue à
celle des frères Minucius.

[1] « Eos fineis facere terminosque
statui juserunt, ubei ea facta essent, Romam coram venire juserunt, Romæ coram sententiam ex
senati consulto dixerunt, etc. »

[2] « Leg. Moco Meticanio Meti-
coni f. Plaucus Peliani Pelioni f. »
Orelli, nᵒˢ 4031 et 4037 : « Egerunt
legati» (suivent les noms propres).

historiens de Rome, un peuple si méconnu par Tacite [1], n'avait pu obtenir des Romains toute l'attention dont il se vante; aussi tenait-on volontiers pour apocryphes les traités d'alliance, les décrets honorifiques, les dépêches rapportées par les historiens grecs de la Judée en témoignage des bonnes relations de ce peuple avec les Romains. Mais d'une part, si l'on songe à l'importance très-réelle de la nation juive au milieu de l'Asie occidentale, à son contact nécessaire et fréquent avec l'empire des Séleucides et avec celui des Ptolémées, on comprend que Rome ait eu quelque intérêt à ménager les princes de la dynastie asmonéenne et qu'elle ait tenu à s'assurer de leur amitié, ne fût-ce que pour rompre ce faisceau des intérêts helléniques, communs aux rois successeurs d'Alexandre. En second lieu, si l'on remarque jusqu'où descendait son habile politique, quand il fallait se ménager des appuis dans les pays voisins de ses provinces, s'assurer ou se préparer des voies pour de nouvelles conquêtes; si l'on songe qu'elle n'aima pas toujours la guerre pour la guerre, et qu'elle sut encourager chez ses généraux l'emploi des moyens pacifiques, partout où l'on pouvait éviter de répandre le sang; si on relit dans les actes d'Astypalée, que nous rappelions plus

---

[1] Voy. Tacite, *Hist.*, liv V, c. II et suiv.

haut [1], le témoignage de ses ménagements pour les moindres municipalités helléniques; si, dans un autre acte, du temps de Sylla, le sénatus-consulte en faveur d'Asclépiade de Clazomène [2], on voit par quels honneurs et quelles distinctions elle reconnaissait les services des Grecs zélés pour sa cause : alors on revient un peu des préventions qu'inspiraient ces documents que les Juifs disent empruntés aux archives mêmes de l'empire. La forme sans doute en a été souvent altérée. Les secrétaires que Josèphe avait à son service négligeaient souvent, dans leurs traductions et leurs analyses de ces pièces officielles, des formules de chancellerie auxquelles ils n'attachaient pas d'importance; ils n'ont peut-être pas suivi toujours, en traduisant, le style grec que nous voyons employé par les interprètes dans les documents qui nous sont parvenus sur le marbre; mais toutes ces altérations ne nous autorisent pas à condamner, comme apocryphes, des pièces qui s'accordent par tant de caractères avec l'esprit général de la politique romaine [3].

Dans le tableau, tant de fois tracé, de la con-

[1] Chap. II, p. 159.

[2] Haubold, *Antiquit. rom. monum. leg.*, p. 91; Egger, *Latini sermonis reliquiæ*, p. 378; *Corpus Inscr. gr.*, n° 5879.

[3] Krebs, *Decreta Romanorum pro Judæis facta* (Lipsiæ, 1768). Cf. notre *Examen critique des historiens d'Auguste*, c. v, § 8, p. 193 et suiv.; et, au sujet de l'alliance entre les Juifs et un Arius, roi de Sparte, comparez la conjecture ingénieuse de Michaelis, relevée par S. Munk, *la Palestine* (Paris, 1845), p. 506.

quête du monde par les Romains, les historiens
modernes ont trop insisté, ce me semble, sur
leurs violences. A part quelques exceptions,
parmi lesquelles j'aime à compter un ferme jugement de Bossuet [1], ils n'ont pas assez tenu
compte des ménagements que l'humanité, heureusement d'accord avec la politique, suggérait
au peuple vainqueur. L'éclat des grandes ba-
tailles a un peu fait oublier l'action moins
bruyante des procédés pacifiques; les généraux
ont fait tort aux négociateurs. Janus était le dieu
protecteur de la paix, et son temple, toujours
ouvert en temps de guerre, ne fut, dit-on, fermé
que deux fois entre la fondation de Rome et le
règne d'Auguste [2]. On a, pour ainsi dire, pris au
mot ce terrible résumé des annales romaines, et
l'on s'est en cela montré peu équitable. D'abord
on a oublié que l'institution des *Feciales* et le
droit fécial représentent, dans la plus ancienne
histoire romaine, un règlement déjà salutaire
des relations internationales. La seule scène du
traité conclu selon les formules des Féciales entre
les Romains et les Albains, pour le combat des

---

[1] *V° Avertissement aux Protes-
tants*, t. IV, p. 407, éd. Didot, 1841 :
« Je ne sais s'il y eut jamais, dans
un grand empire, un gouvernement plus sage et plus modéré qu'a
été celui des Romains dans les provinces, etc. »

[2] Paul Orose, *Hist.*, VI, 20, 21,
22 ; Ovide, *Fastes*, I, 121-124. Cf.
notre *Examen critique des historiens d'Auguste*, p. 319 et suiv.,
et l'explication de l'estampe représentant le temple de Janus, qui
forme le frontispice du *Corps universel de diplomatique* de J. Dumont.

Horaces et des Curiaces, est, dans Tite Live [1], une image, embellie sans doute, mais fidèle par ses traits généraux, de ces antiques formalités. Aulu-Gelle nous en a conservé tout un fragment qui semble bien authentique [2]. Une inscription récemment découverte à Rome atteste la vénération des Romains pour le roi des Équicoles, à qui l'on attribuait la création du droit fécial [3]. D'une autre part, on a oublié qu'un régime de liberté comme celui qui domina dans Rome pendant toute la durée des institutions républicaines imposait à la politique conquérante bien des freins salutaires et des tempéraments utiles. Polybe et Tite-Live en sont témoins : souvent la plainte des faibles venait librement se produire devant le Sénat. Un député de Rhodes pouvait dire aux Pères conscrits : « Pour malheureux qu'ils sont, « les Grecs portent des cœurs dignes des vôtres [4], » et de telles paroles restaient impunies. Bien plus, Tite-Live, qui les donne comme prononcées par un Rhodien, déclare que le discours même dont

[1] Tite-Live, I, 24. Cf. Polybe, III, 25, qui nous donne en grec un autre fragment des formules du droit fécial.

[2] *Nuits Attiques*, XVI, 4 : formule de la déclaration de guerre.

[3] Publiée par M. L. Renier dans la *Revue archéologique* d'octobre 1862.

[4] Tite-Live, XXXVII, 54 : « Barbari, quibus pro legibus semper dominorum imperia fuerunt, quo gaudent, reges habeant ; *Græci suam fortunam, vestros animos gerunt.* » Ce beau trait ne se retrouve pas dans le discours que Polybe (XXII, 5-6) prête aux mêmes ambassadeurs, et ce n'est pas la seule fois que Tite-Live se montre plus grec que ne l'est Polybe en faisant parler des compatriotes de cet historien.

elles font partie « parut digne de la majesté de
Rome [1]. » Quelquefois aussi les nations étrangères trouvaient parmi les Romains mêmes un interprète éloquent de leurs protestations et de
leurs regrets. Ici nous n'avons pas besoin d'interroger les annalistes, écrivains trop enclins à
composer leurs récits en vue d'un intérêt tout
dramatique. Quelques pages de Gracchus et du
vieux Caton sont parvenues jusqu'à nous. Elles
nous laissent apprécier l'énergie du tribun qui
réclamait au nom des opprimés de l'Italie et la
sévérité du censeur qui rappelait ses compatriotes au respect des nations malheureuses. Par
exemple, vingt-deux ans après la séance où
l'ambassade rhodienne prononçait le discours
que Polybe et Tite-Live ont rapporté chacun à sa
manière, des députés rhodiens comparaissaient
encore dans le sénat, plus humbles, cette fois,
que devant les prétentions du roi Eumène. Car
on reprochait à Rhodes d'avoir soutenu de ses
vœux, sinon de ses actes, le roi Persée, qui venait de succomber. L'accusation était spécieuse,
puisque les Rhodiens avaient au moins délibéré
sur un projet d'alliance avec la Macédoine. Le
vieux Caton prend leur défense. Il ne veut pas
qu'on leur fasse un crime d'une simple intention, d'une intention qu'il est lui-même près

[1] « Apta magnitudini romanæ bouche du chef de l'ambassade,
oratio visa est. » Il l'a mise dans la *princeps legationis*.

d'absoudre, trouvant bien naturel que des Grecs libres s'effrayent de voir la puissance de Rome désormais sans rivale au monde. Et non-seulement il sait pardonner aux Rhodiens d'être inquiets pour leur liberté, mais il leur pardonne d'être fiers, et, sur ce dernier chef de l'accusation, il s'écrie : « On dit que les Rhodiens sont « fiers, ce qu'assurément je ne voudrais voir re- « procher ni à moi ni aux miens. Qu'ils le « soient pourtant, je le veux. Que nous importe? « Ne saurez-vous donc souffrir sans colère qu'on « soit plus fier que nous ne le sommes [1]? » Tel est le rude langage que Caton faisait entendre aux Romains, parmi les triomphes mêmes de leurs armes et de leur politique; voilà comment la justice et le droit obtenaient audience jusque dans le sanctuaire d'où partirent tant d'impérieuses décisions contre l'indépendance des peuples. D'ailleurs les peuples ne trouvaient pas seuls dans Caton un défenseur impartial; les rois aussi avaient part à son austère équité : nous savons qu'il attaqua, dans un discours spécial, L. Thermus, chef d'une ambassade que le sénat avait chargée de rétablir sur le trône d'Égypte Ptolémée Physcon, frère de Ptolémée Philomé-

---

[1] Fragments conservés par Aulu-Gelle (*Noctes att.*, VII, 3) du discours *pro Rhodiensibus*, que Tite-Live avait lu (XLV, 25) dans les *Origines* de Caton et que, bien à tort, il n'a pas voulu insérer dans ses Histoires : « Non inseram simulacrum viri copiosi, quæ dixerit referendo. Ipsius oratio scripta exstat, Originum quinto libro inclusa. »

tor, et qui n'avait pas bien accompli sa mission [1].

Assurément l'énorme prépondérance de Rome sur chacun des peuples qu'elle avait soumis rendait souvent illusoire l'égalité de droit inscrite dans ses traités d'alliance avec de petits États, souvent avec des villes isolées. Néanmoins, il paraît que ces actes étaient pour les vaincus une arme de défense encore utile. Nous en avons un témoignage dans le discours où Cicéron accuse et confond l'injustice de Verrès en invoquant contre lui deux traités conclus par les Romains, l'un avec les Mamertins, l'autre avec les habitants de Taurominium [2]. Verrès avait pu les fouler aux pieds, mais le défenseur des Siciliens relevait énergiquement ce mépris comme un des crimes du trop fameux préteur.

A l'autorité de l'éloquence judiciaire et politique se joignait, en ces matières, l'autorité de la philosophie. Dans les traités *de la République et des Lois,* Cicéron a discuté tous les grands problèmes du droit public, et presque toujours il les a résolus de la manière la plus humaine et la plus généreuse [3]. Dans le traité *des Devoirs* il fait une large place aux devoirs de l'homme d'É-

____

[1] Aulu-Gelle, XVIII, 9 ; cf. Polybe, XXXIII, 5, et Meyer, *Orat. rom. fragm.*, p. 108, édit. 1842.

[2] *De Suppliciis*, chap. XIX, où étaient autrefois cités *in extenso* ces deux traités, malheureusement retranchés depuis longtemps, selon un fâcheux usage, par les copistes.

[3] *De Republica*, III, 22, 23, 29, etc. *De Legibus*, I, 13 : « Omnes (homines) inter se naturali quadam indulgentia et benevolentia, tum etiam societate juris contineri. »

tat. Là il distingue avec soin, entre les ennemis de Rome, les véritables barbares et les peuples civilisés avec lesquels la guerre même était soumise à certaines formes protectrices de l'humanité [1]. Il ne voudrait pas que Numance et Corinthe eussent été traitées avec la même rigueur. Plein d'admiration pour le droit fécial, cet antique recueil de formalités juridiques et internationales qui remontaient aux premiers temps de Rome, il recommande à ses contemporains l'exemple des ancêtres, de leur respect pour les nations ennemies, de la loyauté de leurs alliances. C'est lui qui fait sur le sens primitif du mot *hostis* une observation tout empreinte de justice et d'humanité : *hostis,* autrefois synonyme de *peregrinus* (étranger), était un adoucissement de *perduellis* (ennemi) [2]. La même douceur caractérise mainte autre réflexion du même auteur sur le droit public. Il ne veut pas que dans l'exécution d'un

---

[1] *De Officiis,* I, 11. « In republica maxime conservanda sunt jura belli. » — « Ac belli quidem æquitas sanctissime feciali populi romani jure perscripta est. » Cf. *Ibid.,* I, 12, sur ce qu'il appelle les *justæ belli causæ; de Legibus,* II, 9 et 14; III, 3; et de bonnes observations de M. Laurent, *Histoire du droit des gens,* t. III, p. 15.

[2] *De Officiis,* I, 12, où il ajoute : « Indicant XII Tabulæ, ut : *Status dies cum hoste,* itemque *adversus hostem æterna auctoritas.* Quid ad hanc mansuetudinem addi potest ? eum quicum bellum geras tam molli nomine appellari. » Le dernier de ces deux textes, d'ailleurs obscurs, des XII Tables a été souvent invoqué, à contre-sens, comme une preuve de l'inhumanité des Romains envers les étrangers. Voir Laurent, *Histoire du droit des gens,* t. III (Rome), p. 11, et comparer avec une belle page du livre posthume de F. Ozanam, *la Civilisation chrétienne au cinquième siècle,* t. I, p. 189.

traité on sacrifie méchamment l'esprit à la lettre [1];
il ne veut pas qu'on éternise la guerre, pour peu
que la paix soit sans péril, et dans l'oubli de
cette règle suprême de justice il signale, en bon
citoyen comme en moraliste, une des causes de
la décadence imminente du peuple roi [2]. Il flétrit le conseil donné par L. Philippus, et malheureusement suivi par le Sénat, d'arracher à des
villes grecques une franchise qu'on leur avait jadis
fait payer, et de la leur enlever sans leur rendre
l'argent qu'elles avaient payé pour l'obtenir [3].
Poursuivant même ces applications de la morale
jusque dans les sentences rendues par des arbitres
romains sur des contestations de territoire, il
flétrit hautement l'habileté d'un certain Q. Fabius Labéon, qui, chargé de terminer une contestation de territoire entre Nola et Néapolis,
avait trouvé moyen d'agrandir les possessions de
Rome au détriment des deux parties [4]. Dans un
autre traité philosophique [5] il signale justement à
l'admiration la conduite d'un magistrat romain,
L. Torquatus, qui n'hésita pas, un jour, à faire

---

[1] *De Officiis*, I, 10. « Quo in genere etiam in republica multa pec-
cantur : ut ille qui, quum triginta
dierum essent cum hoste induciæ
factæ, noctu populabatur agros,
quod dierum essent pactæ, non
noctium, induciæ. »

[2] *De Officiis*, I, 11. « Mea quidem sententia, paci quæ nihil ha-
bitura sit insidiarum, semper est
consulendum : in quo si mihi esset obtemperatum, si non opti-
mam, at aliquam certe rempubli-
cam, quæ nunc nulla est, habere-
mus. » (Cf. *de Rep.*, III, 23 et V, 1.

[3] *De Officiis*, III, 22.

[4] *De Officiis*, I, 10.

[5] *De Finibus*, I, 7.

droit, contre son propre fils adoptif, aux réclamations des ambassadeurs d'une province opprimée.

Ainsi, au milieu de l'agitation entretenue par l'esprit de conquête et par les insatiables convoitises des Romains, la liberté du moins de leurs institutions permettait à la morale de réclamer quelquefois et tout haut contre les abus de la force, et ces réclamations n'ont pas toujours été stériles.

Les Romains, c'est ici le lieu de le remarquer, ont les premiers parlé de charité universelle, d'une certaine affection de l'homme pour tous ses semblables[1], et nous leur devons cette expression : *le droit des gens*, où les nations chrétiennes comprennent chaque jour un ensemble plus complet de principes efficaces pour l'humanité. *Jus gentium* ne signifie pas seulement, en latin, les règles de droit communes chez tous les peuples, par opposition au droit civil des Romains [2]; dans Tite-

---

[1] « Caritas generis humani. » Cicéron, *de Finibus*, V, 23. Cf. *de Officiis*, III, 5, 6 et nos *Mémoires d'histoire ancienne et de philologie*, p. 361, sur le développement des sentiments charitables dans la société païenne. Voir aussi, sur ce sujet, le chapitre VII (*Devoirs envers les étrangers*) du récent ouvrage de M. Arthur Desjardins : *les Devoirs, Essai sur la morale de Cicéron* (Paris, 1865, in-12)

[2] Cicéron, *de Officiis*, III, 17. « Itaque majores aliud jus gentium, aliud jus civile esse voluerunt. Quod civile, non idem continuo gentium ; quod autem gentium, idem civile esse debet. » Cf. *Ibid.*, III, 5, et les textes des jurisconsultes romains qui sont indiqués par Dirksen, *Manuale latinitatis fontium juris civilis Romanorum* (Berolini, 1837, in-4°), aux mots *Jus civile*, p. 515, 516.

Live [1], dans Salluste [2], dans Sénèque [3], par une extension visible du sens attaché aux formalités du *droit fécial*[4], ces deux mots signifient encore le droit que les peuples observent, même en temps de guerre, l'un à l'égard de l'autre. C'est une erreur commune chez les modernes de croire que ce sens du mot *jus gentium* était étranger aux écrivains romains de l'antiquité. Les jurisconsultes de l'empire semblent à peine le connaître, il est vrai [5]; mais les historiens de la république l'attestent, comme on vient de le voir,

[1] I, 14; II, 4; IV, 17, 19, 32; V, 4, 36, 51, etc.

[2] Discours de Licinius Macer, parmi les fragments du livre III de ses *Histoires*, p. 397, éd. Burnouf. Cf. Tacite, *Annales*, I, 41 : « Jus et sacra legationis et fas gentium. » Quinte-Curce, IV, 2, § 17 : « Caduceatores interfecti, gentium jura violata. »

[3] *De Ira*, III, 2 : « Violavit legationes rupto jure gentium rabiesque infanda civitatem tulit. »

[4] De là l'opinion, qui me semble exagérée, d'après laquelle *jus feciale* serait la seule expression romaine pour désigner le *droit des gens*. Voy. N. Saripolos, Τὰ τῶν ἐθνῶν ἐν εἰρήνῃ καὶ ἐν πολέμῳ νόμιμα (Athènes, 1860, in-8°), p. 3.

[5] *Institutes* de Justinien, I, 2, § 2; *Digeste*, I, 1, § 5. J'ai trouvé trop peu de lumières nouvelles sur ce sujet dans la dissertation de E. S. Bring, *de Jure naturali gentium et civili ex mente Ciceronis* (Lundæ, 1820, in-4°); le sens de *droit international* a été aussi négligé ou complétement omis par la plupart des auteurs modernes de lexiques latins, même par les plus savants. Je dois toutefois excepter de ce jugement M. Moriz Voigt, l'auteur de l'important ouvrage intitulé : *Das Jus naturale, æquum et bonum und Jus gentium der Römer*, vol. I, Beilage II, note 1, et vol. II, p. 24-25; et M. Müller-Jochmus (§ 64 du livre cité plus haut p. 2) avec qui je suis heureux de me rencontrer, sans l'avoir connu lors de la première édition des présentes *Études*. Trop rigoureux, sur ce sujet, envers les anciens, dans son bel et durable ouvrage *la Cité antique* (Paris, 1864, in-8°) III, c. xv, M. Fustel de Coulange, a modifié un peu la rigueur de ses jugements dans une seconde édition (1865); il n'a pas encore, je crois, accordé assez à l'autorité des faits et des doctrines que je résume dans les pages ci-dessus. Cf. Laurent, *Histoire du droit des gens*, t. III, p. 9 et suiv.

en maint passage. Cela tient à ce que les uns s'occupent uniquement des rapports entre les citoyens de la grande cité constituée par les conquêtes de Rome, tandis que Tite-Live et Salluste racontaient les rivalités mêmes des nations non encore soumises; or c'est surtout dans les rivalités et les luttes des peuples que le droit international apparaît avec son caractère et son efficacité propre, pour régler l'état de paix ou pour adoucir l'état de guerre. Bien plus (et ce trait de mœurs mérite peut-être que nous le rappelions ici), Tite-Live, en deux endroits de son Histoire [1], se souvenant sans doute des anciennes distinctions de races sur lesquelles reposait la division des classes dans la société romaine, nous représente des patriciens qui invoquent le *jus gentium* contre les envahissements de l'ambition plébéienne, comme si, dans leurs rivalités journalières avec la noblesse, les plébéiens agissaient à titre de nation distincte et non pas à titre de citoyens d'un même État.

Au reste, si, même aujourd'hui, la critique peut encore se méprendre sur les vrais caractères de la politique romaine envers les vaincus, c'est peut-être l'effet d'une disproportion tout acci-

---

[1] IV, 1 : « Qua (lege) contaminari sanguinem suum patres confundique jura gentium rebantur. » VII, 6 : « Vindicasse ipsos (Deos) suum numen,... deletum cum duce exercitum documento fuisse ne deinde turbato gentium jure comitia haberentur. »

dentelle entre le nombre des documents grecs
et celui des documents latins de ce genre qui se
sont conservés jusqu'à nous[1]. Les documents qui
nous restent de la vie publique de Rome avant
l'empire sont surtout des épitaphes où s'étale
l'orgueil des vertus militaires; des fastes triom-
phaux, où les peuples étrangers ne figurent que
par leurs défaites et leur humiliation; enfin, des
tables de lois consacrant le partage des territoires
conquis. Beaucoup plus rares sont aujourd'hui
les témoignages qui nous expliquent, à côté des
opérations de la guerre, le travail des négociations, le succès des paroles conciliantes et des
actes réparateurs. Ce n'est pas que, de temps à
autre, des documents imprévus ne reparaissent à
la lumière comme pour nous mettre en garde
contre nos préjugés. Pour citer un exemple qui
touche, il est vrai, plutôt à l'histoire générale
des mœurs qu'au sujet spécial de nos *Études,*
on a bien souvent cité la scandaleuse affaire de
Scaptius l'usurier, qui, abusant de l'amitié d'un
magistrat romain, tint en captivité et réduisit à
la famine le sénat d'une petite ville grecque,
malheureusement insolvable[2]. Or voici la contre-
partie, non moins authentique, de ce scandale.
Une inscription de Ténos, publiée en 1824[3], con-

---

[1] Voir plus haut, p. 18, l'explication que nous donnons de cette ra-
reté relative des documents latins.

[2] Cicéron, *ad Atticum ep.* IV, 21.

[3] *Classical journal,* XXX, p. 129;
Corpus Inscr. græc., n° 2335.

tient la très-verbeuse, mais très-intéressante expression de la reconnaissance des Téniens pour
L. Aufidius Bassus, riche banquier sans doute,
qui, « suivant en cela l'exemple de son père, »
leur a prêté beaucoup d'argent aux conditions les
plus honnêtes, et, considérant certai... malheurs
publics survenus à Ténos, leur a donné pour le
payement toutes sortes de facilités. Les banquiers
romains n'étaient donc pas tous des Scaptius.

Mais, en ce genre de documents, combien nous
avons fait de pertes irréparables !

Quand Vespasien reconstruisit les édifices in-
cendiés du Capitole, quand il y rassembla jusqu'à trois mille tables de bronze, c'est-à-dire
tout ce qu'on avait pu retrouver des actes de la
vie publique de Rome depuis son origine, ce que
Suétone appelle si bien *instrumentum imperii pul-
cherrimum* [1], il se trouvait sans doute, dans cette
collection, beaucoup de documents diplomatiques
semblables à ceux que les ruines de la Grèce
nous ont rendus en si grand nombre, et qui nous
ont fourni des pages si intéressantes pour l'histoire du monde ancien. Or, de tant de pièces qui
formaient alors les archives de l'empire, il ne
nous reste guère aujourd'hui que des analyses
rapides dans les récits des annalistes et la tra-

---

[1] *Vie de Vespasien*, c. VIII, texte habilement commenté par M. Victor Le Clerc, dans son Mémoire sur les *Journaux chez les Romains*, (1838). Suétone mentionne formellement « plebiscita de societate ac fœdere ac privilegio cuicumque concessis. »

duction grecque de quelques documents conservée soit dans le texte des historiens, soit sur
le marbre [1]. Par une étrange fatalité, pas une
seule des alliances conclues entre Rome et les
nations étrangères ne s'est conservée en latin.
Après le sénatus-consulte (encore est-il fort mu-
tilé) sur les Termessiens de Pisidie, après la *loi
municipale* de Jules César et la loi *sur la Gaule ci-
salpine,* trois textes [2] qui d'ailleurs sont plutôt des
décrets d'organisation que des traités publics,
huit ou dix lignes des formules du droit fécial
insérées dans un récit de Tite-Live [3] ; deux ou
trois mots recueillis, pour leur forme archaïque,
sur des tables d'alliance par Varron et par les lexi-
cographes [4] ; quelques phrases du protocole officiel en usage dans les traités publics, phrases

---

[1] Voyez les exemples cités plus haut, p. 158.

[2] Voy. ces textes dans mon re-cueil des *Latini sermonis reliquiæ,* n°ˢ XLIII, L et LI, où j'ai indiqué les travaux les plus récents dont ils ont été l'objet jusqu'en 1843. On peut, encore aujourd'hui, consulter utilement, à cet égard, le vieux li-vre de B. Brisson, *de Formulis,* IV, 44 et suiv. Mais l'ouvrage qui dé-sormais fera autorité pour tous ces monuments du droit public des Ro-mains avant l'ère chrétienne est le recueil des inscriptions latines antérieures à la mort d'Auguste, édité par MM. F. Ritschl, Théod. Mommsen et G. Henzen, sous les auspices de l'Académie de Berlin.

[3] Tite-Live, I, 24 et IX, 5. Cf. *La-tini sermonis reliquiæ,* p. 353-354.

[4] *De Lingua latina,* VII, 27 ; la formule *ex fœdere* dans les frag-ments de la loi *Julia municipalis,* § VI, p. 304 des *Latini sermonis re-liquiæ;* fragment du *Fœdus lati-num* dans Festus, au mot *nancitor,* p. 166, éd. O. Müller. Cf. Scaurus, *De orthogr.,* p. 2253, éd. Putsch, où il relève un exemple d'écriture ar-chaïque sur ce qu'il appelle *Fœdus Græciæ,* déposé dans un temple de Rome; exemple qu'on peut ajouter à ceux qu'a réunis M. V. Le Clerc, *des Journaux chez les Romains* (Pa-ris, 1838), p. 57-60.

qui se sont conservées où on ne les chercherait
guère, dans le *Satiricon* de Pétrone, au milieu
d'une indécente parodie [1], voilà à quels débris
nous sommes réduits pour apprécier sous sa
forme originelle la langue diplomatique des Romains. Ces débris, quelquefois, sont pourtant
pleins d'instruction pour nous. Par exemple,
lorsque Pline [2] nous déclare avoir lu en propres
termes (*nominatim*), dans le traité conclu entre
Rome et Porsenna, une clause qui interdisait à
la ville vaincue l'usage du fer, si ce n'est pour
l'agriculture, ces simples mots, confirmés par une
ligne de Tacite, laissent deviner combien il y a
de réticences mensongères et d'assertions trom-
peuses dans les récits des autres historiens sur
ce mémorable épisode des annales romaines.
Mais enfin ce que ces précieux fragments d'histoire nous font surtout apprécier, c'est l'étendue
même de nos pertes.

[1] Cap. CIX : « Tabulas fœderis signat, quibus hæc formula erat : Ex tui animi sententia, ut tu, Tryphæna, neque injuriam tibi factam a Gitone quereris, etc... Item, Licha, ex tui animi sententia, ut tu Encolpion nec verbo contumelioso inse-queris, nec vultu, etc..... in hæc verba fœderibus compositis, arma deponimus. »

[2] *Hist. nat.*, XXXIV, 39 ; cf. Tacite, *Histoires*, III, 72 : « Sedem... quam non Porsenna *dedita urbe...* temerare potuisset. »

CHAPITRE IV.

——

DES RELATIONS OFFICIELLES ENTRE LES PEUPLES SOUS LE
GOUVERNEMENT DES CÉSARS.

Après l'établissement de l'empire, les diverses
archives de Rome n'ont pas dû s'enrichir autant
que sous la république de pièces diplomatiques
et de traités. Avec la constitution des provinces
s'arrête ou du moins se restreint singulièrement
le travail de la diplomatie romaine. Dans les limites de ce vaste gouvernement, les peuples vi-
vent à peu près résignés et paisibles. D'un bout
à l'autre du monde alors connu, rien ou presque
rien qui ne soit romain à quelque titre, et le poëte
Ovide peut dire avec orgueil :

> Jupiter, arce sua quum totum spectat in orbem,
> Nil nisi romanum quod tueatur habet [1].

Désormais la vie politique va donc se concentrer dans le cabinet de l'empereur et dans les bu-

[1] Ovide, *Fastes*, I, 85-86,

reaux de ses ministres. Les provinces ne se gouvernent pas ; à des titres divers, c'est d'en haut qu'on les administre toutes ; elles ont plus de repos que de libertés, plus de devoirs que de droits. En perdant le pouvoir de se combattre, elles ont perdu celui de s'unir par de libres alliances. Enveloppées, comme dit un autre poëte romain, « dans une commune alliance, » qui n'est autre que leur commune servitude, tout au plus se peuvent-elles consoler en se comparant à des parties d'une même cité :

> Urbem fecisti quod prius orbis erat [1].

Et c'est, en effet, la pensée que les Grecs eux-mêmes se plaisent à commenter ; elle inspire une belle page à Plutarque dans sa déclamation *sur la Fortune des Romains*, où il représente Rome comme une espèce de « foyer sacré » pour l'humanité tout entière, et son gouvernement comme la seule ancre capable de maintenir en équilibre les affaires du monde [2] ; elle est encore le fond d'un *Éloge de Rome* par le rhéteur Aristide. A peine retrouve-t-on dans ce discours la trace de différences, qui pourtant subsistent, dans le droit, entre les citoyens proprement dits, les alliés (*fœderati*) et les étrangers (*peregrini*). Le fameux

---

[1] Rutilius Namat., *Itiner.* l, 78 :
Fœdere communi vivere cuncta facis.
Ibid., 68 ; cf. Ovide, *Fastes*, II, 681 :
Gentibus est aliis tellus data limite certo,
Romanæ spatium est urbis et orbis idem.

[2] Περὶ τῆς Ῥωμαίων Τύχης, c. II.

décret de Caracalla, qui plaçait sous la même loi civile tous les habitants de l'empire [1], s'il n'eut pas partout les conséquences qu'on lui attribue d'ordinaire, dut contribuer pourtant au progrès de l'égalité entre les sujets de Rome et diminuer le nombre des villes qui conservaient, à l'égard de la capitale, l'apparence au moins d'un rôle indépendant. En dehors de cette immense unité, il n'y avait donc plus que les nations barbares, les pays où finissait, comme dit Sénèque, « la paix romaine [2]. » Aussi, à partir du principat d'Auguste, l'empereur se montre à nous comme le modérateur suprême des peuples compris dans l'unité de l'empire. C'est lui qui décide leurs différends en dernier ressort, lui qui soumet au sénat et fait réprimer les infractions au droit des gens [3] ; mais c'est seulement avec les Barbares voisins de l'empire que nous voyons conclure de véritables traités. Dans la célèbre *Loi royale,* qui confirme pour Vespasien les priviléges de souveraineté conférés à ses prédécesseurs, c'est des Barbares sans doute que l'on parle quand on au-

[1] Dion Cassius, LXXVII , 9 ; *Digeste,* I, 5, § 17. Cf. A. W. Zumpt, *Studia romana* (Berolini, 1859, in-8°), p. 322-380 : *De propagatione civitatis romanæ.*

[2] Sénèque, *de Providentia,* c. IV, § 13 : « Gentes in quibus romana pax desinit. » Cf. Gaïus, *Institutes,* III, 94, où, au sujet de la *sponsio,* il témoigne dans le même sens ; et Pline, *Hist. nat.,* XXVII, 1 : « Immensa romanæ pacis majestate. » Même témoignage dans Plutarque, *des Oracles de la Pythie,* c. XXVIII.

[3] Voir un exemple de ces répressions, souvent très-sévères, dans Dion Cassius, LII, 43, au début du principat d'Auguste.

torise le prince à « fairé alliance avec qui il vou-
« dra [1]. » De ces traités mêmes pas un n'est parvenu jusqu'à nous ; quelques-uns, bien qu'attestés
par de graves témoignages, ont jusqu'ici inspiré
des doutes sérieux à la critique. Si les ambassades
des Indiens vers Auguste sont un fait authentique, du moins il est difficile d'admettre qu'elles
aient abouti à la conclusion de véritables traités [2].
Après le dernier rescrit impérial en faveur des
Juifs (et ce rescrit ne consacre pas, à vrai dire,
un pacte d'alliance), il faut franchir trois siècles
pour trouver, dans Ammien Marcellin [3], une lettre de Sapor II et une de l'empereur Constance,
toutes deux relatives à un projet de traité qui
d'ailleurs ne put s'accomplir. Une inscription de
Camerinum, en Ombrie [4], semble attribuer à
Septime Sévère la confirmation d'une alliance
avec cette ville ; mais il s'agit là sans doute de
quelque droit qui faisait partie des anciennes ca-
pitulations du peuple ombrien avec Rome ; nul

---

[1] « Fœdusque cum quibus volet facere liceat, uti licuit divo Augusto, etc.» Dans Barbeyrac, vol. II, nº 16 ; Orelli, *Inscr. lat.*, I, p. 567 ; C. W. Göttling, *Fünfzehn römische Urkunden auf Erz und Stein*, etc. (Halle, 1845, in-4º), p. 22.

[2] Outre le témoignage formel du monument d'Ancyre, nous avons là-dessus celui de Nicolas de Damas dans Strabon (*Géogr.*, XV, 1, § 74), celui de Suétone, *Aug.*, XXI, et celui de Dion Cassius (LIV, 9), sans parler d'abréviateurs peu scrupuleux, comme Florus (IV, 12), et Paul Orose (VI, 21).

[3] XVI, 5 ; Barbeyrac, vol. II, nº 68.

[4] Orelli, *Inscript. lat.*, nº 920 : « Jure æquo fœderis sibi confirmato. » Conf. Cicéron, *pro Archia*, c. IV. « Heraclea, quæ est civitas amplissimo jure ac fœdere », et plus haut, p. 178, note 4.

incident d'hostilité récente n'avait amené l'acte de Septime Sévère. On sait la superstition des Romains pour les anciennes formules de leur droit, surtout de leur droit religieux. Ne trouvons-nous pas, sous Claude, un citoyen nommé *pater patratus,* sur l'avis des oracles sibyllins, pour conclure un traité entre Rome et ce qui restait du peuple laurentin [1]?

Il y a, peut-être, quelque chose de plus sérieux dans diverses dédicaces au peuple romain par des villes de l'Asie, qui, jusque sous les Césars, se proclament « cités autonomes, amies et « alliées des Romains [2]; » mais il semble que les souvenirs du passé ont là encore plus de place que les réalités du présent : Tacite au moins le laisse voir, lorsque, parlant des services rendus par un petit roi d'Afrique, Ptolémée, dans la guerre contre Tacfarinas, il ajoute, avec une sorte de dédain : « Sur le compte qui en fut rendu, on renouvela un usage des premiers temps : un sénateur fut député pour lui offrir le

---

[1] « Pater patratus populi Laurentis fœderis ex libris Sibullinis percutiendi cum P. R. » Inscr. de Pompéi dans Orelli, n° 2276 ; conf. C. Alexandre, *Oracula Sibyllina,* t. II, p. 231 (où l'auteur rapproche de ce texte celui de Tite-Live, VIII, 1), et les notes d'Orelli et de Henzen (*Supplem. Orell. coll.,* p. 192) sur ce difficile document.

[2] *Corpus Inscr. græc.,* n° 5880 et suiv., surtout le n° 5885, qui est une dédicace de la ville de Mopsueste, αὐτονόμου καὶ φίλης καὶ συμμάχου Ῥωμαίων, en l'honneur d'Hadrien ; cf. le mémoire de Mommsen (cité plus haut, page 5, note 2), p. 206, sur les divers dépôts où peuvent s'être conservés les monuments de ce genre.

sceptre d'ivoire, la toge brodée, antique présent
du sénat, et le saluer des noms de roi, d'allié et
d'ami [1]. » C'est pourtant quelque chose que ce
respect d'antiques formalités où se conservait,
pour les villes soumises, le témoignage d'un
état plus libre, sinon plus heureux. Enfin lorsque Dion Cassius, sous le règne de Septime Sévère, traçait, dans un discours qu'il prête à Mécène, le plan idéal de l'administration de l'empire,
tout en conseillant mainte mesure propre à resserrer les liens de l'unité entre les divers peuples
gouvernés par les Césars, il faisait une assez
large place aux relations diplomatiques du
prince avec les cités des provinces, avec les rois
et les peuples alliés ; il maintenait, à cet égard,
quelques-unes des règles pratiquées sous le gouvernement républicain, comme, par exemple,
l'usage d'introduire dans le sénat les ambassadeurs des nations étrangères [2]. Ce sont là encore
des souvenirs dont la perpétuité atteste de vieilles
et respectables habitudes.

Au reste, dans les limites mêmes de l'empire,
la discussion des intérêts municipaux suffisait
pour entretenir une certaine activité de vie publique, surtout parmi les villes d'Asie. Les rhéteurs grecs semblent quelquefois parler comme
dans l'assemblée d'un peuple libre, quand ils dé-

---

[1] *Annales,* IV, 26, trad. Burnouf.   [2] *Histoire romaine,* LII, 30, 31.

veloppent quelque lieu commun de politique[1].
On discutait avec passion sur des questions mé-
diocres ; le différend une fois vidé, on scellait
encore la concorde par quelque acte solennel,
et on l'attestait par la légende des monnaies[2].
Bien plus, d'anciennes confédérations, jadis com-
battues par les Romains, quand elles étaient re-
doutables, se relevèrent après l'achèvement de la
conquête. Telle est la confédération des villes béo-
tiennes[3]; telle est une sorte de congrès général
des Hellènes mentionné dans une inscription de
la ville de Thèbes[4]. On n'y peut plus reconnaître des pouvoirs indépendants; on ne doit pas,
néanmoins, méconnaître leur importance, ne
fût-ce que comme souvenirs. Il est touchant, par
exemple, de voir la communauté des Hellènes (τὸ
κοινὸν τῶν Ἑλλήνων) célébrer encore au temps de
Plutarque, dans la ville de Platée, l'anniversaire
de la bataille qui fut le plus mémorable triomphe de la civilisation sur la barbarie[5]. Il ne l'est
pas moins de voir la *trêve sacrée* d'Olympie main-

---

[1] Dion Chrysostome, *Disc.* XXXIV (aux Tarsiens); *Disc.* XL (à ses con-citoyens, sur la concorde avec les habitants d'Apamée); *Disc.* XLI (aux Apaméens, sur la concorde).

[2] Eckhel, *Doctr. num. vet.*, IV, p. 332-339, et les auteurs cités plus haut, pages 14 et 19.

[3] *Corpus Inscr. græc.*, n°ˢ 1565 et 1625; Keil, *Inscr. Bœot.*, n° XXXI; Pausanias, IX, 34 ; cf. Schömann, *Antiq. juris. publ. græc.*, p. 408.

[4] *Corpus Inscr. græc.*; n°ˢ 1124 (Franz, *Elem. epigr. gr.*, n° 33), 3832-3834.

[5] Plutarque, *Vie d'Aristide*, c. XIX et XXI, témoignages confirmés, en partie, par les mots suivants d'une inscription, n° XXXII du recueil de Keil : Τὸ κοινὸν συνέ-δριον τῶν Ἑλλήνων τῶν εἰς Πλαταιὰς (*sic*) συνιόντων.

tenue jusqu'au milieu du troisième siècle de l'ère
chrétienne, et constatée sur les monuments de
cette ville avec le même appareil qu'au siècle de
Périclès [1].

Entre les villes amies il y avait aussi des rapprochements plus ou moins intimes, et comme
des degrés de fraternité. Souvent, comme aux
beaux jours de l'indépendance, une ville (et cela
se voit sur beaucoup de documents grecs) accordait le droit de citoyen, avec divers honneurs et
immunités, à l'étranger qui lui avait rendu des
services. Elle lui accordait surtout la *proxénie*,
cet espèce de consulat officieux consacrant comme
l'alliance conclue par une cité avec un simple
particulier, et qui s'étendait à sa famille et à ses
descendants [2]. Ces pactes sont rédigés, selon l'ancien formulaire, au nom du sénat et du peuple
contractant. Sans les indices fournis par l'écriture même et par les noms romains qui se mê-
lent aux noms grecs, on pourrait attribuer aux
temps de la liberté bien des décrets de proxénie qui sont pourtant postérieurs à la conquête
romaine et contemporains des Césars. Dans les
pays de langue latine, surtout en Afrique, on
trouve aussi, mais en moins grand nombre, des
tessères de clientèle et d'hospitalité, consacrant des

____

[1] Elle y est désignée par le mot ἐξέ-
χειρον, au lieu d'ἐκεχειρία. Voir les
inscriptions inédites d'Olympie, publiées par M. Beulé, dans ses *Études
sur le Péloponèse*, p. 268 et suiv.
[2] Voir plus haut, p. 17.

engagements de protection, d'une part, et de déférence, de l'autre, entre quelque puissant Romain et la ville provinciale ou la corporation dont il acceptait le patronage [1]. Cela, du reste, continuait une vieille pratique attestée par Cicéron. Sous la république, le général qui avait reçu la soumission d'un peuple ou d'une ville devenait, par une sorte de droit officieux, le patron de ceux qu'il avait fait entrer sous la domination romaine [2]. Sous l'empire, la pensée politique qui avait créé cet usage a perdu son à-propos; l'usage seul survit, avec quelques-uns de ses effets bienfaisants. Cette protection, demandée par voie d'ambassadeurs [3], consacrée par un acte que l'on gravait d'ordinaire sur le bronze, devait contribuer au bon ordre de l'État et aux relations amicales du peuple vainqueur avec les peuples soumis. Mais, quelque intérêt qui s'attache à ces formes secondaires du droit des gens et à ces té-

---

[1] Voir sur ce sujet, outre le traité spécial de Tomasini, *de Tesseris hospitalitatis* (Udini, 1747, in-4°); Spalletti, *Dichiarazione di una tavola ospitale* (Roma, 1777, in-4°); Gazzera, dans les Mémoires de l'Académie de Turin, t. XXXV, où sont réunis les textes, plus ou moins complets, de vingt-neuf actes de ce genre compris entre le règne d'Auguste et celui de Théodose. Les principaux exemples sont dans le recueil d'Orelli, n°ˢ 156, 1079, 3056-3059, 3693, 4037, et dans le Supplément de ce recueil publié par M. G. Henzen, n°ˢ 6413-6416.

[2] *De Officiis*, I, 11 : « In quo tantopere apud nostros justitia culta est, ut ii, qui civitates aut nationes devictas bello in fidem recepissent, earum patroni essent more majorum. »

[3] *Legati egerunt* ou simplement *egerunt* (comme, en grec, ἐπρέσ-6ευον), suivi des noms propres, telle est la formule ordinaire de ces actes. Voy. plus haut, page 163, note 2.

moignages de la concorde ou de la division entre
les peuples, on ne peut voir là rien de semblable
au spectacle que présentait le monde avant les
conquêtes de Rome. L'abaissement de tous les
peuples sous le niveau de la domination romaine
et le changement des relations internationales
en relations purement administratives se reflè-
tent dans le nouveau rôle des ministres publics
et dans les caractères de l'éloquence appliquée à
la discussion des intérêts généraux.

Sous l'empire, comme au temps de la république, il est souvent question d'ambassade et d'ambassadeurs. Πρεσβεύς, πρεσβεία, *legatus, legatio,* les
mots ne changent pas, et on dirait, à première
vue, que les choses demeurent aussi les mêmes.
Non-seulement on voit venir à Rome des envoyés des peuples barbares qui, comme les Ar-
méniens ou les Parthes, résistent obstinément
aux armes romaines[1]; on en voit venir de chez
des barbares plus éloignés encore, comme les habitants de Taprobane, qu'une sorte de curiosité
craintive pousse à visiter jusque dans sa capitale
la grande nation de l'Occident, dont le hasard
seul semble leur avoir appris l'existence[2]; mais on

---

[1] Testament politique d'Auguste
ou Monument d'Ancyre, 5e colonne
du texte latin; 16e et 17e colonne
de la traduction grecque.

[2] Voir dans Pline l'Ancien (*Hist.
nat.*, VI, 24) le récit sommaire, et
qui paraît véridique, de l'ambassade envoyée à Rome, sous le règne
de Claude, par un roi de Taprobane;
et consulter, sur ce sujet en général, l'important Mémoire de M. Rei-
naud, *Relations politiques et commerciales de l'empire romain avec
l'Asie orientale* (Paris, 1863, in-8°).

voit les villes des provinces soumises s'envoyer
l'une à l'autre et surtout envoyer à l'empereur
des députations. Ces dernières ambassades sont
comptées, par Plutarque, parmi les meilleurs services qu'un citoyen puisse rendre à ses compatriotes, parmi ceux qui lui ouvriront le plus
favorablement l'entrée des grandes fonctions publiques [1]; elles se renouvelaient assez souvent
pour que le soin d'y répondre exigeât, à Rome,
l'organisation d'un service spécial dans la chancellerie des Césars. Auguste déjà, ne pouvant
plus suffire aux nombreuses ambassades qui lui
apportaient les requêtes « des peuples et des
rois, » avait chargé trois personnages consulaires de se partager le service de si nombreuses
réponses, hormis les cas dont l'importance particulière réclamait l'intervention du sénat ou celle
de l'empereur [2]. Dès le premier siècle de l'ère
chrétienne, nous trouvons un secrétaire d'empereur qui cumule avec d'autres titres celui de
« préposé au service des députations, » ἐπὶ τῶν
πρεσβειῶν [3]. Ces mots semblent indiquer un minis-

[1] *Préceptes politiques*, c. x, où
l'on voit qu'il n'y avait plus alors
d'alliances à former entre les peuples soumis à l'empire romain. Cf.
c. xiii, où il mentionne pourtant des
ambassades ayant pour objet un
pacte de concorde et d'amitié.

[2] Dion Cassius, LIV, 27, et
LVI, 25.

[3] Suidas, au mot Διονύσιος Ἀλεξαν-
δρεύς. Cf. mes *Observations historiques sur la fonction de secrétaire
des princes* (Paris, 1858), p. 15 et
note 38. Ces *Observations* sont réim-
primées dans les *Mémoires d'histoire ancienne et de philologie* (1863),
p. 220-258. Sous Justinien, *Pétrus
Magister*, dont il sera parlé plus

tère des affaires étrangères ; mais il n'en est rien,
au moins pour cette époque. Les ambassades auxquelles le nouveau fonctionnaire est chargé de
répondre ne sont plus, sauf de rares exceptions,
ce qu'elles étaient autrefois, la délégation d'autant de nations indépendantes, discutant librement avec Rome sur leurs intérêts ou sur leur
dignité. Elles viennent seulement provoquer un
rescrit sur quelque question difficile, que n'a pu
trancher le gouverneur de la province, ou solliciter pour leur patrie quelque faveur [1]. Tantôt
elles demandent un secours du fisc pour la con-
struction ou la réparation d'un édifice, comme
on le voit, dès le temps d'Auguste, dans une inscription d'Athènes [2]; tantôt elles sollicitent pour
une ville le titre de néocore, prêtresse des empereurs, ou le titre de métropole, qui lui donnait
une sorte de suprématie sur les villes voisines [3].
Quelquefois il s'agit seulement d'obtenir de César
l'honneur d'une visite [4]; mais quelquefois aussi
ces ambassades apportent à Rome les doléances
d'une ville de province menacée par quelque

---

bas dans ce mémoire, remplit aussi ces fonctions. Voy. Jean Lydus, *des Magistratures romaines*, II, 25.

[1] *Corpus Inscr. græc.*, n° 1124 ; Franz, *Elem. epigr. gr.*, n° 133; décret honorifique par lequel Argos remercie Statilius Timocrate... πρεσβεύσαντα ὑπέρ τε τᾶς πατρίδος καὶ τῶν Ἑλλάνων πρός τε τὰν Σύγκλητον καὶ τοὺς Βασιλέας. (On pense qu'il s'agit de M. Aurèle et de L. Vérus.)

[2] *Corpus Inscr. græc.*, n° 477.

[3] Suidas, aux mots Παῦλος ὁ Τύριος.

[4] Ménandre, περὶ Ἐπιδεικτικῶν, ch. XIV, t. III, p. 424 des *Rhetores græci* de Spengel (Lipsiæ, 1856, in-12, Coll. Teubner).

rescrit impérial, comme le jour où Hadrien eut l'idée d'interdire aux Asiatiques toute culture de la vigne, sous prétexte que le vin produisait chez eux de fréquentes séditions [1]; ou bien elles réclament des secours après un grand désastre, comme ces tremblements de terre qui dévastaient si souvent l'Asie Mineure [2]; ou bien elles se défendent contre les injustices d'un légat, comme dans la célèbre ambassade à Caïus Caligula, où il s'agit de démasquer les vices d'Avilius Flaccus, gouverneur d'Alexandrie, et dont le juif Philon nous a laissé l'intéressant récit [3]; ou bien il leur faut conjurer la vengeance de César après quelque insurrection provoquée souvent par les violences d'un administrateur romain, comme cela se vit à Pergame, sous Néron; à Rhodes, sous Domitien; en Thessalie, sous Auguste [4]. Alors l'éloquence de l'ambassadeur joue vraiment un rôle comparable à celui de l'évêque Flavien devant Théodose. Mais souvent aussi la députation n'avait d'autre objet que d'accomplir un devoir de respect envers le prince, soit lors-

---

[1] Philostrate, *Vies des sophistes*, I, 21, § 6.

[2] Aristide, *Disc.* XLI, qui sera mentionné plus bas.

[3] Il en faut rapprocher l'invective *contre Avilius*, que l'on trouvera, comme l'*Ambassade à Caïus*, au t. VI de l'édition de Leipzig, 1829, in-12. Voltaire oubliait certainement ces deux livres, ou il ne les avait pas lus, quand il écrivait les chapitres VII et VIII du *Traité de la tolérance* et le chap. CIII de l'*Essai sur les mœurs*. Tacite, *Hist.*, V, 9, touche d'un trait rapide les faits qui ont amené les réclamations des Juifs d'Alexandrie.

[4] Plutarque, *Préc. polit.*, c. XIX.

qu'il montait sur le trône, soit lorsqu'un événement heureux ou malheureux arrivait dans sa
famille [1]. C'est ainsi que, la première année du
règne de Caligula, une inscription d'Acræphies
atteste l'envoi d'une ambassade grecque pour fé-
liciter « le nouveau César [2]. » Nous avons encore la réponse de Marc-Aurèle au chef d'une
corporation religieuse de l'Asie, qui lui avait envoyé une adresse de félicitations pour la naissance d'un prince [3] ; nous avons celle de Dioclétien aux habitants d'Aphrodisias, qui l'avaient
fait complimenter sur son avénement à l'empire [4].
Ces actes de pur cérémonial devant se renouveler
fréquemment, on conçoit qu'ils n'excitassent pas,
chez les peuples soumis à l'autorité de Rome,
une bien vive émulation. Quoique les plus mauvais princes aient quelquefois signalé leur passage au pouvoir suprême par des réformes utiles
dans l'administration [5], quoique Néron même
soit appelé sur des monuments de l'Égypte, « le
« bon génie du monde [6] ; » cependant, surtout
pour les villes très-éloignées de Rome, la dépense et la fatigue inséparables de tels voyages
disposaient les citoyens à s'y soustraire plutôt

[1] Suétone, *Vie de Tibère*, c. LII.

[2] Keil, *Inscr. Bœoticæ* (Lipsiæ, 1847, in-4°), p. 116, n° XXXI.

[3] *Corpus Inscr. græc.*, n° 3176 a.

[4] *Corpus Inscr. græc.*, n° 2743. (Franz, *Elem. epigr. gr.*, n° 150.)

[5] Voir le curieux témoignage de Spartien sur Commode, dans la *Vie de Pescennius Niger*, c. VII.

[6] *Corpus Inscr. græc.*, n° 4699 ; Letronne, *Recherches pour servir à l'hist. d'Égypte*, p. 388.

qu'à les rechercher. L'inscription d'Acræphies, que nous venons de rappeler, offre, à cet égard, un curieux tableau de mœurs. On y voit une assemblée de Grecs réunie précisément pour choisir le député qui portera des hommages au successeur de Tibère : chacun garde le silence ou allègue des excuses pour échapper à cet onéreux et peut-être périlleux voyage. La confédération béotienne est sur le point de se séparer, sans l'avoir expressément voulu, du conseil général des Hellènes ; et, quand un certain Épaminondas offre d'accomplir gratuitement l'ambassade, il est aussitôt comblé des remercîments de ses concitoyens [1]. La correspondance officielle de Trajan et de Pline nous donne là-dessus un renseignement plus précis encore. On y apprend que la dépense de l'ambassade annuelle des Byzantins s'élevait pour leur ville à douze mille drachmes, et qu'il en coûtait trois mille à la même cité pour faire complimenter le gouverneur de la Mœsie. Trajan approuve son ami d'avoir relevé les Byzantins de cette dépense, les autorisant à remplacer l'ambassade par l'envoi d'un simple décret ; il ajoute, avec bonne grâce, que le gouverneur de Mœsie leur pardonnera sans doute cette ma-

---

[1] Καὶ ἐκ τῶν μειζόνων πόλεων τῶν παρόντων καὶ ἀρνουμένων, καὶ ἐπικαλουμένων, ὡς ἀποστῆναι κινδυνεύειν τὴν Βοιωτίαν ἀπὸ τῶν Πανελλήνων, ἄριστον ἔργον ἐποίησε καὶ εὐγενὲς καὶ εὐσεβείας ἐχόμενον τῆς εἰς τὸν Σεβαστόν. Keil, *Inscript. Bœot.*, n° XXXI.

nière moins coûteuse de lui rendre leurs devoirs [1].

Au reste, l'empereur aussi avait ses raisons pour ne pas accueillir sans réserve tous ces envoyés des provinces. Comme il était d'usage antique à Rome que les ambassades fussent hébergées aux frais de l'État, comme la politesse exigeait qu'elles emportassent au moins quelques lignes de l'empereur en témoignage de leur zèle, le trésor et la chancellerie étaient également intéressés à n'en pas voir multiplier le nombre. Cela nous explique le témoignage de Plutarque [2], où l'on voit que de son temps le trésor s'exemptait de la dépense afférente aux ambassades; cela nous explique aussi un rescrit de Vespasien consigné au Digeste, qui défend aux villes d'envoyer à la fois plus de trois ambassadeurs [3]. Plus tard, et par un progrès bien naturel de sollicitude, on en viendra jusqu'à décider dans quel cas les villes seront autorisées à envoyer des députations à Rome ou à Constantinople. Théodose et ses fils craindront qu'on n'abuse trop facilement de ce moyen de recourir au maître suprême sur des questions indignes de l'occuper; ils ordonneront que, sous la responsabilité du préfet, une instruction préalable, puis un jugement de la

---

[1] « Ignoscet illis et Mœsiæ præses, si minus illum sumtuose coluerint. » Plinii *Epist.* X, 52, 53.

[2] *Questions romaines*, c. XLIII.

[3] Livre L, titre VIII, l. 6, § 4 : « Præcipitur edicto divi Vespasiani omnibus ne plures quam ternos legatos mittant. »

curie décide si l'affaire vaut la peine d'être portée au tribunal de l'empereur [1]. Ainsi voilà le droit d'ambassade réglementé comme tout autre, et de fort bonne heure, par des rescrits : c'est assez dire qu'il est une simple formalité, ou, si l'on veut, un simple rouage dans l'administration de l'empire.

Un titre du Digeste et un titre du Code Justinien [2] contiennent sur ce sujet le résumé d'actes législatifs qui remontent aux premiers Césars et qui descendent jusqu'aux temps de la décadence. Rien n'est plus caractéristique ni plus décisif que ces témoignages : on y voit clairement ce que sont devenus les ambassadeurs, qu'il serait juste d'appeler dès lors, en français, de simples députés. Ce sont encore des fonctionnaires honorables et utiles; ils sont toujours protégés avec soin dans leur personne et dans leurs intérêts. La jurisprudence détermine avec précision les conséquences légales de leur inviolabilité et les limites qu'y apporte un juste respect de tous les droits. Mais, de bonne heure, on s'aperçoit que toutes ces ambassades font partie des charges

---

[1] *Code Just.*, X, 65, l. 5 et 6 : le premier rescrit s'adresse au gouverneur de l'Illyrie, le second à celui de l'Égypte. Cf. Dion Cassius, *Hist. rom.*, LII, 30, qui suppose, par un anachronisme évident, que Mécène suggérait déjà, sur ce sujet, quelques mesures du même genre à l'empereur Auguste.

[2] *Code Just.*, X, 65 (al. 63). *Digeste*, L, 7; cf. V. 1, *de Judiciis*, l. 2, § 3. Bynkershoek, dans sa dissertation *de Foro legatorum*, c. vi, a très-bien signalé ce caractère des ambassadeurs municipaux sous l'empire.

municipales de la curie. Par exemple, une inscription de Prusias place la fonction de commissaire ambassadeur entre celle d'édile et celle de secrétaire [1], dans l'éloge d'un citoyen éprouvé dans tous les services publics : chacun y avait son tour de sacrifice [2], auquel il ne pouvait se soustraire sans encourir une punition. D'ailleurs, ces sacrifices exemptaient naturellement d'autres charges, et cela selon le temps qu'avait duré l'ambassade, selon l'éloignement du prince auprès duquel on avait à se rendre [3]. De là bien des réponses aux questions des personnes intéressées. Par exemple, les ambassades *outre-mer* doivent-elles être récompensées par des immunités plus grandes que les autres ambassades ? Le père appelé aux fonctions d'ambassadeur en

---

[1] Ἀγορανομήσαντα ἐπιφανῶς, [συν-] δικήσαντα πιστῶς, γραμματεύσαντα ἐννόμως, ἐν πάσαις ταῖς πολιτείαις ἐξητασμένον. G. Perrot, *Voyage archéol. en Galatie et en Bithynie*, Inscr. n° 22. Sur ce sens de συνδικέω cf. ci-dessus p. 72, et le *Corpus Inscr. gr.*, n° 4415.

[2] *Dig.* L, 7, l. 4, § 5 : « Ordine unus quisque munere legationis fungi *cogitur*, et non alias *compellendus est* munere legationis fungi, quam si priores, qui in curiam lecti sunt functi sint. Sed si legatio de primoribus viris desideret personas, et qui ordine vocantur inferiores sint, non esse observandum ordinem divus Hadrianus ad Clazomenios rescripsit. »

[3] *Code Just.*, X, 65, l. 3 : « Transmarina legatione apud nos perfunctos constitutum est biennii vacationem munerum civilium et honorum habere, non eos qui de proximo obsequium reipublicæ videntur exhibuisse. » L'ambassade *outre-mer* est désignée par les mots διαπόντιος πρεσβεία dans une inscription grecque de Phrygie appartenant au deuxième siècle de notre ère (*Corpus Inscr. græc.*, n° 3956 *b*). Cf. l'inscription funéraire d'Acres, n° 5465, où les mots καὶ γ παραπομπῆς, que donne la leçon de Franz, et qui n'offrent guère de sens, ont peut-être été mal lus sur le marbre, après πρεσβίας, πρεσβεύσας πρὸς βασιλέα.

dispense-t-il son fils ? et le fils en dispense-t-il
son père ? Ces questions, l'autorité impériale et
l'équité des jurisconsultes ne paraissent pas les
avoir toujours résolues dans le même sens [1];
mais enfin c'est toujours à l'empereur et à ses
jurisconsultes qu'on en référait. A la fin de ces
extraits, qui n'intéressent vraiment que la société du temps de l'empire, je m'étonne presque
d'en trouver un de Pomponius qui nous rappelle
les usages républicains et la rigueur avec laquelle le sénat protégeait, durant les conquêtes
de Rome, les ambassadeurs de ses ennemis [2].

Les « ambassadeurs municipaux, » comme les
appelle la loi romaine, n'avaient donc pas de
grandes affaires à traiter ; ils n'avaient pas besoin
d'être des Démosthènes, et les règles mêmes que
l'on suivait sous l'empire pour choisir le per-
sonnel d'une députation provinciale, témoignent
qu'on y tenait compte de la fortune plutôt que
du talent.

Cependant, parmi ces fonctionnaires, et surtout parmi ceux qui se chargeaient de missions
gratuites, il s'est trouvé des orateurs ou, au
moins, des rhéteurs habiles, et il nous reste de
leur éloquence officielle plusieurs témoignages

[1] *Dig.*, L, 7, l. 6 et suiv.

[2] *Dig.*, L, 7, l. 17 (Pomponius, L. 37 ad Q. Mucium) : « Si quis lega-
tum hostium pulsasset, contra jus gentium id commissum esse existi-
matur, quia sancti habentur le-
gati, etc. » Suivent les avis de Quin-
tus et de Publius Mucius, les deux
illustres jurisconsultes du temps de
la République.

encore dignes de souvenir. Une belle inscription de Trieste, datée du règne d'Antonin le Pieux, loue en termes emphatiques l'éloquence d'un orateur de Tergeste, C. Fabius Sévérus, et les grands succès qu'il avait remportés en plaidant devant le prétoire impérial mainte cause importante pour l'honneur et les intérêts de sa patrie [1]. Assurément, nous ne regrettons pas beaucoup ce qui a pu périr de ces compositions trop louées sans doute par la complaisance ou la reconnaissance de ceux qui les avaient entendues. Le discours par lequel Paulus de Tyr, député de sa patrie auprès d'Hadrien, obtint pour cette ville le titre de métropole [2]; celui de Polémon auprès du même empereur, pour demander les fonds nécessaires à l'érection d'un gymnase et d'un marché dans la ville de Smyrne [3]; celui qu'avait préparé le même Polémon pour une controverse déférée au tribunal d'Hadrien et où le sophiste devait défendre comme *syndiços* les droits de sa patrie sur un territoire sacré [4] (l'auteur mort, ce

[1] Supplément du recueil d'Orelli (publié par G. Henzen), n. 7168 : « Ita multas et magnificas causas publicas apud optimum principem... adseruisse, egisse, vicisse, sine ullo quidem ærarii nostri impendio. » Et plus bas : « Causis publicis patrocinando quas cum justitia divini principis, tum sua eximia ac prudentissima oratione semper nobis cum victoria firmiores remisit. » Il est vrai que ce personnage, devenu sénateur, séjournait alors à Rome où il était l'avocat naturel de ses concitoyens.

[2] Suidas en a conservé le souvenir, au mot Παῦλος ὁ Τύριος.

[3] Philostrate, *Vies des sophistes*, I, 25, § 2.

[4] Philostrate, *Vies des sophistes*, I, 25, § 8. Sur le sens de σύνδικος, voir plus haut, p. 72 et 197, n. 1.

discours, sur la demande expresse de l'empereur, avait néanmoins été lu, et il avait valu à Polémon une sorte de victoire postume et à Smyrne le gain de son procès); celui de Scopélien, pour défendre devant l'empereur le droit qu'on voulait ôter aux villes de l'Asie de cultiver la vigne [1] ; celui de Marcus de Byzance à Hadrien, dans une ambassade dont le sujet même ne nous est pas connu ; celui de Nicagoras d'Athènes à Philippe, sur un sujet également inconnu [2] ; la harangue par laquelle Marcus de Byzance rétablit la concorde entre les Athéniens et les Mégariens [3] ; plusieurs autres compositions de ce genre, dont on pourrait retrouver l'indication ou le titre dans les auteurs anciens, méritaient peut-être l'oubli où elles sont tombées. Néanmoins, pour compléter le tableau des mœurs grecques et romaines, sous le régime impérial, on aime à retrouver encore dans Dion Chrysostome, dans Aristide, dans Libanius, dans Thémistius, quelques pages qui représentent fidèlement l'éloquence diplomatique de ces rhéteurs demi-citoyens, demi-courtisans. N'est-ce pas une peinture piquante par sa naïveté même que cette page de Dion, dans son

---

[1] Philostrate, *Vies des sophistes*, I, 21, § 6. Ce fut la plus célèbre de ces *ambassades impériales* (βασίλειοι πρεσβεῖαι) que Scopélien, dit son biographe, remplissait toujours avec succès.

[2] Suidas, au mot Νικαγόρας Ἀθηναῖος.

[3] Philostrate, *Vies des sophistes*, I, 24, § 3, où il mentionne encore le discours de Marcus à l'empereur Hadrien, pour les Byzantins.

quarantième discours [1]? « J'admire vraiment la
« méchanceté ou plutôt la folie de quelques hom-
« mes, en me rappelant leurs anciens propos sur
« l'ambassade que vous envoyâtes à l'empereur
« pour le remercier. L'empereur, disait-on, avait
« reçu nos députés avec plus d'ennui que de
« bonne grâce, tandis qu'il aurait dû aller au-
« devant d'eux, embrasser les députés présents,
« nommer les retardataires, en s'informant de
« celui-ci et de celui-là, demander ce qu'ils fai-
« saient et la cause du retard. On disait encore
« qu'il avait accordé aux Smyrnéens mainte
« grâce, qu'il leur avait envoyé des sommes
« énormes ; bien plus, que, sur le plaidoyer de je
« ne sais quel habile homme, il leur avait ac-
« cordé un sénat de mille sénateurs ; que, par ses
« ordres, un fleuve d'or versait désormais dans la
« ville des millions et des millions. Toutes choses
« qui n'étaient pas, mais que j'eusse vues de bon
« cœur ; car un homme sensé ne s'affligera
« jamais du bonheur et des succès d'autrui, sur-
« tout quand il a réussi lui-même et qu'il a pu
« contribuer à ce bonheur de son prochain : ce
« serait presque réclamer pour soi seul la lumière
« du soleil, la pluie du ciel, le souffle du vent,

[1] Aux habitants de Pruse, sur la
concorde avec ceux d'Apamée, édit.
Reiske, t. II, p. 165 ; éd. Empérius,
p. 560. Cf. dans Philostrate, *Vies
des sophistes*, I, 25, § 3, une courte
lettre d'Hadrien qui justifie Polémon sur la gestion d'une ambassade
semblable où le sophiste avait été
soupçonné de coupables détourne-
ments.

« l'eau des fontaines. Ce qui est vrai, c'est que
« l'empereur, dans sa bonté suprême et dans sa
« clairvoyance, m'accordait tout ce que je lui
« demandais, comme aux autres ambassades. »

Voilà bien le représentant d'une ville de province aux prises avec les petites jalousies et les
petites médisances, après l'accomplissement de sa
mission; voilà bien, en quelques lignes, le tableau
fidèle de cette administration impériale qui atti-
rait tout à elle, suppléant souvent par une générosité intelligente (φιλανθρωπότατος καὶ συνετώτατος) à
la libre prévoyance des cités soumises, mais enfin
ne laissant guère à ces cités que le pouvoir de
choisir les députés qui lui apporteront des remercîments ou des doléances.

Les monuments commentent à merveille le
témoignage qu'on vient de lire. Nous n'avons
plus la longue inscription que Pausanias lisait à
Athènes et dans laquelle Hadrien étalait tout le
faste de sa munificence envers les villes grecques [1]. Mais nous voyons encore sur une foule
de ruines, en Orient comme en Occident, l'attes-
tation détaillée de ces sortes de bienfaits; ici une
route, là des bains publics, ailleurs un temple,
relevé par les soins de César, aux frais du trésor

---

[1] *Attica*, I, 5, § 5 : Ὁπόσα δὲ λεσιν ἔδωκεν ἕλλησίσι, τὰς δὲ καὶ τῶν θεῶν ἱερὰ, τὰ μὲν ᾠκοδόμησεν ἐξ ἀρχῆς, τὰ δὲ καὶ ἐπεκόσμησεν ἀναθήμασι καὶ κατασκευαῖς, ἢ δωρεὰς πόλεσιν ἔδωκεν ἕλλησίσι, τὰς δὲ καὶ τῶν βαρβάρων τοῖς δεηθεῖσιν, ἔστιν οἱ πάντα γεγραμμένα Ἀθήνησιν ἐν τῷ κοινῷ τῶν θεῶν ἱερῷ.

public [1]. L'argent des peuples soumis, qui affluait à Rome, en refluait ainsi vers les provinces. Ce n'était vraiment que justice, et une justice sans laquelle l'obéissance et la paix générale n'auraient pu se maintenir comme elles se maintinrent sans grave atteinte, pendant plus de trois siècles.

Sous cette tutelle attentive les villes de l'empire trouvaient pourtant encore l'occasion de se quereller. Parmi les villes populeuses, c'étaient des querelles entre les habitants de divers quartiers, comme on le voit à Smyrne [2]; c'étaient des luttes entre les diverses classes de la société, comme on le voit à Antioche [3]. Dans cette dernière ville il y eut un jour de graves dissentiments entre les rhéteurs et les parents de leurs élèves. Libanius proposa et défendit, dans un discours ou mémoire qui nous est parvenu, un arrangement qu'il décore du titre de *traité d'alliance*. Entre cités voisines et puissantes on se disputait le droit de célébrer certaines fêtes religieuses, le droit moins utile de préséance aux assemblées communes de la province, le titre de *métropole*, que nous retrouvons si souvent sur les monnaies. Dans ces débats encore intervenait l'éloquence du so-

---

[1] Voir le début de la lettre d'Aristide à Marc-Aurèle et à Commode, sur les désastres de Smyrne, début qui sera cité plus bas, ainsi que le chapitre du rhéteur Ménandre περὶ Πρεσβευτικοῦ λόγου (tome IX des *Rhetores græci* de Walz) et les exemples que fournit le *Corpus Inscr. græcarum*.

[2] Philostrate en cite un exemple, *Vies des sophistes*, I, 25, § 2.

[3] Libanius, *Discours* XLIII, περὶ τῶν Συνθηκῶν, t. II, p. 420, édit. Reiske.

phiste conciliateur; il rappelait aux citoyens les
avantages de l'union, les inconvénients de la discorde..... « Réfléchissez, leur disait-il, combien
« il est agréable, en voyageant chez nos voisins,
« d'y rencontrer des amis au lieu d'ennemis;
« combien il vaut mieux recevoir sans défiance
« ceux qui nous viennent demander l'hospitalité;
« dans les assemblées religieuses, dans les fêtes
« des dieux et dans les spectacles, comme il est
« meilleur et plus sage de se mêler les uns aux
« autres pour les sacrifices et les prières, que de
« se renvoyer des imprécations et des injures; et
« quand la voix de chaque peuple se fait enten-
« dre au stade ou au théâtre, quelle différence de
« l'entendre en des cris d'approbation et de
« louange ou en des cris de haine et d'injures. En
« effet, il n'appartient pas à d'honnêtes gens, à
« des villes sages, mais bien à des courtisanes
« impudiques, de se lancer, comme du fond d'un
« bouge, les plus indécentes paroles, etc. [1] » Et le
lieu commun se développe sur ce ton de douceur
assez froide. Voilà comment on prêchait la concorde aux villes sujettes de Rome, au nom de la
bienséance, en vue des agréments de la vie, des
plaisirs du théâtre et du stade !

Ici encore les monuments abondent, surtout
en Asie, pour témoigner de l'activité que met-

---

[1] Dion Chrysostome, *Disc.* XL, à *les Apaméens*. T. II, p. 172, édit.
ses concitoyens, sur la concorde avec Reiske; p. 565, édit. Empérius.

taient tant de villes à resserrer leurs alliances, à
entretenir, à augmenter la magnificence de leurs
fêtes [1]. C'est aussi un fait très-commun que l'é-
change du droit de cité entre des peuples grecs
souvent fort éloignés l'un de l'autre [2]. Quand
Dion Chrysostome disait aux habitants d'Apamée : « Montrez-vous bienveillants et généreux
« envers un peuple si voisin, qui habite presque
« les mêmes toits que vous, et qui ne vous mon-
« tre ni méchanceté ni hauteur, avec qui vous
« êtes liés par la communauté des mariages, des
« droits de cité, des sacrifices, des assemblées,
« des spectacles, de l'enseignement dans les éco-
« les, des repas et des services d'hospitalité ; avec
« qui vous passez la meilleure partie de votre
« vie ; avec qui vous ne formez, pour ainsi dire,
« qu'un seul peuple et une seule ville ; » et quand
il ajoutait : « N'avez-vous pas fait plusieurs de
« nous citoyens, sénateurs, archontes dans votre
« cité, leur accordant jusqu'au partage des pri-
« viléges attachés au nom de Romain [3] ? » le rhéteur grec résumait en quelques lignes tout ce que

---

[1] Voyez, par exemple, dans le
Corpus Inscr. græc., les n°⁸ 1583 et
suiv., 2741, 2758, 2759.

[2] Voyez, entre autres, dans le
Corpus Inscr. græc., n°ˢ 3674 et
2811 *b* (*in Addendis*), deux exemples
remarquables de la collation du
droit de cité à des particuliers. La
collation, quand elle avait lieu

pour tous les citoyens d'une ville,
s'appelait ἰσοπολιτεία, comme nous
l'avons observé plus haut, pp. 9,
80 et 130.

[3] *Disc.* XLI, t. II, p. 183, édit.
Reiske ; page 572, édit. Empérius.
Mêmes idées dans le *Disc.* XXXVIII,
t. II, p. 140, édit. Reiske ; p. 543,
éd. Empérius.

nous apprennent de nombreux documents épigraphiques sur les relations des villes grecques
de l'Orient. Mais le dernier trait surtout de ce
passage est caractéristique; il montre combien le
droit de cité romaine était alors envié et quel
prestige s'y attachait au sein des villes qui se
paraient du titre d'*autonomes, d'alliées* ou *amies* de
Rome. Si l'on veut mesurer mieux encore la dis-
tance qui sépare les vaincus des vainqueurs, on
n'a qu'à relire dans le trente-huitième discours
du même Dion, *aux Nicomédiens sur la concorde
avec les habitants de Nicée,* une page où l'orateur, après avoir dépeint l'activité malveillante
d'un brouillon qui entretenait les prétentions
de chacune de ces deux villes à la suprématie,
ajoute : « Et pourtant ces avantages dont vous
« êtes fiers, tous les hommes sensés les mépri-
« sent, les Romains plus que tous, et, pour com-
« ble d'injure, les nomment des erreurs helléni-
« ques. Et ce sont bien, en effet, des erreurs, ha-
« bitants de Nicomédie, mais non point des
« erreurs helléniques, à moins qu'on ne les ap-
« pelle ainsi parce que ce furent elles qui jadis
« firent la glorieuse rivalité d'Athènes et de La-
« cédémone. Seulement je vous ai déjà dit qu'a-
« lors il s'agissait non d'une vaine gloire, mais
« d'une puissance véritable.... Vous, au contraire,
« si on vous ôte le titre de métropole, en vous
« laissant partager la préséance avec vos voisins,

« y perdrez-vous quelque chose? J'ose dire qu'en
« renonçant même à tous ces mots, vous ne per-
« driez aucun avantage sérieux. Croyez-vous, par
« exemple, que la mer va pour cela [1] se retirer
« de votre port, que votre territoire va diminuer
« ou votre revenu s'amoindrir? Ainsi, vous avez
« été quelquefois au théâtre, que dis-je? vous avez
« chaque jour les tragédiens et tous ces autres
« acteurs qui montent sur la scène pour votre
« plaisir et votre divertissement, et qui ensei-
« gnent utilement les gens capables de les com-
« prendre. Or de ces acteurs y en a-t-il un seul
« qui vous paraisse vraiment un roi, un tyran ou
« un dieu? Ce sont pourtant les beaux noms
« qu'ils se donnent; ils sont des Ménélas et des
« Agamemnon, et non contents de prendre les
« noms des héros et des dieux, ils en prennent la
« figure, l'habit et l'impérieux langage. Mais, la
« pièce finie, ils retournent à leur néant. Ainsi
« un homme veut qu'on l'appelle *premier;* soit,
« mais celui qui l'est réellement ne cesse pas de
« l'être quand un autre en aurait le titre [2]. » On
le voit, ces pauvres Grecs ont peu d'illusion; ils
savent bien que si on leur laisse quelque liberté,
c'est sous le contrôle du maître; que si on re-

---

[1] P. 549, édit. Emp. Je lis sans aucun signe de ponctuation après les deux mots παρὰ τοῦτο, qui s'entendent ainsi facilement dans l'ensemble de la phrase : Ἦ τι δοκεῖτε παρὰ τοῦτο τὴν θάλατταν ἀναχωρήσειν ἀφ' ὑμῶν; κ. τ. λ.

[2] Dion Chrysostome, *Discours* XXXVIII, t. II, p. 148, éd. Reiske; p. 548, éd. Empérius.

connaît parmi eux une hiérarchie de priviléges, ce sont là surtout des satisfactions pour la vanité municipale. Plutarque, traitant des devoirs de la vie publique, et encourageant ses compatriotes à ne les point déserter, leur rappelle en même temps qu'ils ne doivent pas non plus prendre trop au sérieux les magistratures de Thèbes et d'Orchomène ; car au-dessus du magistrat grec il y a toujours désormais le magistrat romain [1]. Dion, le contemporain de Plutarque, achève tristement cet aveu, quand il compare la rivalité de deux grandes villes à une scène de tragédie dont les acteurs, un instant dieux ou héros, retombent ensuite dans leur réelle et humble condition.

D'autres fois les souvenirs de la Grèce libre sont évoqués moins humblement par les rhéteurs. Aristide [2], encourageant à la concorde les villes d'Asie, parmi lesquelles Smyrne, sa patrie, tenait le premier rang, leur rappelle toutes les grandes choses que Sparte et Athènes accomplirent en unissant leurs forces et leur génie ; tout ce que ces villes, au contraire, avec leurs alliés respectifs, eurent à souffrir de leurs propres divisions. Il sait bien « que les événements et les circonstances ne se ressemblent pas ; » mais,

---

[1] *Préceptes politiques,* c. XVII.

[2] *Disc.* XLII, t. Ier, p. 782, édit. Dindorf. Consulter, en général, sur ces témoignages d'Aristide, M. Cl. Dareste : *Quam utilitatem conferat ad historiam sui temporis illustrandam rhetor Aristides* (Paris, 1843, in-8°).

ajoute-t-il, « le bon sens est de tous les temps[1]. »
Sage réflexion qui l'autorise apparemment à
revenir sur le même lieu commun dans un discours aux Rhodiens. Le sujet pourtant de ce discours était tout spécial : Rhodes récemment rui-
née par un affreux tremblement de terre, dont
Aristide nous a laissé la longue description, se
voyait en outre déchirée par des dissensions intestines, et c'est dans cette circonstance que le
rhéteur, qui déjà l'a voulu consoler par un premier discours, lui adresse une harangue pleine
d'exhortations et de conseils, mais où la déclamation tient trop souvent la place d'une sagesse plus
pratique et plus utile. Tel est, en effet, le caractère de toute éloquence, à cette époque, et particulièrement de l'éloquence diplomatique. La
fiction y domine le sentiment de la réalité, les
recettes sophistiques y remplacent la véritable
inspiration. Il y a dans les écoles des exercices
réguliers pour le genre de discours sur la concorde dont nous avons cité plus haut divers exemples[2]; il y en a pour le discours que les Grecs
appellent « discours d'ambassade » πρεσβευτικὸς
λόγος, et dont on conservait, d'ailleurs, quelques
exemples authentiques[3]. On y dispute contradic-

---

[1] Καὶ γὰρ εἰ μὴ ὅμοια τὰ πράγματα μηδ' οἱ καιροὶ παραπλήσιοι, τό γε εὖ φρονεῖν ἀεί πως ταὐτόν ἐστι.

[2] Ménandre, περὶ Ἐπιδεικτικῶν, t. III, p. 390 des *Rhetores* de Spen-gel : Συμβουλεύσεις δὲ διὰ λαλιᾶς περὶ ὁμονοίας πόλει, etc.

[3] Voy. dans Polybe, XXX, 4, § 11, Discours d'Astymède le Rhodien devant le sénat, publié par son au-

toirement de la paix entre Athènes et Lacédémone, après l'affaire de Pylos, ou d'un projet d'alliance défensive contre Philippe de Macédoine[1] ; on fait parler Démosthène contre Eschine, au sujet de son ambassade près le conseil des Amphictions[2], et quelques-unes de ces déclamations ont passé des cahiers de l'école dans les narrations des historiens[3]. Mais on remonte plus haut encore dans les souvenirs de l'ancienne Grèce, et l'on renouvelle en prose les pathétiques discours où Homère avait donné, selon le jugement des rhéteurs, les plus parfaits modèles de l'éloquence qui convient aux ambassades[4]. Cette éloquence a sa place aussi, dans les Manuels de rhétorique, parmi les discours *épidictiques* ou d'apparat. « Si vous « parlez, dit le rhéteur Ménandre, dans un cha- « pitre spécial sur ce sujet[5], si vous parlez au

---

teur même et que Polybe analyse d'après l'original. Il se trouvait un πρεσβευτικὸς λόγος parmi les ouvrages, aujourd'hui perdus, d'Ion de Chios.

[1] Exemples dans Aristide, *Discours* XXXI, XXXII, XXXVIII, XXXIX.

[2] Libanius, t. III, p. 396-434, éd. Reiske ; cf. t. II, p. 420-432, le discours *sur l'Alliance*, qui a été signalé plus haut, p. 203.

[3] Voir mon *Examen critique des historiens d'Auguste*, p. 345-346, où je pouvais ajouter que, dès une époque très-ancienne, on prêtait ainsi, dans les écoles, des discours à des personnages presque contemporains. Denys d'Halicarnasse, *sur Lysias*, chap. XIII, en signale un exemple.

[4] Libanius, t. IV, p. 1-47 : Ulysse aux Troyens, pour redemander Hélène ; p. 47-80 : Achille à Ulysse, ambassadeur des Grecs. Quintilien, X, 1, § 47 : « Nonne vel nonus liber, quo missa ad Achillem legatio continetur, vel in primo inter duces illa contentio, vel dictæ in secundo sententiæ, omnes litium ac consiliorum explicant artes ? »

[5] Ménandre, περὶ Ἐπιδεικτικῶν, dans les *Rhetores græci* de Walz, t. IX, p. 297, et dans les *Rhetores græci* de L. Spengel, t. III, p. 423.

« nom d'une ville atteinte par quelque fléau, vou
« userez d'abord des arguments énoncés ci-des-
« sus pour le « discours de couronnement. » Puis
« vous ferez valoir l'humanité du prince, ses dis-
« positions compatissantes envers les suppliants,
« comme quoi Dieu même l'a envoyé ici-bas pour
« cela, le sachant d'un cœur tendre et bienfaisant.
« Après avoir dit son courage dans la guerre et
« ses vertus dans la paix, vous reviendrez aux
« souvenirs de la ville qui vous envoie. Alors
« vous traiterez surtout deux lieux communs :
« d'abord celui des contraires; par exemple, Troie
« était jadis une ville brillante et la plus illustre
« qui fût sous le soleil, et elle put jadis lutter
« contre les forces de l'Europe. Puis, le lieu com-
« mun du tableau, où vous montrerez le mal-
« heur présent de cette ville, aujourd'hui en
« ruines, et vous rappellerez surtout ce qui se rap-
« porte aux besoins de la vie, les choses où
« s'intéresse d'ordinaire la providence des em-
« pereurs, par exemple, des bains renversés, des
« aqueducs détruits, la confusion succédant à
« tant de splendeurs. Après avoir vivement ému
« la pitié par ces descriptions, vous montrerez
« que telles sont vos raisons de supplier, de vous
« jeter à genoux, de tendre vos rameaux de sup-
« pliants. Tenez, direz-vous alors, que la voix de
« l'ambassadeur est la voix même d'une ville en-
« tière, tenez qu'à lui seul il pleure pour les en-

« fants, les femmes, les hommes, les vieillards, et
« qu'il vous invite à la compassion. Puis vous prie-
« rez le prince pour qu'il fasse un accueil favo-
« rable au décret dont vous êtes porteur. »

Le « discours de couronnement », dont le rhéteur vient de parler est aussi une espèce de discours
d'ambassade. On le prononçait devant le prince,
lors de son avénement ou dans les circonstances
solennelles qui lui attiraient, entre autres hommages de ses sujets, l'offrande d'une couronne.
L'orateur, nous apprend Ménandre[1], doit y montrer d'abord le monde entier qui s'empresse autour du trône, puis sa propre patrie rivalisant
d'empressement avec les autres villes pour apporter une juste part de présents et d'éloquence.
Ensuite viendra l'éloge du souverain, de ses vertus, de son courage, de ses victoires sur les barbares. Apparemment il fallait que le souverain
eût toujours été vainqueur, ou qu'il eût du moins
combattu au milieu de ses soldats; dans le cas
contraire un panégyriste latin nous montre comment on se tirait d'embarras, en louant un prince
de son habileté à fuir les périls comme on l'eût
loué de sa valeur à les affronter[2]. Puis, revenant

---

[1] Περὶ Ἐπιδεικτικῶν, c. XII, t. IX, p. 295, éd. Walz, t. III, p. 422, éd. Spengel.

[2] Incerti auctoris *Panegyricus Constantino Aug.*, c. IX : « Deceat te, imperator, hostem ferire? imo non decet laborare. » C. x : « Fuit etiam qui sublatus in scalas invicem nexas concurrentes eminus vidit exercitus, ut nec interesset periculo et adesset spectaculo. Ignava, inquies, sunt hæc exempla, sed tuta... »

à l'éloge des talents pacifiques, l'orateur recommandait sa patrie à la bienveillance et à la générosité impériale; puis il priait qu'on lui permît de lire le décret de couronnement. « Un tel dis-« cours ne devait pas dépasser cent cinquante « ou deux cents lignes [1]. »

Les rhéteurs, on le voit, conspirent avec les légistes pour tracer à l'ambassadeur tout le détail de ses devoirs; ils guident ses pas, ils les lui comptent et les lui mesurent d'avance, pour ainsi dire. L'étiquette est partout, dans les phrases comme dans les costumes; partout aussi la déclamation. Cela se voit, dès le temps de Dioclétien, dans le style même des lois, à plus forte raison dans les œuvres des sophistes. La moindre requête prend, sous la main de ces complaisants discoureurs, les dimensions d'une harangue. Ainsi un secrétaire de Constance Chlore, le Gaulois Euménius, veut encourager le gouverneur de sa province à reconstruire dans Autun des écoles détruites durant la guerre des Bagaudes; il propose de consacrer

---

Saint-Simon, *Mémoires*, t. I, p. 105, raconte un trait tout semblable de prudence. Mais le héros, du moins, est ici un pauvre curé de campagne; ce n'est pas un général ou un prince.

[1] Ἔστω δέ σοι ὁ λόγος μὴ πλείων ἑκατὸν πεντήκοντα ἢ καὶ διακοσίων ἐπῶν. Sur cet usage de compter par lignes, chez les anciens critiques, voir la dissertation de Ritschl, *die Stichometrie der Alten*, à la suite de son livre sur les Bibliothèques d'Alexandrie (Breslau, 1838, in-8°), avec le supplément publié par l'auteur lui-même, en 1840, dans un programme de l'Université de Bonn. Sur le mot ἔπος employé pour στίχος, voyez le *Thesaurus* d'H. Estienne, *s. v.*, p. 1930, éd. Didot.

son traitement de secrétaire à cette utile restauration : au lieu d'une simple lettre, c'est un discours, un panégyrique en forme qu'il va rédiger sur ce sujet [1].

Il est naturel que le commerce diplomatique eût ses lois comme l'éloquence. Dans un formulaire de lettres, qui porte le nom du platonicien Proclus, nous trouvons un modèle, fort court d'ailleurs et fort sec, de ce genre de composition [2]; mais la lettre d'Aristide à Marc-Aurèle et à Commode, sur le désastre de Smyrne, ne répond pas à ce modèle. Elle est développée avec une abondance élégante et même pathétique [3]. « Jusqu'ici, « grands princes, je ne vous ai envoyé que des « compositions et des discours d'école. Aujour-« d'hui le destin m'apporte un sujet bien différent. « Smyrne est couchée à terre, Smyrne, la gloire « de l'Asie et l'ornement de votre empire, rava-« gée par le feu et les tremblements de terre. « Tendez-lui, comme il vous sied si bien, tendez-« lui, au nom des dieux, une main secourable. « Smyrne, la plus favorisée des villes de la Grèce « et par les dieux et par vous-même, et par tous « les princes et par le conseil commun de l'empire « (le sénat), est aujourd'hui frappée des plus af-

---

[1] Eumenii *Oratio pro restaurandis scholis,* dans le recueil des *Panegyrici veteres,* IV, p. 139, édit. de la Baune (Paris, 1676, in-4°).

[2] Procli Platonici *de Conscriben-* *dis epistolis libellus,* éd. A. Westermann, § 35, p. 11 (Lipsiæ, 1856, in-4°).

[3] Aristide, *Disc.* XLI, p. 762, éd. Dindorf.

« freux malheurs que l'histoire rappelle. Le sort
« lui a pourtant laissé, dans ce désastre, un gage
« de salut; vous l'avez vue et vous savez sa dé-
« tresse, etc. » Il y a certes, dans ce début, un
accent d'émotion supérieur aux vaines formalités
de l'école, et cet accent se soutient dans le reste
de la pièce. J'en pourrais dire autant du discours
que le vieux Libanius adresse à son disciple l'empereur Julien, pour l'engager à prendre ses
quartiers d'hiver dans la ville d'Antioche. Durant
un premier voyage dans cette ville, Julien en
avait fort mécontenté les habitants par la publication d'un édit sur le prix des denrées; de là
des résistances qui l'avaient fort irrité, de là
mainte plaisanterie populaire à laquelle le César
bel esprit répondit par sa fameuse satire du *Mi-
sopogon*. Maintenant Julien est en Perse, et déjà
vainqueur. On prévoit son retour glorieux; Antioche, repentante, désire qu'il l'honore de sa
présence; pour cela elle ne croit pouvoir mieux
faire que de lui envoyer le Nestor de ses écoles,
le maître même dont Julien aimait tant et suivait
si assidûment les leçons. Quelque chose de grave
par le sentiment et d'ingénieux par le tour caractérise la harangue que Libanius écrivit en cette
circonstance, et qui devait être prononcée dans le
camp même de l'empereur, mais que la mort de
ce prince rendit inutile. Ce morceau, comme les
deux éloges que consacra Libanius à la mémoire

de son élève, appartient à l'histoire [1]. Sous le luxe emphatique du langage on y recueille une foule de faits et de renseignements précieux.

Julien lui-même figure parmi les orateurs dont les écrits touchent à l'histoire des relations entre les villes grecques sous l'empire. Il y figure par un mémoire en faveur des Argiens dans une controverse relative à la célébration des jeux et aux priviléges qui s'y rattachent. Dans ee mémoire, adressé sans doute au gouverneur d'Achaïe, et dont malheureusement il ne reste que la dernière moitié, Julien, alors simple César, peut-être, annonce et recommande au magistrat romain deux philosophes, Diogène et Lamprias, dont il signale, avec une complaisance évidente d'ami et de confrère, l'éloquence et le dévouement désintéressé [2]. Diogène et Lamprias, voilà encore deux noms, aujourd'hui bien obscurs, d'orateurs employés par leurs concitoyens au service des ambassades. La cause qu'ils plaidèrent ne paraît avoir manqué ni d'éclat ni d'importance réelle, et elle témoigne du prestige que gardaient encore, après la victoire officielle du christianisme

---

[1] Libanius, *Discours* xv, t. 1er, p. 451, édit. Reiske (cf. xvi, περὶ τῆς τοῦ Βασιλέως ὀργῆς). xvii : ἐπὶ Ἰουλιανῷ μονῳδία. xviii, Ἐπιτάφιος ἐπὶ Ἰουλιανῷ.

[2] P. 407 de l'édit. de Spanheim ; p. 57 (nᵒ xxxv) de l'édition spéciale des Lettres de Julien par Heyler (Moguntiæ, 1828). Cf. A. de Broglie, *l'Église et l'Empire romain*, IIᵉ partie, t. 1er, p. 287, qui me paraît avoir trop facilement adopté la date proposée pour cet opuscule, sur des indices insuffisants, par M. Heyler et par M. A. Desjardins, *l'Empereur Julien* (Paris, 1845).

sous Constantin, les fêtes séculaires de la civilisation païenne.

L'histoire aussi s'intéresse, mais un peu moins,
je pense, à deux discours d'ambassade qui figurent dans les œuvres de Thémistius[1]. Le premier est un véritable discours de couronnement[2]
selon la définition de Ménandre; mais il ne se
renferme pas dans les limites officielles du genre;
il a beaucoup plus de « deux cents lignes. » Constance, après la défaite de ses ennemis, avait ma-
nifesté le désir d'aller triompher à Constantinople;
le sénat de cette ville se hâta de lui envoyer une
ambassade, dont Thémistius faisait partie. Thémistius avait donc préparé un beau discours;
mais, retenu à Constantinople par une maladie et
par la rigueur de l'hiver, il ne put que lire son
œuvre devant le sénat, selon un usage alors consacré[3], et associer d'avance les sénateurs aux
sentiments qu'il y avait exprimés. Une autre fois
le rhéteur devait être plus heureux. Lorsque
Gratien appela Théodose à l'empire, Thémistius
put porter jusqu'à Rome des félicitations du
sénat de Constantinople. C'est le sujet de son
XIVe discours, élégant panégyrique, comme la
harangue à Constance; car tout alors dans l'éloquence publique, tout tourne au panégyrique.
Le monde officiel n'a plus guère d'autre langage.

____

[1] *Disc.* III et XIV.
[2] Στεφανωτικὸς λόγος.
[3] Cressolius, *Theatrum rhetorum*, III, 7.

Dès le premier siècle de l'ère chrétienne, on voit l'éloge des Césars constituer en Grèce une sorte de littérature, pour laquelle on propose des prix dans les fêtes municipales [1]. Plus on approche de la décadence, plus cet abus des éloges se multiplie sous toutes les formes. On loue le prince, on loue ses ministres :

> . . . Laudat Brutum, laudatque cohortem ;

et, bien qu'il se mêle parfois, comme dans quelques panégyriques des rhéteurs gaulois [2], un peu de politique sérieuse à la banalité des louanges oratoires, on y sent trop cependant l'irrémédiable abaissement des âmes sous un despotisme qui n'avait même pas toujours les compensations de la gloire. S'il reste quelque liberté dans le monde, elle éclate par les émeutes au sein des grandes villes, ou bien elle se réfugie sur les frontières, où la lutte du moins, une lutte chaque jour plus inégale, avec les ennemis de l'empire, entretient quelque feu de patriotisme et de noble passion.

Sur la frontière aussi se renouvelaient parfois quelques-unes de ces scènes dont l'histoire des

---

[1] Voir dans le *Corpus Inscr. gr.*, n° 1585 (inscription agonistique de Thèbes), ἐγκωμιογράφος εἰς τὸν Καίσαρα. Cf. n°s 245 et 2758 ; et Cæsaris *Epist. ad Frontonem*, II, 8.

[2] Voir sur leurs discours, réunis dans la collection des *Panegyrici veteres*, une intéressante notice de M. H. Béthune (*Correspondant* du 25 août 1865). On regrette seulement que l'auteur se renferme dans le cercle de la collection classique et qu'il n'ait pas éclairé son sujet par une connaissance plus générale de l'histoire littéraire durant cette période.

cités grecques et de la république romaine nous a offert tant d'exemples : l'art du négociateur y disputait d'habileté avec celui du général[1] pour affermir une conquête précaire ou pour conjurer une invasion menaçante. Telle fut, sous Honorius, l'ambassade chez les Huns accomplie et racontée par Olympiodore, savant historien et poëte, natif de Thèbes, en Égypte[2]. Telles furent sous les règnes de Justin et de Justinien les ambassades d'Abramès et de son fils Nonnosus auprès des princes sarrasins limitrophes de l'empire, ambassades dont Photius, au ixᵉ siècle, lisait encore le récit rédigé par le second de ces deux ambassadeurs[3]. Un rôle analogue fut rempli sous Théodose le jeune par le rhéteur et historien Priscus, qui, choisi comme assesseur par le négociateur Maximin, pour plusieurs ambassades auprès de peuples barbares, avait rendu compte de ces actes importants et en particulier de la célèbre ambassade auprès d'Attila[4]. Un épisode de ce genre, que des textes récemment publiés nous ont fait mieux connaître, va nous ramener au cœur même du sujet que nous étudions. Cassio-

[1] Antithèse qui paraît être devenue un lieu commun dans les Écoles byzantines, V. les *Progymnasmata* du sophiste Nicolaüs, dans Walz, *Rhetores græci*, t. I, p. 327.

[2] Photius, *Bibliothèque*, Cod. 80. Cf. cod. 214, où il semble parler du même Olympiodore.

[3] *Bibliothèque*, Cod. 3.

[4] Relation conservée dans l'*Extrait des Ambassades*, reproduite par les éditeurs de l'Histoire Byzantine et plus récemment par M. C. Müller, t. IV, p. 69 et suiv. des *Fragmenta histor. græcorum*, dans la Bibliothèque de F. Didot.

dore[1], Lydus[2], Procope[3] et surtout l'historien
Ménandre[4] nous ont conservé le souvenir d'un
diplomate, Grec de naissance, que l'empereur
Justinien employa tour à tour, en Occident, auprès du roi des Goths Théodat, et, en Orient, auprès de Chosroès, roi des Perses. Chargé d'une
négociation difficile et complexe auprès du roi
Sassanide, Pétrus Magister ou Pétrus Patricius
(c'est le nom de ce personnage, nom auquel s'attache tour à tour le titre de l'une des deux principales dignités qu'il exerça) l'avait accomplie
avec tout le succès que comportait alors la fai-
blesse de l'empire en face de la puissante monarchie asiatique, et il s'était plu à rédiger longue-
ment le récit de sa mission et comme le procès-
verbal des discours prononcés de part et d'autre
dans les conférences. De ce gros livre Ménandre
a extrait, en quelques pages, pleines d'intérêt
pour nous, ce qui lui a paru le plus digne de
l'histoire. C'est la première fois, depuis Thucy-

---

[1] *Variæ*, X, 19, 22 et 24. Cf. Barbeyrac, t. II, n° 180.

[2] *Des Magistratures romaines*, II,
25, 26. Lydus, qui avait connu Pétrus, le dépeint comme un savant
et un administrateur, non moins
honorable pour son caractère que
pour ses talents variés.

[3] *Guerre des Goths*, I, 3; cf. Barbeyrac (t. II, n°⁵ 193 et 196), qui n'a
pas connu les Extraits, alors inédits, de Ménandre.

[4] *Extraits des ambassades*, publiés par A. Mai (fragment 11, 12 et
13). Cf. la notice de Suidas, au mot
Πέτρος. Tous ces témoignages sont
réunis et discutés dans la collection
des Fragments des historiens grecs,
par C. Müller, t. IV, p. 181 et suiv.
L'importance des documents fournis par Ménandre sur ce sujet est
déjà signalée dans l'*Histoire de la
littérature grecque*, par Schoell,
t. VI, p. 379.

dide, que nous rencontrons dans un annaliste le
détail complet d'une aussi importante affaire,
avec le texte, à peine abrégé, ce nous semble,
du traité entre les deux nations rivales. Il y a là
bien des traits curieux à relever : l'emploi de
douze interprètes, dont six de chaque nation pour
le service des deux ambassades ; la double rédaction et la double traduction du texte de l'alliance ;
la collation des exemplaires officiels ; l'échange
entre les deux ministres d'un exemplaire grec en
lettres persanes et d'un exemplaire persan en
lettres grecques, et cela pour souvenir et témoignage particulier du résultat de leurs communs
efforts ; l'échange des ratifications (ὁμολογίαι) entre
les deux souverains ; la formule même du protocole en usage pour les actes de ce genre, dans la
chancellerie persane (ici l'auteur a, malheureusement pour nous, omis, comme trop connu de
ses lecteurs, le protocole en usage chez les Romains de Byzance) ; parmi les clauses du traité,
au nombre de plus de treize, dont nous avons
l'analyse, la clause qui stipule pour les chrétiens
le libre exercice de leur culte en Perse, à la condition, toutefois, que les chrétiens s'abstiendront
de toute tentative pour convertir les sectateurs
du culte indigène. Enfin, et cette fois plus briè-
vement, Ménandre résume de longs pourparlers
entre Chosroès et Pétrus Magister, sur deux questions accessoires que le traité laissait indécises,

l'une concernant la possession d'un territoire situé dans le Caucase, l'autre concernant les droits, plus ou moins contestables, d'un chef de Sarrasins à une indemnité pécuniaire de la main de l'empereur. On devine combien de souplesse et de fermeté pouvaient exiger de pareilles négociations, et l'on comprend, après en avoir lu le récit, les éloges que recueillit le ministre de l'empereur «pour son habileté invincible à manier et amollir ces caractères durs et hautains des barbares d'Orient[1] ».

Dans les extraits qu'il nous a donnés du livre de Pétrus Magister, Ménandre déclare qu'il ne s'est pas même permis de ramener à l'atticisme le style un peu plat du diplomate byzantin[2]. En cela il ne suit pas l'exemple de Thucydide et des autres historiens classiques de l'antiquité, qui nous ont conservé des analyses de négociations entre divers peuples, et qui ne se sont pas fait scrupule de tout ramener, sauf quelquefois le texte d'une alliance, à l'unité de leur propre style. Cette fidélité nous fait doublement regretter la

---

[1] Μάλα ἐμβριθὴς καὶ ἀνάλωτος ἐν τῷ ῥητορεύειν τῷ καταμαλάξαι φρονήματα βαρβαρικὰ σκληρά τε καὶ ὀγκώδη, dit Suidas, qui extrait Ménandre, sans tenir compte, il est vrai, de certaines réserves exprimées dans le texte, aujourd'hui connu, de l'historien (Fragment 12).

[2] Fragment 12, éd. Müller : Οὐδὲ μὴν ἀνθ' ἑτέρων ἑτέραις λέξεσιν ἐχρησάμην, ἢ τὸ χθαμαλώτερόν πως ἐστιν ᾗ τῶν λόγων, καθ' ὅσον οἷόν τε μοι, μετέφρασα ἐς τὸ ἀττικώτερόν. C'est donc moins encore que ne fait Denys d'Halicarnasse pour une harangue rédigée en dialecte ionien par Hérodote, *Dissert. sur Démosthène*, c. XLI.

perte des écrits de Ménandre, où, à défaut même des mémoires originaux de Pétrus Magister, nous aurions encore pu retrouver, pour le sixième siècle après Jésus-Christ, les traces du travail qui corrompait la langue officielle par le mélange des idiotismes populaires. Une dépêche de l'empereur Héraclius, qui nous est parvenue, contient déjà des preuves de ce mélange [1].

Nous aimerions aussi à pouvoir suivre sur des documents plus nombreux le progrès de ce qu'on peut appeler le style asiatique dans les chancelleries européennes. Pour la langue latine, le recueil des *Variæ* de Cassiodore nous montre, presque à chaque page, cet abus de l'emphase et des circonlocutions ambitieuses qui produit souvent une fatigante uniformité. Il y a là sans doute l'effet des habitudes qu'entretenait, dans tout l'empire, un esprit d'obséquieuse admiration pour le prince et de politesse exagérée dans toutes les relations de la vie officielle. Mais d'autres causes encore ont dû y contribuer. En Occident, on peut alléguer l'influence du goût espagnol [2], si sensible dans la littérature latine en décadence, et qui tendit de bonne heure à déformer cette belle langue politique des historiens et des jurisconsultes. En

___

[1] *Chronicon Alexandrinum*, p. 398 et suiv. (éd. du Louvre), où l'on trouve plusieurs fois le mot ἄλογον, avec le sens de « cheval » qu'il a conservé dans le grec moderne;

[2] Aulu-Gelle, XIX, 9, signale cette influence chez le rhéteur Julianus, compatriote de Lucain et des Sénèques. puis la locution κελεύειν ἵνα.

Orient, c'est l'Égypte d'abord [1], c'est la Perse et plus tard l'Arabie dont l'influence altère par les mêmes défauts, d'abord l'éloquence du barreau et celle de la tribune [2], puis le style de la diplomatie, et qui, sous une forme grecque, nous annonce déjà la rhétorique fastueuse et alambiquée des nations musulmanes [3].

Ces questions, que je ne puis ni ne veux traiter ici en détail, n'auraient pas d'intérêt, sans doute, dans un traité technique de la diplomatie ancienne; mais peut-être ont-elles une place légitime dans un livre où je me suis efforcé de présenter, ne fût-ce qu'en raccourci, le tableau des institutions et des usages relatifs au droit des gens chez les peuples classiques de l'Antiquité.

[1] On en peut juger par ce que les égyptologues et, en particulier, notre confrère M. de Rougé, ont publié des textes historiques dus aux scribes égyptiens. Voir aussi un exemple de ces formes majestueuses jusqu'à l'emphase dans le récit des compagnes de Ramsès le Grand, publié par P. Salvolini (Paris, 1835, in-8⁰), d'après les papiers de feu Champollion le Jeune.

[2] Cicéron, *Brutus*, c. XIII et XCV; *de Optimo genere orat.*, c. III; *Orator*, c. VIII, LXV, LXIX.

[3] Voir la *Rhétorique des nations musulmanes*, d'après le traité persan intitulé HADAYIK UL-BALAGAT, par M. Garcin de Tassy (Extraits tirés à part du Journal Asiatique de 1844-1847).

CHAPITRE V.

QUELLE INFLUENCE LE CHRISTIANISME A-T-IL EXERCÉE
SUR LE DÉVELOPPEMENT DES PRINCIPES DU DROIT DES
GENS, PENDANT LES QUATRE PREMIERS SIÈCLES DE
NOTRE ÈRE?

Les souvenirs que je viens de rappeler nous
amènent au temps des invasions barbares et
aux déchirements qui en furent la suite. C'est
alors que se brise peu à peu l'unité sociale, si pé-
niblement et si fortement organisée par les Romains. Alors aussi se reforment, sur le sol et
avec les débris mêmes de leur empire, des nations
indépendantes, à la fois jalouses et capables de
traiter l'une avec l'autre de pair à égal. Alors
enfin et du milieu des agitations mêmes de l'humanité on voit renaître, pour combattre le génie
de la discorde, cette discipline du droit international dont nous avons voulu esquisser les principales vicissitudes durant les siècles les plus
brillants du paganisme gréco-romain.

Ici donc finit la tâche que nous nous sommes

tracée. Mais nous ne pouvons nous arrêter sans jeter un regard en arrière sur le temps qui s'écoule depuis la constitution définitive de l'empire romain jusqu'à la formation des royautés barbares. Dans cet intervalle, en effet, le christianisme a paru; il s'est développé, il a envahi le monde grec et romain. Comment ne pas se demander en quelle mesure le christianisme a contribué par ses bienfaisantes doctrines à épurer parmi les peuples les maximes et les pratiques du droit des gens?

Dès ses débuts, la nouvelle religion emprunte volontiers à la langue du droit public ses expressions officielles. L'Évangile est le Nouveau *Testament*, c'est la nouvelle *alliance* par opposition à l'ancienne *alliance* conclue entre Dieu et son peuple aux temps d'Abraham et de Moïse. Διαθήκη a pris, chez les Septante et chez les évangélistes, ce sens inconnu au grec classique et dans lequel il devient synonyme de συνθήκη. Cette antithèse est développée magnifiquement dans l'*Épître aux Hébreux*[1]. Ailleurs, saint Paul appelle Jésus-Christ un médiateur (μεσίτης) entre Dieu et les hommes[2], comme Philon[3] avait appelé Moïse;

---

[1] Chap. VII-IX. Cf. Schleusner, *Lexicon Veteris Testamenti* et *Lexicon Novi Testamenti*, s. v. Διαθήκη. *Corpus Inscr. gr.*, n° 2554 : 'Επὶ τοῖσδε συνέθεντο φιλίαν. N° 2556: Τάδε συνέθεντο. Au contraire, dans le testament d'Épictéta, *Ibidem*, n° 2448 : Τάδε διέθετο νοοῦσα καὶ φρονοῦσα 'Επικτήτα, etc.

[2] I *Epist. ad Tim.*, II, 5. Suidas, au mot Μεσίτης · ὁ εἰρηνοποιός.

[3] *Sur la vie de Moïse*, III, c. XX,

il écrit aux Éphésiens : « Dans ma prison je suis
un ambassadeur de l'Évangile[1]; » et plus tard
saint Jean Chrysostome[2] commentera éloquemment cette pensée, que le prêtre est un médiateur entre l'homme et Dieu. Les premiers disci-
ples de Jésus-Christ sont tous, à vrai dire, les
« ambassadeurs de la bonne nouvelle; » leur nom
d'*apôtres*, ἀπόστολοι, et le titre de leur mission,
ἀποστολή, sont des mots empruntés à la langue
des relations officielles entre les peuples. Seulement la simplicité de cette mission divine écarte
tout d'abord l'appareil coûteux et embarrassant
des anciennes ambassades; le maître leur a com-
mandé de n'emporter avec eux « ni argent pour
la route, ni besace, ni bâton, ni même deux tu-
niques[3]. » On sent qu'il ne s'agit pas là de transactions à conclure entre les intérêts du monde,
mais de conquêtes à faire sur les âmes au nom
de leurs intérêts célestes. Nul prestige désormais
ne doit servir que celui de la vertu chrétienne;
nulle autre garantie n'est utile à ces interprètes
volontaires d'une doctrine qui triomphera même
par l'humiliation, même par la mort de ses ministres.

p. 628. Cf. Schleusner au mot Μεσίτης.

[1] *Epist. ad Ephes.*, VI, 20 : ὑπὲρ
οὗ πρεσβεύω ἐν ἁλύσει.

[2] *Du Sacerdoce*, livre VI, ch. 4.
Cf. *Corpus Inscr. græc.*, n° 8642,
8643 et 8726, des exemples de la
perpétuité des mots μεσιτεύειν et
πρεσβεία dans le style chrétien du
moyen âge.

[3] Saint Luc, c. IX. Cf. Schleusner, aux mots Ἀποστολή et Ἀπόστολος, et l'*Éphéméride archéologique d'Athènes*, n. 1608.

Quand le peuple fidèle grandit, malgré les per-
sécutions, et qu'il réclame le droit d'exercer son
culte, les premières requêtes qu'il adresse aux Césars sur ce sujet, par l'organe d'un Athénagore
ou d'un Tatien, s'appellent aussi des *ambassades*,
πρεσβεῖαι. Quand les apôtres rédigent et quand
plus tard les conciles déterminent avec plus de
précision encore la formule de la foi, cette formule s'appelle un *symbole*, σύμβολον, c'est-à-dire un
signe de reconnaissance entre les fidèles, c'est-
à-dire aussi un contrat que, dans les conventions
d'hospitalité, on divisait en deux morceaux pour
servir de signalement et de garantie réciproque[1],
ou l'acte même qui constate une alliance. A ces
alliances entre Dieu et les hommes, à ces promesses de salut ne manque pas non plus la consécration des serments, ὅρκοι, ὀρκωμωσία. Dans ce
langage, qui est lui-même comme un vivant
signe d'alliance entre. les temps anciens et les
temps nouveaux, tout respire la paix et l'esprit
de concorde. Le mécanisme séculaire des institutions romaines se brise ou se relâche sous la
pression des forces barbares et sous le souffle de
l'esprit nouveau ; mais il semble qu'un seul principe, celui de la fraternité entre tous les hommes, vienne remplacer pour toujours le jeu complexe de tant de rouages. « Le lien suprême entre

---

[1] Schleusner, au mot Σύμβολον.

« les hommes, disait Lactance, c'est l'humanité ;
« celui qui le rompt n'est qu'un scélérat et un
« parricide. Car, si nous venons tous d'un seul
« homme que Dieu a fait, nous sommes tous du
« même sang… Si c'est d'un seul Dieu que nous
« avons reçu le souffle de la vie, que sommes-
« nous sinon des frères, et des frères d'autant
« plus unis que nous le sommes par l'esprit, non
« pas seulement par le corps [1]? » C'est ainsi que le
christianisme comprenait l'origine commune de
toutes les races humaines ; c'est ainsi que, vivi-
fiant et renouvelant par une chaleureuse inspiration l'idée de la cité universelle, naguère produite au milieu du monde grec par les stoïciens [2],
il la proclamait par la voix de ses docteurs. Il la
proclamait non moins haut par la voix d'un historien.

Après avoir tracé un lugubre tableau des misères du monde sous la domination romaine,
après avoir demandé compte, au nom des vaincus
et des opprimés, de ce prétendu bonheur que
l'orgueil romain se complaisait à regretter, et
dont il attribuait la perte au triomphe du christianisme, Paul Orose oppose à tant de misères
l'unité de la grande famille chrétienne, où il n'y
a plus ni vaincus ni vainqueurs, ni maîtres ni

[1] *Institut. div.*, VI, 10 ; cf. V, 15.
[2] Voy. P. Janet, *Histoire de la philosophie morale et politique dans l'antiquité et les temps modernes* (Paris, 1858, 2 vol. in-8), livre I, c. VI.

esclaves. « Maintenant, s'écrie-t-il, si je fuis de-
« vant quelque trouble public, tranquille sur le
« lieu de mon refuge, partout je trouve une pa-
« trie; partout la loi, partout ma religion; l'A-
« frique m'a reçu volontiers comme je l'abordais
« avec confiance; elle m'a reçu comme un hôte
« naturel, dans son propre sein, sous le droit
« commun, cette Afrique dont jadis on a pu dire
« avec vérité :

Hospitio prohibemur arenæ ;
Bella cient, primaque vetant consistere terra.

« .... (Le monde entier m'est ouvert)....... Ro-
« main et chrétien, je trouve partout des Romains
« et des chrétiens. Je ne crains pas les dieux de
« mon hôte ; je ne crains pas sa religion, et il ne
« craint pas la mienne ; je ne sais pas un lieu de
« la terre où le maître puisse faire ce qu'il veut,
« et où l'étranger ne puisse prendre ce qui lui
« convient, où l'hospitalité soit un privilége. Un
« seul Dieu, qui a fondé cette unité même, dans
« le temps où il voulait se faire connaître aux
« hommes, est aimé de tous comme il en est
« craint. Partout dominent les mêmes lois sou-
« mises à un Dieu unique. Partout où j'arrive,
« inconnu, je ne redoute pas que mon isolement
« me livre sans défense à une subite violence.
« Romain, comme je l'ai dit, parmi les Romains,
« chrétien parmi les chrétiens, homme parmi
« les hommes, au nom des lois j'implore l'État ;

« au nom de ma foi, la conscience; au nom d'un
« droit commun, la nature [1]... »

Ce sont là des paroles vraiment évangéliques [2]
et qu'on regrette d'abréger. Elles sont plus tou-
chantes assurément que ces déclamations où les
rhéteurs encouragent à la concorde les habitants d'Apamée ou de Nicomédie par le spectacle
des harmonies de la nature ou par l'exemple de
l'union qui règne dans la famille impériale. Elles
contredisent noblement l'esprit étroit de la législation romaine et toutes ses vaines distinctions
entre l'homme libre et l'esclave [3]. Mais, si beau que
soit ce langage d'Orose ou de Lactance, exprime-
me-t-il autre chose qu'une conception idéale de
la vie chrétienne sur la terre, autre chose que les
vœux ou les illusions d'une âme généreuse?
L'histoire politique du paganisme est pleine de

[1] *Hist.*, V, 2. Avec ces textes, il est intéressant de comparer d'anciens préceptes de la morale païenne dans Hésiode, *Œuvres et Jours*, v. 225 et 325; et dans Homère, *Odys- sée*, VI, 205; VIII, 546; textes qu'a- vait oubliés Lactance, quand il com- parait la charité chrétienne à cer- tains préceptes, peu méritoires en effet, de Cicéron sur l'hospitalité (*Instit. div.*, VI, 12). Sur ces déli- cates questions d'équité dans la controverse historique on peut lire encore avec fruit le *Traité de la morale des Pères de l'Église*, par Barbeyrac (Amsterdam, 1728).

[2] Elles commentent, pour ainsi dire, saint Paul, *aux Ephés.*, II, 16.

[3] Voir, entre autres, les subtili- tés relatives au *postliminium*, dans le *Digeste*, XLIX, 15, loi 5, § 2, d'où un jurisconsulte moderne (Whea- ton, *Histoire des progrès du droit des gens*, 2ᵉ éd. 1846, Introduction) a tiré la conséquence énorme et fausse, que, dans l'antiquité païenne, « les étrangers étaient réduits à l'esclavage du moment qu'ils pas- saient leurs frontières et qu'ils tou- chaient celles d'un autre peuple. » Le même auteur (*Ibid.* p. 24) cite pourtant un texte de Cicéron, qui, à lui seul, suffit pour réfuter cette assertion (*de Officiis*, III, 17).

déchirements et de douleurs; mais celle des premiers siècles chrétiens nous offre aussi de bien tristes spectacles. Paul Orose lui-même est tout plein de récits qui contredisent le beau langage que nous venons d'entendre. Sans doute, pendant ces premiers siècles, la morale domestique s'épure, la charité produit des merveilles, l'esprit d'égalité pénètre peu à peu dans les lois qui régissent la famille; l'éloquence, animée d'une inspiration nouvelle, reprend quelquefois le grand rôle q u'lle avait dans des siècles d'orageuse liberté. Mais, sans parler même de la réaction du christianisme triomphant contre ses anciens oppresseurs, le droit des gens s'est-il alors si promptement amélioré? Le respect des nations pour les nations s'est-il augmenté selon les éloquents préceptes des Pères contre les guerres injustes et l'amour des conquêtes[1]? Quant à Rome, hélas! elle n'était que trop dispensée de ces guerres d'ambition dont on lui montrait dans le passé l'excès et l'injustice. Sur toutes ses frontières, l'invasion barbare changeait les rôles et ne permettait plus aux Julien comme aux Théodose que l'honneur d'une défensive héroïque. Dans ces guerres même, il fallut bien du temps pour que l'esprit charitable de l'Évangile fît abolir l'usage de réduire les prisonniers de guerre en servitude.

[1] Saint Augustin, *Cité de Dieu*, IV, *idées politiques de saint Augustin* 3, 4, 5; cf. L. Dubief, *Essai sur les* (Moulins, 1859).

Pendant plusieurs siècles, les captifs chrétiens furent les seuls dont on eût scrupule de faire des esclaves. En ce cas et dans plus d'un autre, le christianisme relevait lui-même certaines barrières entre les peuples, après avoir voulu les renverser toutes; les juifs et les païens ne jouissaient qu'imparfaitement des droits de l'humanité[1]. Enfin les hérésies ont bientôt renouvelé entre les peuples des divisions, souvent sanglantes, que le christianisme semblait devoir éteindre pour jamais. Le nom seul d'Arius rappelle deux ou trois siècles de discordes, religieuses d'abord, et bientôt plus politiques que religieuses[2].

D'autre part, on ne peut dire que le respect des princes pour la dignité de leurs peuples ait suivi davantage les progrès de la morale nouvelle à travers le monde. C'était un prince chrétien que Théodose, qui ordonna les massacres de Thessalonique, et qui faillit ruiner une riche et puissante ville d'Asie, parce qu'elle avait résisté par quelques violences à un de ses édits. Le ferme courage des deux évêques Flavien et Ambroise,

---

[1] Wallon, *Histoire de l'esclavage dans l'antiquité*, IIIe partie (temps chrétiens), ch. IX et X; Éd. Biot, *de l'Abolition de l'esclavage ancien en Occident*, p. 230 et suiv. Cf. Laurent, *Études sur l'histoire de l'humanité*, t. IV (*le Christianisme*), p. 170, et Aug. Cochin, *l'Abolition de l'esclavage* (Paris, 1861), III, X.

[2] Voir, sur ce sujet, C.-J. Revillout, *de l'Arianisme des peuples germaniques qui ont envahi l'empire romain* (Paris, 1850, in 8°); et le mémoire très-substantiel de M. Desdouits, *Opinion des Pères du quatrième siècle sur la tolérance civile en matière religieuse* (Paris, 1863, in-8°).

l'éloquence de saint Jean Chrysostome dans les périls d'Antioche[1], ce droit d'ambassade si noblement exercé devant le despotisme d'un César, tant de vertus et de belles actions ne font que mieux ressortir les vices d'un gouvernement où la religion du Christ avait conquis les princes, mais trop souvent sans corriger leur âme, toujours sans rien changer au principe de leur pouvoir.

En Occident, un ouvrage d'Ennodius, la Vie de saint Épiphanius, évêque de Pavie, nous présente, sous ce point de vue, l'image fidèle, malgré beaucoup d'emphase oratoire, de la société demi-barbare et demi-civilisée du cinquième siècle, où l'éloquence évangélique s'est fait parmi les luttes des peuples et des princes un rôle actif d'intervention et d'apaisement. Épiphanius n'est pas seulement un saint homme, c'est un orateur toujours prêt à se dévouer pour les œuvres de concorde et qui sait y réussir par la seule autorité de sa parole et de son noble caractère. Maintes fois ses ambassades ont prévenu l'effusion du

[1] Contraste justement et fortement relevé par M. Villemain, *Éloquence chrétienne au IVe siècle*, p. 164-174, éd. 1849 (cf. l'intéressante étude de M. P. Albert, sur *Saint Jean Chrysostome, considéré comme orateur populaire*. Paris, 1858, in-8°). Tillemont semble ne l'avoir pas senti; mais il a le mérite de faire ressortir au moins avec impartialité les efforts du païen Libanius pour le salut d'Antioche, *Histoire des Empereurs*, t. V, p. 264 et suiv., 2e éd. — Sur le massacre de Thessalonique lire surtout l'exact et impartial récit du prince A. de Broglie, *l'Église et l'Empire romain au quatrième siècle* (Paris, 1866, in-8°), 3e partie, c. viii, t. II, pp. 302-321.

sang et arrêté le déchaînement de rivalités désas-
treuses, durant la longue agonie de l'empire
d'Occident aux prises avec tant d'ennemis. On le
voit tour à tour réconcilier Anthémius avec son
gendre Ricimer; traverser les Alpes pour prévenir
les projets ambitieux du roi goth Euric contre
l'Italie; obtenir du farouche Odoacre la dimi-
nution des impôts qui écrasaient la province li-
gurienne; conjurer ou adoucir quelques-uns des
malheurs qui accompagnent l'invasion et le
triomphe de Théodoric; puis traverser encore
une fois les Alpes pour aller racheter, à Lyon, des
milliers de captifs italiens, récemment enlevés
par le roi bourguignon Gondebaud; enfin mourir
presque à l'œuvre, au retour d'une dernière mission entreprise pour faire alléger les charges de
sa chère province. Voilà un admirable apostolat
de courage et de charité. Mais le courage même
de l'apôtre ne fait que mieux ressortir les misères
de ces temps affreux où les éléments de la société
nouvelle s'agitaient dans une douloureuse confusion; on mesure à l'héroïsme des efforts la grandeur du mal qu'il fallait combattre. C'est que,
dans le naufrage où sombrait alors l'ancienne
société, si elle emportait avec elle d'affreux exemples, elle emportait aussi des principes bienfaisants, de sages traditions d'ordre public. Les
barbares, avec leur aveuglement brutal, et le
christianisme, avec son ardeur contre tout ce

qui tenait à la religion vaincue, avaient également multiplié les ruines. Parmi ces ruines, l'Église eut bientôt à relever plus d'un utile instrument de civilisation ; elle eut à refaire lentement une partie au moins de ce qu'avait détruit l'imprudente main de ses enfants. Sous sa direction puissante, l'humanité, sans cesse en voie de progrès, revenait aussi quelquefois sur ses pas pour mieux assurer son progrès même. La charité chrétienne fécondait et sanctifiait un principe de sociabilité déjà reconnu par la morale aristotélique, affirmé, démontré avec plus de rigueur par la morale stoïcienne[1]. Dans ses efforts pour combattre les mauvais instincts de notre nature elle renouvelait, quelquefois sans en avoir conscience, des institutions toutes païennes. La *Paix* ou *Trêve de Dieu*[2] et le droit d'asile dans les églises[3] sont un exemple de ces retours à d'an-

[1] Aristote, *Morale nicomachéenne*, VIII, 13 : « L'esclave est un instrument animé, l'instrument est un esclave inanimé ; en tant qu'esclave il n'est donc point un objet d'affection, *mais il l'est en tant qu'homme*. Car il semble qu'il existe une justice pour tout homme à l'égard de tout être capable de participer à une loi, à une convention, de devenir, en tant qu'homme, un objet d'affection. » Ce texte, peu remarqué jusqu'ici, contient le germe même qui se développe dans le stoïcisme. Voyez A. Veder, *Historia philoso-* *phiæ juris apud veteres* (Lugduni Batav., 1832, in-8°), p. 314 et suiv.; et P. Janet, *Histoire de la philosophie morale et politique* (Paris, 1858, 2 vol. in-8°), liv. I, c. IV.

[2] Voir, sur cette continuité du droit d'asile, l'essai de M. Ch. de Beaurepaire, *sur l'Asile religieux dans l'empire romain et la monarchie française* (Bibl. de l'École des Chartes, 1853-1854), et le *Droit d'asile en Brabant au commencement du XVIIIe siècle*, par J. Altmeyer (Bruxelles, 1852).

[3] Voir, sur ce sujet, l'estimable

ciennes pratiques dont on a vu plus haut [1] l'heureuse efficacité parmi les luttes des païens. Les institutions hospitalières rappellent par leur nom seul cette hospitalité antique dont nous entendions tout à l'heure Paul Orose parler avec trop de dédain et dont elles sont, à vrai dire, le développement et comme la consécration.

Mais il n'entre pas dans notre plan de tracer, pour les siècles du moyen âge et pour les temps modernes, l'histoire de ces laborieux retours et de ces lents progrès dont la loi générale semble avoir été pressentie par un Romain, homme d'État et philosophe [2]. Nous voulions seulement montrer, dans un dessin sommaire, quels furent, chez les peuples de l'antiquité classique, les principes et les pratiques du droit des gens. Nous avons aimé surtout (cette partie de notre sujet étant peut-être la moins connue) à faire voir comment le rôle, d'abord considérable et même sacré des ministres publics, dégénéra peu à peu jusqu'à devenir une charge de pur cérémonial, par l'effet d'un régime social où le jeu de la liberté humaine, dans la vie civile comme dans la vie poli-

---

ouvrage de M. E. Semichon (Paris, 1857, in-8°).

[1] Page 7 et les textes cités dans la note.

[2] Cicéron, *de Republica*, I, 29 : « Miri sunt orbes et quasi circuitus in rebus publicis commutatio- num et vicissitudinum, etc. » Cf. *Ibid.*, III, 22 (dans Lactance, *Inst. div.*, VI, 8), une admirable définition de la loi considérée comme la volonté de Dieu, volonté éternelle et immuable, qui régnera dans tous les temps et sur tous les peuples.

tique, disparaissait sous le mécanisme oppressif de l'administration. Cette étude déjà nous semblait assez laborieuse, et les faits qu'elle embrasse forment un ensemble assez considérable pour que nous ne fussions pas tentés de l'étendre jusqu'à des temps et des pays que d'autres étudieront ou ont étudié avec une plus juste compétence d'érudition et de critique.

APPENDICES.

APPENDICES.

AVANT-PROPOS.

En ce qui concerne l'emploi de l'écriture dans les traités publics,
rien ne doit être affirmé d'une manière générale et absolue [1]. Je
ne parle ici que des Grecs et des Romains, chez qui l'usage de
l'écriture est relativement assez récent et semble même avoir un
peu répugné à l'instinct national [2]. Au contraire, chez d'autres peuples de l'antiquité, chez les Égyptiens surtout, où l'art
d'écrire, inventé de temps immémorial, trouva de bonne heure
aussi dans le papier de papyrus un secours très-commode, cet art
a pu servir dès lors à rédiger des alliances, comme il servait à
rédiger des livres sacrés, des annales, des contrats entre particuliers, etc. C'est ce que montrera, par un exemple remarquable,
le morceau qui forme notre premier appendice.

D'un autre côté, on lira, je pense, avec intérêt, dans le deuxième
appendice, les renseignements que m'a fournis, sur les coutumes
relatives aux traités parmi les nations sauvages, un érudit très-

[1] Voir plus haut, p. 28, note 2, et p. 29.

[2] Sur cette répugnance instinctive des Hellènes pour l'écriture, on connaît l'élo-quent témoignage de Platon dans le *Phè-dre*, témoignage que commentait na-guère une ingénieuse leçon du professeur E. Curtius, traduite en français dans la *Revue des cours littéraires* du 13 mai 1865. — Au sujet des Romains, je remar-que dans Cicéron, *ad Atticum*, VI, 1, § 15, qu'une partie de son Édit provin-cial était *non écrit,* ἄγραφος.

versé dans l'histoire de ces peuples, M. Ferdinand Denis. Ces renseignements contrastent d'une façon piquante autant qu'instructive avec les idées que nous autres Européens nous nous formons volontiers de l'écriture et de sa nécessité pour les nombreuses relations de la vie; et ce contraste même m'excusera d'avoir, par esprit de réserve, voulu borner ici mes études aux peuples qui ont été, plus ou moins directement, nos maîtres dans la vie publique, comme dans la vie civile.

Les trois derniers appendices seront facilement justifiés par leur rapport étroit avec le texte de notre ouvrage.

I.

TRAITÉ ENTRE RAMSÈS II ET LE PRINCE
DE CHETA [1].

Ce document diplomatique, contemporain de Moïse, me paraît une annexe naturelle à des *Études* sur les traités publics dans l'Antiquité. J'ai plusieurs fois appelé l'attention sur l'importance de ce monument. Copié d'abord par Champollion, et signalé par lui dans la notice manuscrite de Karnak, p. 199, il fut relevé ensuite plus complétement par M. Lepsius, qui le publia dans les Monuments de l'expédition prussienne [2]. On le connaissait déjà en partie par les planches de Burton [3]. M. Brugsch en a fait une nouvelle copie qui fournit quelques bonnes corrections; il a donné un premier aperçu du contenu de ce monument, dans son Voyage d'Égypte. J'ai communiqué à l'auteur quelques remarques sur cet essai et l'on en trouve, dans le second volume de sa Géographie, p. 26, une nouvelle traduction qui s'étend jusqu'à la ligne 30 et s'arrête avant la curieuse formule de malédiction.

J'ai fait, depuis longtemps, un travail approfondi sur ce

[1] La traduction qui va suivre a été lue à l'Académie des Inscriptions et Belles-Lettres dans une séance de 1859, à la suite du mémoire même qui fait le fond de ces *Études*.

[2] Lepsius, *Denkmäler*, III, planche 146.

[3] *Excerpta hieroglyph.*, pl. XVII.

traité et j'ai pu ainsi restituer les lacunes de plusieurs clauses mutilées : ma traduction diffère de celle de M. Brugsch
dans beaucoup de détails. On ne saurait trop regretter le
triste état dans lequel Champollion trouva la grande stèle
où cet acte est gravé : elle était enfouie dans le sol de Karnak jusqu'aux sept huitièmes de sa grandeur. Les dernières
lignes, qui contiennent tant de détails sur la religion et la
géographie des *Chetas,* sont particulièrement maltraitées.
J'ai pu y faire quelques bonnes additions, à l'aide des débris du même traité qui était reproduit au Ramesséum et
dont Champollion, ainsi que Wilkinson, ont retrouvé quelques phrases mutilées. J'espère, après l'examen sérieux auquel j'ai soumis tous les groupes, n'avoir pas laissé de côté
un seul mot utile : peut-être essayera-t-on néanmoins d'as-
seoir quelques conjectures heureuses sur les mots isolés,
encore visibles dans les dernières lignes. C'est un soin que
j'abandonne à de plus hardis que moi. J'ai divisé le texte
en versets ou paragraphes, et j'ai renfermé les restitutions
entre parenthèses.

———

« 1° L'an vingt-et-un, le vingt-unième jour de Toby, sous
le gouvernement du roi de la Haute et de la Basse-Égypte
soleil seigneur de justice, approuvé du dieu *Ra,* du fils du
soleil, *Ramses-miamoun* vivant pour l'éternité et pour les
siècles;

2° Du (roi) chéri d'*Amon-ra,* d'*Harmachou,* de *Phtah* (dieu)
de Memphis, seigneur d'*Anch-ta,* de *Maut,* dame d'*Acheru*
et de *Chons-nofre-hotep;*

3° Qui règne sur le trône du dieu des vivants, comme

son père *Harmachou*, dans la double éternité et pour les siècles.

4° En ce jour, voici que sa majesté était en la ville de *Pa-Ramesses-miamoun*, occupée à rendre ses hommages à son père *Amon-ra*, à *Harmachou*, à *Toum* seigneur d'Héliopolis (*An*), à *Amon* (de la ville) de *Ramses-miamoun*, à *Ptah* de *Ramses-miamoun*, à *Set*, le grand guerrier, fils de *Nut*;

5° Qui lui ont accordé une infinité de périodes, une éternité d'années, la paix dans toutes les régions et (qui tiennent) toutes les nations renversées sous ses sandales, pour toujours.

6° Un messager royal vint avec une tablette . . . . (première ligne détruite).

7° . . . . (*Le messager du* ou *le*) grand prince de *Cheta Cheta-sir*, fut amené vers le Pharaon, à la vie saine et forte, pour demander (la paix) . . . . au *soleil seigneur de justice*, approuvé du dieu *Ra*, fils du soleil, *Ramses-miamoun*, doué d'une vie éternelle, comme son père le soleil, chaque jour.

8° (Il présentait) également la tablette d'argent envoyée par le grand chef de *Cheta*, *Cheta-sir* [1]. Il fut amené au Pharaon par la main de son messager *Tartisebou* et du messager *Ramis*, pour demander que sa majesté . . . . *Ra.. ses-miamoun*, le taureau des rois, qui porte ses frontières où il lui plaît, dans toute la terre;

9° Voulût bien agréer les stipulations proposées par le grand prince de *Cheta*, *Cheta-sir*, le vaillant; fils de *Maur-sir*, grand prince de *Cheta*, le vaillant; petit-fils de *Sapalel*, le grand prince de *Cheta*, le vaillant;

10° Sur la tablette d'argent (présentée) au soleil seigneur

[1] La mutilation du texte ne me permet pas d'affirmer si c'est le prince *Cheta-sir*, ou seulement son ambassadeur qui paraît devant Ramsès. Cette dernière conjecture semble se relier mieux au texte.

de justice, approuvé du dieu *Ra*, le grand roi d'Égypte, le vaillant; le fils de *Ramen-ma* (Séti Ier) le grand roi d'Égypte, le vaillant; le petit-fils de *Ra men peh-ti* (Ramsès I) le grand roi d'Égypte, le vaillant.

11° (Ce sont) de bonnes stipulations pour une paix et une alliance, et pour donner le repos . . . . à toujours; que ce soit un commencement pour tous les siècles,

12° Si le dessein du grand roi d'Égypte, à l'égard du grand prince de *Cheta,* était que le dieu ne fît plus exister de guerre entre eux, d'après ce traité.

13° Or, dans le temps de *Mautener,* grand prince de *Cheta,* mon frère, il y eut une guerre entre lui et . . . . le grand roi d'Égypte.

14° Mais à l'avenir, à partir de ce jour, *Cheta-sir,* le grand prince de *Cheta,* est d'avis que, par un traité, on rende stables les desseins qu'a conçus *Phra,* qu'a conçus *Soutech,* pour le pays d'Égypte, dans ses rapports avec le pays de *Cheta,* afin qu'il n'existe plus aucune inimitié entre eux à jamais.

15° Tel est l'avis de *Cheta-sir,* grand prince de *Cheta,* que par traité avec *le soleil seigneur de justice,* le grand roi d'Égypte, à partir de ce jour, il y ait une bonne paix et une bonne alliance entre nous, à jamais.

16° Qu'il soit un allié à mon égard, qu'il soit en paix avec moi; que je sois aussi un allié à son égard, que je sois aussi en paix avec lui, pour toujours.

17° Il arriva que (mourut?) *Mautener,* le grand prince de *Cheta,* mon frère, après sa défaite; et *Cheta-sir* s'assit sur le trône de son père.

18° Je donnai mon attention à (mes relations?) avec *Ramses-miamoun,* le grand roi d'Égypte. Furent (mes pensées?) vers la paix, vers l'alliance, et cela aboutit à la paix, à l'alliance. Le commencement de mes desseins, comme prince de *Cheta*, à l'égard de (Ramsès) grand roi de l'Égypte est d'avoir une bonne paix, une bonne alliance.

19° Que les enfants et (les filles?) du grand prince de *Cheta* deviennent alliés et s'unissent avec les enfants et (les filles?) de *Ramses-miamoun*, le grand roi de l'Égypte. Que nos paroles soient d'accord et que nos desseins soient ceux de (deux) alliés.

20° (Que les peuples?) d'Égypte, à l'égard du pays de *Cheta*, soient en paix et en alliance, à notre exemple, pour toujours; et qu'il n'existe jamais aucune inimitié entre eux.

21° Que jamais le grand prince de *Cheta* ne fasse d'invasion dans le pays d'Égypte pour y porter dommage; et que le *soleil, seigneur de justice*, le grand roi de l'Égypte, ne fasse jamais d'invasion dans le pays (de *Cheta* pour y porter dommage).

22° Les stipulations justes, qui ont existé du temps de *Sa palel*, grand prince de *Cheta;* de même les stipulations justes du temps de *Mautener*, grand prince de *Cheta*, mon père [1], je m'y tiens, comme s'y tient (également) *Ramses-miamoun*, le grand roi de l'Égypte.

23° . . . . à notre égard, de quelque façon, à partir de ce jour, nous nous y tenons, exécutant cela dans un esprit d'équité.

24° Si quelque autre ennemi marche vers les contrées du *soleil, seigneur de justice*, le grand roi de l'Égypte, et qu'il envoie dire au grand prince de *Cheta :* Viens, amène-moi des forces contre lui; le grand prince de *Cheta* fera . . .
. . . le grand prince de *Cheta* massacrera ses ennemis.

25° Que si le grand chef de *Cheta* ne veut venir (en personne), il enverra les archers et la cavalerie (du pays de

---

[1] Faute du graveur égyptien; *frère* du prince qui propose le traité *Mautener* est nommé deux fois dans les lignes précédentes.

Cheta) . . . . . pour exterminer ses ennemis. Si. . . . .

26° . . . . à *Ramses-miamoun* . . . .

(lui enlève) ses serviteurs, ou lui font quelque autre larcin, il marchera pour les combattre. Le grand prince de *Cheta* fera à l'égard . . . .

27° . . . . Le *soleil seigneur de justice* . . . .

. . . . viendra, avec ses forces, pour massacrer ses ennemis.

28° Que si le désir de *Ramses-miamoun* n'est pas de venir (lui-même), il. . . . .

. . . .

. . . . .en rendant réponse au pays de *Cheta.*

29° Que si des serviteurs du grand prince de *Cheta* sont enlevés (et amenés) vers lui, *Ramses-miamoun* . . . . . .

. . . . *Cheta* . . . .

30° . . . . .tant que je vivrai moi-même, je marcherai. . . . . . . (au secours de) *Ramses-miamoun* le grand roi d'Égypte, vivant à toujours.

. . . .

31° . . . . qui lui soit donné pour seigneur; qui soit donné (par l'ordre) du *soleil, seigneur de justice,* le grand roi d'Égypte, ...

. . . . . . le pays de *Cheta.* . . . .

. . . . *Cheta.*

32° (Que si des habitants) des provinces de *Ramses-mia-moun*, le grand roi d'Égypte, se rendent vers le grand prince de *Cheta*, le grand prince de *Cheta* ne les recevra pas. Le grand prince de *Cheta* les fera ramener au *soleil seigneur de justice*, le grand roi de l'Égypte. . . . . . .

33° (Que si des gens habiles). . . . .

. . . .

viennent au pays de *Cheta* pour y servir en quelque manière, on ne les fera pas demeurer au pays de *Cheta;* mais on les

fera (reconduire) à *Ramses-miamoun*, le grand roi de l'É-
gypte. . . . . . .

. 34° Si quelque fugitif. . . . .

. . . . le *soleil seigneur de justice*, le grand
roi de l'Égypte . . . .

. . . . ; . . . .

. , ...

35° (Si des gens) du pays de *Cheta* viennent vers *Ramses-miamoun* le grand roi de l'Égypte, le *soleil seigneur de
justice*, grand roi de l'Égypte ne lés recevra pas : *Ramses-
miamoun*, grand roi de l'Égypte (les fera reconduire au
grand prince de *Cheta*) . . . .

. . . .

36° (Que si des gens du pays de *Cheta*, ouvriers?) habiles,
viennent au pays d'Égypte pour y servir en quelque manière, le *soleil seigneur de justice* ne les y établira pas, (mais)
il les fera ramener au grand prince de *Cheta* . . . . .

. . . .

37° Si. . . . .
(Ce qui est gravé?) sur la tablette d'argent. Que ces paroles
(soient protégées) par mille dieux, des divinités mâles et
des divinités femelles du pays de *Cheta*, par mille dieux
des divinités mâles et des divinités femelles du pays
d'Égypte. Qu'ils soient mes témoins ! . . . .

. . . .

38° Le (dieu) *Soutech* de *Cheta*, le *Soutech* de la ville de
A(*r*)na, le *Soutech* de la ville de (*Zarnada?*), le *Soutech* de la
ville de *Pireka*, le *Soutech* de la ville de *Chissapa*, le *Soutech*
de la ville de *Sarsou*, le *Soutech* de la ville de *Chira* (*ba*), le
Soutech de la ville. . . . .

. . . .

39° . . . .
Le *Soutech* de la ville de *Sarapina*. *Antarta* (déesse) du pays

de *Cheta;* le dieu de *Zaïtachruri,* le dieu de *Kaz*....., le dieu de *Cher*..... la déesse de la ville de *Achen*..... (celle de la ville de)..... *oua,* celle de *Zaïn*..... le dieu de.... . . . .

. . . .

. 40°.. . . . . . . Les montagnes et les fleuves du pays de *Cheta;* les dieux du pays de *Zaouadan* [1].

41° *Amon, Phra, Soutech;* les dieux mâles et les divinités femelles, les montagnes et les fleuves du pays d'Égypte (la terre?) et la grande mer, les vents et les orages.

42° Les paroles consignées sur la tablette d'argent du pays de *Cheta* et du pays d'Égypte, quiconque ne les observera pas, mille dieux du pays de *Cheta,* avec mille dieux du pays d'Égypte, agiront (contre lui, contre) sa maison, contre son (champ?), contre ses serviteurs.

43° Quiconque observera les paroles (gravées) sur la tablette d'argent, qu'il soit du pays de *Cheta* (ou du pays d'Égypte) . . . . (qu'il ne soit pas en butte?) aux mille dieux du pays de *Cheta,* avec les mille dieux du pays d'Égypte. Qu'ils deviennent pour eux vivificateurs, ainsi qu'envers leurs enfants, leur maison et leurs serviteurs.

44° Si quelques gens s'enfuient, qu'ils soient un, deux ou trois, ... et qu'ils viennent . . . . (vers) le grand prince de *Cheta* . . . . . . il les fera ramener au *soleil seigneur de justice.*

45° Quant (à l'homme) qui sera ramené à *Ramses-mia-moun,* que son crime ne s'élève pas contre lui, que l'on ne fasse (aucun dommage à) . . . . sa maison, ses femmes, ses enfants, (qu'on ne tue pas sa mère; de même qu'on ne le prive pas de ses yeux), de sa bouche, de ses jambes (et qu'aucun crime ne s'élève contre lui).

[1] La copie de Champollion porte *Kizouadan.*

46° Qu'on agisse de même si des gens s'enfuient du pays de *Cheta*, qu'ils soient un, qu'ils soient deux, qu'ils soient trois, et qu'ils viennent trouver le *soleil seigneur de justice*, le grand roi de l'Égypte; que *Ramses-miamoun*, le grand roi, s'en empare et qu'il les fasse reconduire au grand prince de *Cheta*.

47° (Quant à l'homme qui serait ramené au grand prince de *Cheta*) que son crime ne soit pas élevé contre lui, qu'on ne détruise pas sa maison, ses femmes, ses enfants; que de même on ne tue pas sa mère; que de même on ne le prive pas de ses yeux, de sa bouche, de ses jambes; que de même on n'élève aucun crime contre lui.

48° Au (sommet?) de la tablette d'argent il y a, d'abord, d'un côté, une figure à la ressemblance de *Soutech*, qui tient embrassée la figure du grand prince de *Cheta*.

. . . .

49° . . . . *Soutech* roi du ciel, protecteur des stipulations proposées par *Cheta-sir*, grand roi de *Cheta*, le vaillant, fils de *Maursir*, grand chef de *Cheta*, le vaillant, qui est embrassé par cette image. »

—

Il ne reste plus que quelques mots des deux lignes suivantes; on y distingue les noms de plusieurs dieux, et j'y reconnais les traces d'une dernière clause qui pouvait avoir trait à la protection d'une image semblable à celle que portait la tablette et qui était placée dans la forteresse égyptienne nommée *Pa-chotem en p-ra*, construite par Ramsès sur le territoire d'*Arana*, c'est-à-dire au cœur de la Syrie.

Nous avons là, comme on le voit, tout un traité d'alliance

offensive et défensive, avec de curieuses clauses d'extradition sur lesquelles ce n'est pas le lieu d'insister [1]. Je veux seulement signaler une remarque matérielle d'archéologie : la tablette d'argent, instrument de l'acte, est figurée dans le texte sous la forme d'une stèle oblongue avec anneau à sa partie supérieure, c'est-à-dire qu'elle a une complète analogie avec d'autres monuments de ce genre d'une époque bien plus récente [2].

Vte E. DE ROUGÉ.

[1] Les clauses 44-47 sont surtout intéressantes par les garanties qu'elles stipulent en faveur des fugitifs qu'on aurait rendus.

[2] C'est précisément la forme de la plaque de bronze qui porte le traité entre Œanthéa et Chaléion, analysé plus haut dans nos *Études*, page 36, où nous signalons en note cette ressemblance.   E. E.

II.

NOTE SUR LES TRAITÉS DE PAIX CHEZ LES PEUPLES SAUVAGES.

L'un des historiens du Chili, Ovalle, raconte que dans une de ses excursions à travers le pays, le P. Torres rencontra vers le soir un Indien, qui parlait seul et à haute voix, au carrefour d'une forêt. Interrogé par le missionnaire, cet homme lui répondit qu'il récitait ainsi les traditions du village et ce que personne parmi eux ne devait oublier [1]; c'était, en réalité, un *homme archive*, dont la mémoire ne laissait rien échapper et qui pouvait conserver les clauses des traités, comme il rappelait, à l'occasion, les autres faits indispensables à la condition politique de la localité. Parfois néanmoins, chez les peuples dépourvus d'écriture, la conservation des traités est confiée à la mémoire de plusieurs personnes. Un voyageur moderne nous dit [2] que, durant un de ces conseils politiques qui se tiennent chez les Malgaches et que l'on désigne sous le nom de *Kabar*, il voyait des gens étrangers à l'assemblée entrer tout-à-coup dans la salle du conseil et se retirer brusquement à l'arrivée d'autres personnages, dont l'office ne lui était pas d'abord bien défini; ces hommes ne faisaient autre chose que de recueillir mot pour mot les décisions arrêtées par

[1] Alonso de Ovalle, *Relacion his-* 1646, in-folio.
orica del Reyno de Chile. Roma,   [2] Annales des Voyages.

l'assemblée, et, réunis plus tard eux-mêmes, ils étaient en état de prononcer d'une façon suivie la série des discours que l'on avait entendus.

Le dernier traité conclu par la France avec les Hovas fut transcrit sur peau de vélin et signé par l'infortuné Radama II, mais M. le commandant Jules Dupré, qui l'avait conclu avec des avantages si réels pour notre pays, n'en dit pas moins dans son excellent ouvrage sur Madagascar : « La justice est rendue au nom du souverain par les Andriambaventi nommés par lui. Dans les cas graves, les jugements ne sont exécutoires qu'après avoir été exécutés par le roi. Toutes les transactions de quelque importance se font en présence de ces magistrats ; *elles sont toujours verbales,* et par conséquent sujettes à beaucoup d'incertitude. Les conventions deviennent obligatoires quand on a offert au roi, ou au magistrat qui le représente, le *hasina,* qui consiste en une pièce d'argent, généralement un morceau de piastre. »

Les Dayaks de Bornéo, ce peuple d'anthropophages, qui conserve ses coutumes atroces, malgré son contact avec les Malais, les Dayaks racontent que Dieu donna spontanément aux hommes le langage et l'écriture. Selon eux ce sont les autres nations qui ont reçu le don d'une écriture extérieure. Plus favorisés que les autres races répandues sur la terre, les Dayaks possèdent l'*écriture intérieure,* c'est-à-dire qu'ils sont doués d'une mémoire qui ne laisse rien échapper et qui retient les traités comme elle retient toutes les traditions.

Chez la plupart des peuples à demi civilisés, qu'on nous passe le terme, cette mémoire puissante et conservatrice est aidée par plusieurs auxiliaires qui remplissent d'une manière plus ou moins efficace l'office que rend parmi nous l'écriture. Chez les Aztèques, qui, dans la région de l'Anahuac, succédaient à de grands peuples éteints, des peintures, que l'on a appelées avec raison didactiques, établissaient d'une manière assez nette la valeur des tributs ou certaines clauses des traités. Si le premier évêque de Mexico n'eût, dans la ferveur d'un zèle malheureux, fait brûler des monceaux de manuscrits peints sur *maguey*, on eût eu, sans aucun doute, les originaux des traités de paix conclus entre Tezcuro, Mexico et les autres États qui se partageaient l'empire de ces régions. Nous savons, néanmoins, que ces traités entre les nations de l'Anahuac étaient parfois de la nature la plus étrange : loin d'établir la paix, ils consacraient une guerre régulière; c'étaient, pour ainsi dire, des traités de combat, et si, durant une époque déterminée, on devait rester en paix, on reprenait les armes également à époques fixes; des engagements terribles avaient lieu, qui fournissaient aux prêtres du sanguinaire Witzilopuchtli les victimes d'atroces sacrifices. Les grands discours traditionnels qui spécifiaient quels étaient les devoirs de chaque citoyen mexicain nous ayant été conservés, je pense qu'on y pourrait trouver diverses formules diplomatiques [1].

Moins terribles dans leurs rites que les Mexicains, les peuples du Pérou n'étaient pas moins conquérants. Le fameux Huayna-Capac avait subjugué une multitude de tribus, et sa domination s'étendait jusqu'au Chili; il avait exigé que tous les peuples soumis à son vaste empire parlassent le *Qquichua* ou la langue générale des Incas. Les traités de paix devaient être transmis par la classe des Amautas; mais, infiniment moins bien partagés que les Mexicains, en ce qui constituait ce qu'on pourrait appeler des *aide-mémoires*, ces peuples ne gardaient le souvenir

---

[1] Voir la grande et belle collection de lord Kingsborough, *Anti-* *quities of Mexico*, etc. Londres, 1830. 9 vol. gr. in-fol.

des clauses principales établies par leurs traités que grâce aux *quippos*, dont on a certainement exagéré l'utilité pour la transmission des événements. Les quippos ou quipus, dont la dénomination est tirée du mot *nouer*, se composaient de cordonnets, *cordoncillos*, de couleurs diverses, qu'on nouait en effet dans un certain ordre et aux teintes desquels on a voulu, dans ces derniers temps, attribuer une valeur phonétique. Or ces cordonnets attachés à de légers supports en bois formaient à la longue des archives fort embrouillées, sans doute, que l'on confiait à la garde des *quippo camayocs*, à la fois conservateurs et interprètes des nœuds religieux, historiques, diplomatiques ou administratifs [1]; mais les traités conservés ainsi empruntaient toute leur valeur des souvenirs transmis par les Amautas. Nous voyons clairement dans Acosta et Garci-Lasso, que les « hommes-archives » n'étaient pas de trop pour l'explication complète des quippos. Dans le royaume de Quito, sous les *Scirys* des anciennes dynasties, on se gouvernait, comme on sait, d'après des lois fort peu semblables à celles qu'on suivait à Quzco ; les quippos étaient aussi d'une nature très-différente. Conservés au fond de certaines boîtes, ils formaient comme une sorte de mosaïque en petites pierres colorées, dont l'interprétation était réservée à une certaine classe de personnes [2].

Bien qu'ils fussent séparés de cette nation par un espace immense, les peuples du Canada, avec lesquels les Français conclurent tant de traités, consentis régulièrement au dix-septième siècle, n'avaient pas d'aide-mémoires d'autre

[1] Dans le livre VI de *los Comentarios reales*, Garci-Lasso Inca écrit *quipu camayus ;* il attribue positivement aux quipus la faculté de conserver ou de transmettre les conditions de la paix : *Platico hecho en paz o en guerra.*

[2] D. Juan de Velasco. *Historia del reino de Quito en la America meridional.* Quito, 1841, 1842 et 1845. Cet intéressant ouvrage a été écrit en 1789.

nature. Les fameux Leni-Lenape ou Delaware, les Iroquois, les Hurons [1], faisaient usage dans leurs assemblées guerrières des *wampum* ou *colliers*.

Selon toute probabilité, ces aide-mémoire, qui étaient parfois aussi des ornements et qui avaient environ deux pieds de long sur trois à quatre pouces de large, n'offraient pas plus de ressources pour transmettre les faits complexes que n'en offraient les quippos, mais il est constant qu'ils mettaient à même de spécifier nettement certaines conventions et que, dans tous les cas, ils servaient à ratifier des trêves ou des alliances. Bacqueville de la Potherie dit positivement : « C'est leur écriture pour traiter de la paix, pour faire des ambassades [2] ». Au commencement du siècle c'était précisément de la nouvelle York, la région où devait s'effacer bientôt tout vestige de la vie sauvage, que venaient les *burgaus,* coquillages blancs ou violets, dont se composaient ces *colliers commémoratifs.* Un peu plus tard on fit fabriquer en pacotille les petits tubes percés dont les Indiens formaient leurs *wampum,* et les Anglais vendirent ces pétoncles manufacturés à ceux dont ils usurpaient le territoire [3]. Le baron de Lahontan a dit avec raison : « On ne saurait faire aucune affaire, ni entrer en négociation avec les sauvages du Canada, sans l'entremise de ces colliers, qui servent de contrats et d'obligations parmi eux... Ils gardent quelquefois un siècle ceux qu'ils ont reçus de leurs voisins, et, comme chacun a sa marque différente, on apprend des vieillards le temps et le lieu où ils ont été donnez et ce qu'ils signifient, après lequel siècle ils s'en ser-

[1] On peut y joindre les *Senecas*, les *Mohawks*, les *Onondagos*, les *Oneidas,* les *Kayugas* et les *Tuscarosas.* Voyez, pour la bibliographie des langues de ces peuples, Ludewig dans la *Bibliotheca Glossica* de Trubner, Londres, 1858, in-8°.

[2] Bacqueville de la Potherie (de la Guadeloupe), *Histoire de l'Amérique septentrionale,* divisée en quatre tomes. Paris, 1722, t. I, p. 334.

[3] Weldt, *Voyage au Canada.*

vent à de nouveaux traitez [1] ». Les calumets qu'on fumait
avec tant de cérémonie dans les assemblées délibératives
devinrent aussi des instruments symboliques, propres à
commencer les alliances : ornés d'une plume rouge, ils
annonçaient la guerre; parés d'une plume blanche, ils faisaient espérer la paix [2].

Les Indiens de l'Amérique du Nord, si fréquemment lé-
sés dans leurs traités avec les Européens, crurent à leur
tour devoir ratifier par une signature quelconque les conditions des traités qu'ils contractaient ou que l'on concluait
avec eux; les nouveaux convertis apposèrent alors sur les
traités une simple croix, ainsi que le font encore nos pay-
sans, à l'égard de certains actes; les autres dessinaient,
d'une main parfois très-ferme et très-habile, l'animal ou
la plante dont ils portaient le nom. Il y aurait du reste
tout un livre à donner sur les signes figuratifs, propres à
remplacer l'écriture chez les peuples sauvages et chez les
peuples à demi civilisés.

Dans cette revue curieuse, et au point de vue qui nous
occupe, les tatouages divers des peuples de l'Océanie ne
seraient pas d'un médiocre intérêt. Pour n'en offrir qu'un
exemple : rien n'est si commun, on le sait, à l'étalage de
nos naturalistes en plein vent, que les têtes momifiées des
Zélandais. Grâce au tatouage, chacune de ces têtes présente, à la fois, un type d'ornement guerrier et une fidèle
biographie constatant une vie souvent héroïque. Chez les
Néo-Zélandais, cette tête desséchée aurait pu naguère ser-

---

[1] Voyez : *Nouveaux Voyages de
M. le baron de Lahontan dans l'A-
mérique septentrionale*, La Haye,
1704, tome Ier, p. 48, et tome II,
page 100. On trouvera dans cet ouvrage, non-seulement les formules
des traités conclus avec les cinq
nations, mais encore le cérémonial
qui présidait aux conventions diplomatiques. Lahontan a donné
une définition claire et précise du
rôle qu'y jouait le calumet de paix.

[2] Sur les préliminaires de paix
tels qu'ils avaient lieu chez ces peuples, voyez Heckewelder, *Histoire
des Leni-Lénape*.

vir à conclure un traité de paix. Conservée par le vainqueur, qui savait l'honorer, elle aurait été présentée dans l'occasion au parti vaincu, et, si des acclamations avaient accueilli sa présence, il n'en eût pas fallu davantage pour qu'une paix durable fût conclue [1].

FERDINAND DENIS.

[1] Dumont d'Urville, *Voyage autour du monde.* Pièces justificatives.

III.

DOCUMENTS EXTRAITS DES ARCHIVES DE LA VILLE DE TÉOS ET CONCERNANT SON DROIT D'ASILE.

(Vers 193 avant Jésus-Christ.)

En l'année même qui, d'après notre chronologie usuelle, est celle de la naissance de Jésus-Christ, une petite ville grecque de Carie faisait déposer aux mains de son archiviste (γραμματοφύλαξ, comme ce fonctionnaire est appelé dans une inscription de Corcyre, au *Corpus Inscr. græc.*, n. 2448) plusieurs pièces relatives à des droits d'asile et d'immunité religieuse, avec l'autorisation du proconsul romain; procès-verbal était dressé de ce dépôt. Les pièces en question ont péri, et il ne reste du procès-verbal que les lignes suivantes :

« Étant prêtre de Rome et de l'empereur César Auguste
« Héraclidès, fils d'Héraclidès, natif de Mastaures; étant sté-
« phanéphore Diomédès, fils d'Athénagoras, petit-fils de
« Diomédès, prètre à vie de Jupiter Capitolin, le 19 du mois
« Gorpiæos, la veille des ides d'août, sous le consulat de
« Cossus Cornélius Lentulus et de Lucius Pison ; étant se-
« crétaire du peuple Héliodoros, fils de Mæandrios, petit-fils
« de Théodotos, prêtre à vie de Tibérius Claudius Néron,
« Artémidoros Papas, fils de Démétrios, l'un des stratéges

« de la ville a pris soin de faire restituer aux archives (εἰς τὸ
« γραμματεῖον) les pièces sacrées relatives aux dieux, à l'in-
« violabilité [de leurs temples], au droit des suppliants [1],
« et à l'immunité du territoire sacré, en ayant fait la dé-
« claration au proconsul Gnæus Lentulus Augur, et [nous]
« ayant livré la lettre qui suit :

« Sous le stéphanéphore Diomédès, fils d'Athénagoras,
« le 17 du mois Dæsios, Gnæus Lentulus Augur proconsul
« aux magistrats de Nysa. Artémidoros Papas, fils de Démé-
« trios, archonte nous a demandé... [2] » (Le reste manque).

La perte des documents ci-dessus indiqués est bien regrettable; mais elle peut être, à quelques égards, compen-
sée pour nous par les pièces relatives à l'asile de Bacchus
à Téos, pièces qui se sont en partie retrouvées dans les
ruines de cette dernière ville. J'ai inséré plus haut, page 157,
une seule de ces pièces. Mais l'affaire de l'asile de Téos
étant, de toutes les négociations entre les peuples de l'ancien monde, celle dont il nous reste le plus de documents
authentiques, puisque les documents en faveur des Juifs
sont, au moins pour leur forme actuelle, sujets à quelques
doutes (voir plus haut p. 163), il m'a semblé utile de réunir
ici sous une seule vue les vingt-deux autres documents de
cette affaire dont le texte est assez bien conservé pour être
traduit. La collection ainsi reproduite aura, en général,
le tort d'une monotonie et d'une prolixité très-peu at-
trayantes; mais aussi, je l'espère, elle fera comprendre,
mieux qu'aucun témoignage, à quel point s'étaient multi-
pliés les actes de ce genre dans les archives des cités grecques. Divers détails de mœurs que je n'ai pas signalés tous
dans l'analyse présentée ci-dessus (p. 134 et suiv.), et même

[1] Voir, au *Corpus Inscr. græc.*, n° 2919, une inscription de Tralles contenant une déclaration protec-
trice des suppliants réfugiés près de Dionysos Bacchios.

[2] *Corpus Inscr. græc.*, n° 2943.

les variétés de rédaction où se révèle quelquefois le caractère des peuples, pourront intéresser ici mes lecteurs. La
traduction offrait d'ailleurs peu de difficultés sérieuses
après les travaux de Barbeyrac [1], de M. Bœckh et de
M. H. Waddington. J'avertis toutefois qu'elle efface néces-
sairement bien des incorrections et des singularités de langage qui ne manquent pas de valeur pour les hellénistes de
profession. Mais il ne s'agit pour moi, en ce moment, que
de faciliter la lecture de documents jusqu'ici peu connus
des historiens, et dont quelques-uns ne sont même venus
que tout récemment à la connaissance des philologues.
Considérés dans leur ensemble, les documents relatifs à
l'asile de Téos offrent une sensible analogie avec ceux de
nos traités modernes, où l'acte principal s'augmente des
actes d'adhésion souscrits par divers autres États, sans
compter les préliminaires souvent constatés par des pièces
également authentiques. Tels sont les quatorze documents
qui se groupent autour du texte de la célèbre paix de Troyes
(21 mai 1420), et, pour ne citer que les annexes postérieures
en date au traité même : 1° la prestation du serment par
les fonctionnaires et notables de Troyes (22 mai); 2° l'adhésion de la ville de Paris (2 juin); 3° la publication du
traité en Angleterre, par voie de proclamation à Londres et
dans les faubourgs (14 juin); 4° la nomination des députés
pour négocier l'acceptation du traité par la Bretagne (15
juillet); 5° l'adhésion de l'empereur Sigismond, roi de Hon-
grie et de Bohème, et celle de Louis, comte Palatin du
Rhin et duc de Bavière (31 juillet); 6° l'approbation par
les trois États du royaume, avec serment imposé sous peine
de rébellion (6 et 10 décembre) [2].

---

[1] Néanmoins, pour plus d'uniformité, nous avons cru devoir retra-
duire les sept de ces documents que
déjà Barbeyrac avait admis dans
son *Recueil.*

[2] Rymer, *Fœdera et conventus,*

I. — [DÉCRET] DES CNOSSIENS.

« ..... Nous accordons que votre ville et votre territoire
soient sacrés et inviolables, et nous garderons en commun
les autres priviléges d'honneur dont vous jouissez, en toute
franchise et selon notre pouvoir. Si quelqu'un, abordant
de Cnosse chez vous, fait tort à un habitant de Téos ou du
territoire environnant, tort public, ou tort particulier, contrairement au décret des Cnossiens sur l'inviolabilité, qu'il
soit permis au premier venu des Téiens ou des habitants
du voisinage de mettre la main sur la personne du coupable et sur les biens qu'il emporte ; que les cosmes de
chaque année soient autorisés à rendre les objets ravis aux
personnes lésées, sans craindre aucune amende ni réclamation judiciaire ; que les secrétaires de la ville fassent graver
le décret dans le temple d'Apollon Delphinien ; que l'on
fournisse l'argent pour la réception des députés, selon les
règlements ; qu'Apollodotos, fils d'Astyanax, et Colotas,
fils d'Hécatomnos, soient proxènes [de Cnosse], eux et leurs
descendants. » (Le Bas, V, 61.)

II. — DES CNOSSIENS. Deuxième décret.

« Décret des cosmes et de la ville des Cnossiens. Considérant qu'Hérodotos, fils de Ménodotos, et Ménéclès, fils de
Dionysios, envoyés en ambassade par les Téiens dans les
villes de Crète, ayant passé dans notre ville la plus grande
partie de ce voyage, non-seulement y ont montré la bonne
tenue qui était dans le devoir de leur fonction, mais que

t. IV, pars III, p. 164 et suiv., relevé qui m'est obligeamment fourni
par M. Huillard-Bréholles. On en
peut trouver un semblable, à propos
de la paix d'Arras (1482), dans le
Bulletin des Antiquaires de la société
de la Morinie, 55e et 56e livraison
(Mém. de M. Deschamps de Pas).

.Ménéclès a plusieurs fois exécuté publiquement avec la
cithare des morceaux de Timothée, de Polyïdus et de nos
anciens poëtes, et cela en artiste habile et en homme bien
élevé; pour que les Téiens sachent que notre ville accueille
avec faveur de tels personnages, il a été résolu de remercier la ville des Téiens pour nous avoir envoyé de tels
hommes, et les ambassadeurs Hérodotos et Ménéclès pour
la bonne tenue et la décence qu'ils ont montrée au milieu
de nous. Les cosmes scelleront du sceau public [1] un exemplaire du présent décret, le remettront à Hérodotos et à
Ménéclès pour les Téiens, afin qu'ils en prennent connaissance et qu'ils songent toujours à honorer de tels hommes. »
(*Corpus*, n. 3053; Le Bas, V, 81.)

III. — DES POLYRRHÉNIENS.

« Les cosmes et la ville des Polyrrhéniens au peuple et au
sénat des Téiens, salut. Nous avons pris connaissance du
décret que nous avons reçu de vous, et nous avons entendu
vos députés, Apollodotos et Colotas, qui nous encourageaient
avec toute espèce de zèle et d'émulation dans le sens de ce
décret. Sur tout cela il a paru bon aux cosmes et à la ville
des Polyrrhéniens de répondre aux Téiens que, nous aussi,
nous respectons Dionysos et lui accordons que la ville et
le territoire demeurent sacrés et inviolables maintenant et
à toujours, et que tous les gens de Téos aient à jamais
pleine sécurité, tant sur terre que sur mer. Portez-vous
bien. » (*Corpus*, n. 3054, complété par Le Bas, V, 62.)

IV. — DES RHAUCIENS.

« Décret des cosmes et de la ville des Rhauciens. Considé-

---

[1] Sur cet usage du sceau public, voir plus haut, p. 111, 115, 118. Le sceau public de Delphes paraît dé- crit dans un acte des Amphictions (Curtius, *Anecdota Delphica*, n° 40); celui des Locriens Ozoles est très- nettement signalé dans Strabon, IX, 3, § 1.

rant qu'Apollodotos, fils d'Astyanax, et Colotas, fils d'Hécatomnos, venus de Téos en ambassade chez les Rhauciens,
ont exposé devant l'assemblée quelles bonnes relations nous
unissent à ceux de Téos, et nous ont encouragés à recon-
naitre l'inviolabilité de la ville et du pays; considérant de
plus qu'Agésandros, ambassadeur du roi Antiochus, nous
y a de même encouragés avec toute sorte de zèle et d'émulation, nos ambassadeurs nous ayant de même déclaré
votre dévouement et votre empressement pour nous; les
cosmes et la ville des Rhauciens ont résolu de répondre
aux Téiens que la consécration de votre ville et de votre
territoire à Dionysos, ainsi que leur inviolabilité et leurs
autres priviléges d'honneur, seront respectés par nous et à
présent et dans l'avenir. » (*Corpus*, n. 3051 ; Le Bas, V, 63 ;
Barbeyrac, n. 407.)

V. — DES CYDONIATES.

« La ville et les archontes des Cydoniates au sénat et au
peuple de Téos, salut. Considérant que les Téiens, nos
amis et parents de père en fils, ont envoyé à notre ville un
décret et des députés, Apollodotos et Colotas, qui, venus
dans notre assemblée, nous ont remis le décret et nous ont
parlé selon ce qui est contenu audit décret, montrant beaucoup de zèle et d'émulation pour obtenir que la ville de
Téos et son territoire obtiennent la consécration à Dionysos
et l'inviolabilité, pour que, d'ailleurs, reconnaissant au
dieu ses autres priviléges d'honneur, nous ayons soin nous-
mêmes de les augmenter et de contribuer toujours au bien
du peuple de Téos; considérant que, par cette conduite,
nous agirons conformément à notre parenté avec les Téiens
et à notre piété envers le dieu, et que nous ferons le plus
grand plaisir au peuple de Téos; nous décidons qu'il sera
répondu aux Téiens, nos amis et parents, que nous aussi

nous vénérons Dionysos, que nous accueillons de bon cœur
le peuple téien à titre de parent, et que nous le louons des
hommages et des justes honneurs dont il entoure le dieu,
à cause de quoi le dieu obtiendra de nous aussi les avantages et honneurs [qui lui sont dus], et nous permettons
que la ville de Téos et son territoire soient saints et inviolables, à présent et à toujours ; que nous nous efforcerons
de contribuer toujours au bien du peuple [de Téos], en
public et en particulier ; que, si quelqu'un pille des citoyens de Téos ou de son territoire, il sera permis à tout
Cydoniate ou Téien de dépouiller le ravisseur et de remettre la personne lésée en possession de son bien. Bonne
santé. » (*Corpus*, n. 3055, complété par Le Bas, V, 64.)

VI. — DES VAXIENS (ou AXIENS).

« Décret des cosmes et de la ville des Vaxiens, porté, selon la loi, par voie de scrutin. Considérant que les Téiens,
nos amis et parents de père en fils, nous ont envoyé un
décret et deux députés, Apollodotos et Colotas, qui, venus
à l'assemblée, nous ont remis le décret et nous ont parlé
avec toute sorte de zèle et d'émulation, pour obtenir la
consécration à Dionysos de leur ville et de leur territoire,
et pour faire que nous respections leur inviolabilité ainsi
que leurs autres priviléges d'honneur et ne cessions de les
augmenter à l'avenir; Perdiccas, l'ambassadeur du roi Philippe, ayant de plus parlé dans le même sens, les cosmes et
la ville des Vaxiens ont résolu de louer les ambassadeurs [1],
pour avoir parlé d'une manière convenable et conforme
aux intérêts [de tous] sur la parenté qui nous unit aux

---

[1] La suite de cette phrase exige
qu'on lise τὸνς πρειγευτάνς (équivalent dialectique de τοὺς πρεσβευτάς)
au lieu du singulier τὸν πρειγευ-
τάν que porte la transcription de
M. Waddington et peut-être l'original; car les fautes de gravure ne sont
pas rares sur ces monuments.

Téiens et sur les autres priviléges d'honneur ; de répondre que le peuple des Vaxiens, fidèle à la piété envers le dieu et voulant montrer sa reconnaissance à la ville des Téiens, proclame la consécration à Dionysos de la ville des Téiens et de son territoire, reconnaît la ville comme sacrée et inviolable, selon la demande du peuple des Téiens, et engage pour le présent et l'avenir la ville des Vaxiens à respecter les priviléges des Téiens. Portez-vous bien. »(*Corpus*, n. 3050, plus correct dans Le Bas, V, n. 65 ; Barbeyrac, n. 466.)

VII. — DES SYBRITIENS.

«La ville et les cosmes des Sybritiens au sénat et au peuple de Téos, salut. Perdiccas, l'ambassadeur du roi Philippe, étant venu ici, nous a remis le décret que portaient vos ambassadeurs, quand ils se sont rencontrés avec lui, et dans lequel vous nous écriviez concernant nos liens de parenté et d'affection et nous assuriez que nous ferions bien de reconnaître la consécration à Dionysos et l'inviolabilité de votre ville et de son territoire, nous engageant à régler cette affaire. Perdiccas, votre concitoyen, a parlé conformément au texte du décret, avec toute espèce de zèle et d'émulation. Étant donc fort empressés, par tradition de nos ancêtres, à toute œuvre pieuse, et voulant accorder à Perdiccas ladite consécration à Dionysos, nous défendrons sans réserve les autres priviléges honorifiques qui vous appartiennent ; l'inviolabilité de la ville et de son territoire et sa consécration à Dionysos sont accordées par nous pour le présent et pour toujours. Si quelqu'un de Sybrita, abor-

---

[1] Je n'ai pas mis entre [] dans ma traduction les restitutions que présente le texte de ce morceau tel qu'il est transcrit et complété par M. Waddington. Le retour de formules semblables, dans ces diverses pièces, permet, en général, de combler avec certitude les lacunes produites dans quelques-unes par les ravages du temps.

dant chez vous, y fait quelque tort à un citoyen de Téos ou de son territoire, tort public ou tort particulier, contrairement au décret des Sybritiens sur l'inviolabilité, que le premier venu des citoyens de Téos ou des habitants du territoire voisin puisse mettre la main sur les personnes ou sur les objets enlevés; que les cosmes en fonction forcent les ravisseurs à restituer, sans être eux-mêmes sujets à aucune réclamation ni amende. Soyez heureux. » (*Corpus,* n. 3049, plus complet et plus correct dans Le Bas, V, 66 ; Barbeyrac, n. 405.)

VIII. — DES LATIENS.

« Décret des cosmes et de la ville des Latiens. Considérant que les Téiens, nos parents et amis de père en fils, nous ont envoyé un décret et des ambassadeurs, Apollodotos et Colotas; que ceux-ci, venus dans la réunion commune des Latiens, nous ont remis le décret et nous ont parlé selon ledit texte, et ont déployé [toute espèce de zèle et d'émulation, etc..... *lacune de deux lignes*]; désirant, en toute chose, nous montrer reconnaissants et nous rappelant la parenté qui nous unit à la ville de Téos et sa consécration à Dionysos, nous accordons à Perdiccas, pour lui être agréables, que la ville et son territoire soient sacrés et inviolables; nous contribuerons à maintenir vos anciens priviléges d'honneur, sans réserve et autant que nous le pourrons, et si quelqu'un abordant de Lato à Téos faisait tort à quelque Téien, tort public ou tort particulier, contrairement au décret qui concerne l'inviolabilité de la ville et du territoire, qu'il soit permis au premier venu des Téiens de mettre la main sur les personnes ou les objets enlevés; que les cosmes en fonction forcent les ravisseurs à restituer, sans être eux-mêmes sujets à aucune amende ni poursuite. Faire graver le décret dans le temple d'Éleuthyie. » (*Corpus,* n. 3058, plus complet et plus correct dans Le Bas, V, 67.)

IX. — DES LATIENS PRÈS DE CAMARA.

« Décret des cosmes et de la ville des Latiens. Considérant
que les Téiens, nos parents et amis de père en fils, nous ont
envoyé un décret et deux ambassadeurs, Apollodotos et
Colotas; que ceux-ci, venus à l'assemblée des Latiens,
nous ont remis le décret et ont eux-mêmes parlé selon le
contenu dudit décret, déployant tout le zèle et l'émulation
possibles, pour obtenir la consécration à Dionysos de la
ville et du territoire de Téos et leur inviolabilité, et pour
que notre décision confirme, à cause du dieu, tous leurs
anciens priviléges d'honneur, pour que nous y ajou-
tions encore et fassions toujours quelque bien au peuple
[de Téos], parce qu'ainsi nous agirons selon notre piété envers le dieu et nous obligerons le peuple; de plus, que Perdiccas, ambassadeur du roi Philippe, nous a parlé avec
toute sorte de bienveillance et d'empressement : répondre
au peuple téien que notre ville, pleine de bonne grâce à
son égard et autrefois et aujourd'hui, se souvenant de notre
ancienne parenté avec eux, voulant d'ailleurs obliger Perdiccas, accorde que la ville [de Téos] et son territoire soient
sacrés et inviolables; s'engage, en outre, à conserver sans
réserve tous les autres priviléges d'honneur autant que
nous le pourrons. Que si quelqu'un, venu de Latos, fait
quelque tort, soit public, soit particulier, à un Téien contrairement au texte du décret sur l'inviolabilité de la ville
et de son territoire, qu'il soit permis au premier venu des
Téiens de mettre la main sur la personne ou les biens enlevés; que les cosmes en fonction forcent le ravisseur à restituer, sans être eux-mêmes sujets à aucune amende ni réclamation judiciaire. Le décret sera gravé dans le temple
d'Éleuthyie. » (Le Bas, V, 74.)

X. — DES ISTRONIENS.

« Décret des cosmes et de la ville des Istroniens. Considérant que les Téiens, nos amis et parents de père en fils, nous ont envoyé un décret et des ambassadeurs, Apollodotos et Colotas, qui, venus dans la réunion commune des Istroniens, nous ont remis le décret et ont eux-mêmes parlé selon ledit texte, déployant tout le zèle et toute l'émulation possibles pour obtenir que la ville et le territoire de Téos soient consacrés à Dionysos et déclarés inviolables, et pour que, constatant par un décret à l'honneur du dieu tous ses priviléges d'honneur, nous les augmentions nous-mêmes et nous cherchions à faire toujours quelque bien au peuple de Téos, car, par cette conduite, nous agirons selon notre piété envers le dieu et nous rendrons au peuple le plus agréable service; de plus, Perdiccas, l'ambassadeur du roi Philippe, ayant traité le même sujet avec beaucoup de zèle et d'ardeur, et nous encourageant à répondre au peuple des Téiens que notre ville, de tout temps favorable et dévouée à la nation téienne, n'a, précédemment, omis aucune occasion de la servir; aujourd'hui, selon l'appel que lui adressent les Téiens et Perdiccas leur concitoyen, voulant nous montrer sensibles, en toute chose, aux bons procédés et fidèles au souvenir de l'ancienne parenté des deux villes, nous décrétons la consécration à Dionysos de votre ville et de son territoire; de plus, que votre ville sera sacrée et inviolable, et, voulant obliger Perdiccas, nous garderons sans réserve tous vos autres priviléges d'honneur, autant que nous le pourrons. Que si quelque personne d'Istron, abordant à Téos, y fait tort à quelque Téien, tort public ou tort particulier, contrairement au décret des Istroniens sur l'inviolabilité, qu'il soit permis au premier venu des Téiens d'appréhender soit les personnes soit les objets

ravis; que les cosmes en fonction forcent les ravisseurs à
restituer, sans être sujets eux-mêmes à aucune amende
ni réclamation. Que les scribes de la ville fassent graver
le présent décret dans le temple d'Athéna Poliade. »
(*Corpus*, n. 3048, plus complet dans Le Bas, V, 70; Barbeyrac, n. 404.)

XI. — DES ÉLEUTHERNÉENS.

« Considérant que les Téiens, nos amis et parents de père
en fils, nous ont envoyé un décret et des ambassadeurs,
Apollodotos et Colotas, qui, venus en notre assemblée, nous
ont rappelé ces liens d'affection et d'ancienne parenté et
ont honorablement parlé des autres choses qui concernent
le dieu et la consécration de la ville ainsi que de son territoire, le tout conformément au texte dudit décret, nous encourageant à demeurer des amis fidèles et dévoués, à saisir
toujours les occasions de leur être utiles, en ajoutant aux
avantages acquis par eux; que dans le même sens nous a
encouragés Agésandros, fils d'Eucratès, Rhodien, ambassadeur chargé de propositions pacifiques par le roi Antiochus,
avec toutes les preuves d'un zèle plein d'émulation; que de
même a fait Perdiccas, député par le roi Philippe : les
cosmes et la ville des Éleuthernéens, ont décidé de répondre aux Téiens, leurs chers et anciens alliés, que nous respectons le culte de Dionysos, que nous accueillons de bon
cœur votre peuple et le louons de se conduire envers le
dieu avec l'honneur qu'il mérite, non-seulement selon
l'exemple de vos ancêtres, mais avec un surcroît de générosité; en conséquence de quoi, nous accordons au dieu
ses privilèges de vénération, nous déclarons sacrés et inviolables leur ville[1] et leur territoire, et nous tâcherons

---

[1] On s'attendrait à lire « votre ville ». Ce n'est pas là une faute de

d'ajouter à ces avantages. » (*Corpus,* n. 3047; Le Bas, **V,** 71 ; Barbeyrac, n. 403.)

XII. — DES ARCADIENS [de Crète]. Premier décret.

(Tellement conforme au décret des Istroniens, ci-dessus n. X, que nous n'en traduirons ici que les dernières lignes, qui seules offrent des faits nouveaux à relever):

« ..... Que le secrétaire de la ville fasse graver le décret dans le temple d'Asclépios ; que les frais d'hospitalité soient fournis aux ambassadeurs selon les règlements. Portez-vous bien. » (Le Bas, V, 72.)

XIII. — DES ARCADIENS. Deuxième décret.

« Décret des cosmes et de la ville des Arcadiens. Considérant que les Téiens, nos amis et nos parents dévoués de père en fils, nous ont envoyé un décret et des ambassadeurs, Hérodotos, fils de Ménodotos, et Ménéclès, fils de Dionysios, qui, venus dans la réunion commune des Arcadiens, nous ont remis le décret et nous ont parlé avec toute sorte de zèle et d'émulation, pour nous faire savoir le dévouement du peuple de Téos à l'égard des Arcadiens et des autres Crétois, la piété que vous avez envers tous les dieux et surtout envers Dionysos, le chef de votre race, auquel votre ville et votre territoire sont consacrés; [considérant] qu'ils ont aussi traité de nos intérêts respectifs d'une manière tout à fait digne des deux villes, et qu'ils nous ont engagés à inscrire (c'est-à-dire à publier officiellement) dans le temple que nous voudrons le décret précédemment porté sur vos droits à l'inviolabilité; il a été résolu de répondre aux ambassadeurs et à la ville de Téos que la com-

gravure, mais bien une faute de beaucoup de semblables dans le rédaction, comme il s'en trouve cours de ces documents.

mune des Arcadiens n'a, dans le passé, négligé aucun des intérêts du peuple de Téos, et à cause de Dionysos, le chef suprème de la ville, et à cause des autres dieux; et, vos ambassadeurs nous ayant déclaré votre affection et votre parenté et nous ayant montré le dévouement que vous avez toujours pour les Crétois et pour la commune des Arcadiens; voulant, nous aussi, ne pas être en reste de bonne grâce envers des amis dévoués, nous inscrirons, selon le désir exprimé dans votre décrét, notre première résolution en votre faveur, sur l'inviolabilité et la consécration de votre ville et de son territoire, dans le temple d'Asclépios, et nous vous conserverons tous les bons offices qui vous furent alors accordés. Vos ambassadeurs nous engageant à vous accorder le droit de combourgeoisie, le droit de posséder chez nous des terres et des maisons, avec immunité des charges, nous vous accordons ces priviléges; si quelqu'un vous fait tort et attente au territoire sacré de Dionysos, et vous attaque sur terre ou sur mer, nous vous porterons secours de toutes nos forces. Les Téiens auront droit chez nous aux bons offices auxquels ont droit les Arcadiens [à Téos]. De plus nous remercions les ambassadeurs Hérodotos et Ménéclès pour le zèle ardent qu'ils ont déployé au service de leur patrie, et pour s'être montrés dignes des deux villes dans le séjour qu'ils ont fait chez nous; les frais d'hospitalité leur seront fournis selon les règlements, et de plus Hérodotos, fils de Ménodotos, et Ménéclès, fils de Dionysios, seront proxènes de notre ville. Portez-vous bien. » (*Corpus*, n. 3052; plus complet dans Le Bas, V, 80; Barbeyrac, n. 408.)

XIV. — DES PRIANSIENS.

« Décret des cosmes et de la ville des Priansiens. Considérant qu'Hérodotos, fils de Ménodotos, et Ménéclès, fils de

Dionysios, envoyés chez nous comme ambassadeurs, se sont comportés [mieux qu'on ne le fit] jamais[1] dans notre ville, et nous ont entretenus de notre histoire; qu'en outre Ménéclès a exécuté publiquement sur la cithare la musique de **Timothée**, de **Polyïdus** et de nos anciens poëtes (ou compositeurs?), et cela avec beaucoup de talent et de convenance; qu'il nous a de plus apporté un cycle de récits[2] sur les dieux et les héros, nés en Crète, en ayant formé le recueil d'après beaucoup de poëtes et d'historiens : nous avons résolu de louer les Téiens du zèle qu'ils montrent pour l'instruction, de louer Hérodotos et Ménéclès pour avoir honoré leur séjour dans notre ville par une conduite honnête et convenable, enfin, de faire savoir ces choses aux Téiens pour qu'ils n'en ignorent pas. Portez-vous bien. » (*Corpus*, n. 3057, complété par Le Bas, V, 82.)

XV. — DES APTÉRÉENS.

« Les cosmes et la ville d'Aptéra au sénat et au peuple de Téos, salut. Vos ambassadeurs, Hérodotos, fils de Ménodotos, et Ménéclès, fils de Dionysios, étant venus nous apporter le décret où vous décidez de renouveler votre parenté et votre ancienne affection, ainsi que les priviléges d'honneur accordés autrefois par notre ville et la consécration de la ville [de Téos] et de son territoire à Dionysos, nous engageant à inscrire [officiellement] notre décret antérieur dans le lieu que nous jugerons convenable; [consi-

---

[1] ἀνεστρά[φεν] τε πάντων. Telle est la leçon que donne le texte en minuscules et que confirme le texte épigraphique. Il manque sans doute un mot, comme κάλλιστα ou εὐπρεπέστατα, après πάντων, qui, seul, n'offrirait aucun sens; mais la faute vient peut-être du graveur ancien.

[2] ἱστορημέναν, dans le texte, n'est accompagné d'aucun substantif; il doit donc être pour ἱστορημένων, soit par la faute du graveur, soit à titre de dorisme, ce qui serait, d'ailleurs, sans autre exemple pour ces formes de participe passif. Voyez Ahrens, *de Dialecto dorica*, p. 197, 199, 229.

dérant que] vos ambassadeurs nous ont parlé conformément
au texte de votre décision, nous montrant votre ville comme
pleine de piété pour tous les dieux et surtout pour Dionysos, son chef suprême, auquel elle est consacrée avec tout
son territoire; qu'ils ont fait voir sur le reste toute espèce
de zèle et d'émulation : en conséquence, le peuple des Aptéréens a résolu de répondre aux Téiens, ses parents et
amis, que de tout temps nous sommes pleins de respect
pour tous nos dieux et pour Dionysos, à cause de qui nous
vous avons accordé l'inviolabilité et la consécration de votre
territoire et de votre ville; et, fidèles aux bons offices que
nous vous avons montrés jusqu'ici, nous tâcherons d'y rester fidèles dans la suite, en renouvelant nos pactes selon
que votre décret nous le demande; nous ne ferons aucun
tort aux Téiens, nos parents et amis, ni en temps de paix ni
en temps de guerre, non plus que nous ne l'avons fait par
le passé, et si quelqu'un fait tort aux Téiens, tort public ou
tort particulier, sur terre ou sur mer, contre leur droit
de consécration et d'inviolabilité, nous tâcherons de les se-
courir selon notre pouvoir; si quelqu'un venant d'Aptéra
fait tort aux Téiens, il sera tenu pour sacrilége. Les Téiens
inscriront ce renouvellement [de nos pactes] dans le temple
de Dionysos, afin de rendre visible à tous les Grecs la piété
des Aptéréens envers tous les dieux; nous inscrirons nous-
mêmes le précédent décret et le renouvellement dans le
temple d'Artémis d'Aptéra. Nous avons invité, à titre
d'hôtes, les ambassadeurs à être reçus au Prytanée, près
du Foyer commun. Portez-vous bien. » (Le Bas, V, 75).

XVI. — DES ÉRANNIENS.

« Considérant que le peuple des Téiens, parent et ami de
père en fils de la ville d'Érannos, nous a envoyé un décret
et des ambassadeurs, Hérodotos et Ménéclès, nous enga-

geant à lui conserver les honneurs que lui ont concédés
nos ancêtres et à les augmenter encore; [demandant en
outre] que soit inscrit [officiellement] le décret porté par
nos ancêtres sur l'inviolabilité et la consécration de la ville
de Téos et de son territoire dans le temple que nous jugerons convenable; sur quoi les ambassadeurs ont parlé, avec
toute espèce de zèle, conformément au texte dudit décret :
ce qu'à bonheur soit! les cosmes et la ville des Éranniens
ont résolu de louer le peuple de Téos pour sa piété envers
les dieux et pour le souvenir qu'il garde de ses amis et parents, et de lui répondre que la ville des Éranniens, pleine
en tout temps d'une affection dévouée envers les Téiens et
fidèle aujourd'hui à ces mêmes sentiments, va faire inscrire
dans le temple d'Asclépios et l'ancien décret sur la consécration et l'inviolabilité de la ville ainsi que de son territoire, et le nouveau décret; qu'elle conservera son amitié
et qu'elle l'augmentera encore; que si quelqu'un attaque
en armes, par terre ou par mer, la ville de Téos ou le territoire consacré à Dionysos, son chef suprême, le peuple
des Éranniens les secourra de tout son pouvoir; et, pour
que les Téiens sachent quels sentiments dévoués leur
gardent les Éranniens, il est décidé que les Téiens seront
citoyens d'Érannos, qu'ils y auront exemption de charges
et droit de posséder des terres et des maisons [1]. En outre,
nous louons les ambassadeurs Hérodotos, fils de Ménodotos, Ménéclès, fils de Dionysios, du zèle qu'ils ont montré
pour les intérêts de leur patrie et pour s'être conduits,
pendant leur séjour chez nous, d'une manière digne des
deux cités; qu'ils soient tous deux proxènes de la ville
d'Érannos et qu'on les invite à recevoir l'hospitalité auprès
du Foyer commun. » (Le Bas, V, 76).

[1] Ἔνκτησιν γᾶς καὶ οἰκίας, droits
souvent mentionnés dans les colla-
tions de proxénie, si fréquentes sur
les marbres de la Grèce antique.

XVII. — DES BIANNIENS.

« Décret des cosmes et de la ville des Bianniens. Considérant que les Téiens, nos amis et parents de père en fils, nous ont envoyé un décret et des ambassadeurs, Hérodotos, fils de Ménodotos, et Ménéclès, fils de Dionysios, qui, venus en présence des cosmes et de l'assemblée, nous ont parlé conformément au texte dudit décret, démontrant que leur ville a été par nos ancêtres déclarée ville sainte de Dionysos et inviolable ; en conséquence, les cosmes et la ville de Biannos ont résolu de répondre aux Téiens que, dans le passé, nous n'avons omis aucune occasion de les servir, et qu'aujourd'hui, d'accord avec nos concessions antérieures [1], à cause de notre parenté et de notre ancienne affection, à cause du dieu à qui la ville est consacrée ainsi que son territoire, nous inscrirons officiellement l'ancien décret sur une stèle de pierre et nous le déposerons dans le temple d'Arès ; de plus, nous vous faisons nos concitoyens, avec exemption de toute charge, en temps de guerre comme de paix ; que si quelqu'un envahit en armes le territoire consacré ou bien votre ville, ou y commet quelque rapine, nous vous secourrons de tout notre pouvoir, et en toute occasion nous tâcherons de vous être utiles. De plus, nous louons Hérodotos et Ménéclès pour s'être employés en faveur de votre ville et de la nôtre avec un zèle digne de toutes les deux ; nous les avons invités à recevoir l'hospitalité dans le Prytanée, auprès de notre Foyer commun, eux et les proxènes de la ville [de Téos?]. Décrété sous le cosme Dexios, fils de Glaucos, au mois Elg... » (Le Bas, V, 77).

---

[1] ἐς τὰ παραβαλούμενα ὑφ' ἁμίων συνεμβάντες. Le sens de cette locution, que je ne retrouve pas ailleurs, me paraît douteux. Peut-être faudrait-il lire ἐς τὰ παρακαλούμενα ὑφ' ὑμίων συνεμβάντες, « vous concédant les choses auxquelles vous nous invitez, » soit que les deux fautes viennent du graveur ancien, soit qu'elles viennent du copiste moderne.

XVIII. — DES PALLÉENS.

« Décret des cosmes et de la ville des Palléens. Considérant que les Téiens, nos amis et parents de père en fils, nous ont envoyé un décret et des ambassadeurs, Hérodotos, fils de Ménodotos, et Ménéclès, fils de Dionysios, qui, venus en notre assemblée, nous ont remis le décret et nous ont parlé conformément à ce qu'il renferme, pour la consécration et l'inviolabilité de leur territoire, se recommandant d'oracles rendus à Delphes et aux Didymes[1], et qu'ils ont traité l'affaire avec beaucoup de zèle dans l'intérêt des deux villes; [en conséquence], les cosmes et la ville des Palléens ont décidé de répondre aux Téiens que, nos ancêtres ayant autrefois accordé ladite inviolabilité et la consécration, nous dresserons une stèle portant le texte du décret dans le temple de Zeus Monitios; que nous vous accordons l'immunité et la combourgeoisie; que, si quelqu'un vous fait tort et ravage le territoire consacré, les citoyens de Palla vous porteront secours comme à leur propre patrie, et qu'en toute chose nous nous efforcerons de vous être utiles. De plus, nous louons vos ambassadeurs... » (le reste, qui a péri, était sans doute suivant la même formule que ci-dessus n°s XV et XVI. — Le Bas, V, 78).

XIX. — DES ALLARIOTES.

« Considérant que les Téiens, nos amis et parents de père en fils, nous ont envoyé un décret et des ambassa-

---

[1] Cette mention des oracles est ici un fait nouveau. Mais on en peut rapprocher le témoignage de Tacite que nous avons cité plus haut, p. 27, note 1. D'autres oracles se trouvent mentionnés ou même conservés sur les marbres. Par exemple le n° 819 des *Antiquités helléniques* de Rangabé, reproduit par Le Bas, I, 373, nous offre quelques fragments d'une correspondance entre les Athéniens et l'oracle de Delphes. Cf. plus bas, p. 292 et le *Corpus inscr. græc.* n°s 459, 2717, 2477, 3067.

deurs, Apollodotos et Colotès, qui, venus en notre assemblée, ont renouvelé nos pactes d'ancienne affection, et nous ont parlé avec convenance et dignité sur le dieu, sur la consécration de la ville et de son territoire, conformément au texte du décret, nous priant de rester fidèles à nos sentiments d'amitié dévouée, de continuer à faire toujours quelque bien au peuple [de Téos] et d'augmenter les priviléges mentionnés dans la requête; comme dans le même sens nous invitait Perdiccas, ambassadeur du roi Philippe avec toute espèce de zèle et d'émulation : les cosmes et la ville des Allariotes décident de répondre aux Téiens, leurs parents et amis, que nous respectons Dionysos, que nous accueillons en bons parents les Téiens, et que nous les louons de présider d'une façon noble, digne et glorieuse [au culte du dieu]; en raison de quoi nous accordons au dieu ses priviléges d'honneur ; nous permettons que la ville et le territoire de Téos soient, à présent et à jamais, sacrés et inviolables, et nous nous efforcerons de faire toujours quelque bien [aux gens de Téos], soit en commun, soit en particulier. Si quelqu'un pille les Téiens ou les habitants de leur territoire, que les cosmes ou tout citoyen qui le voudra, d'Allaria ou de Téos, soit libre de dépouiller le ravisseur et de faire restitution à qui de droit. » (Le Bas, V, 73.)

XX. — DES DELPHIENS.

« Décret. En assemblée complète et avec le nombre légal de suffrages. Considérant que les Téiens, nous ayant envoyé pour ambassadeurs Pythagoras, fils de Clitos, et Clitos, fils de Clitos, ont renouvelé avec nous leurs liens d'affection et de familiarité, et ont engagé la ville de Delphes à reconnaître la ville de Téos et son territoire comme lieux consacrés à Dionysos et comme inviolables; la ville a résolu de conserver l'affection et la familiarité qui nous unissent aux Téiens et même d'y ajouter encore, de reconnaître leur ville et tout leur territoire pour inviolables et consacrés à Dionysos, selon que le demandent les ambassadeurs; que lesdits ambassadeurs, ainsi que tous les habitants de Téos, soient personnes sauves et inviolables au même titre que les artistes dionysiaques; et, pour que ce décret demeure à tout jamais valable, les sénateurs le feront graver dans le temple [d'Apollon]. Mégartas était archonte; Mnasithéos, Protarchos, Athambos et Philistion étaient sénateurs. »(Le Bas, V, 84.)

XXI. — DES ÉTOLIENS.

« Sous le stratége Alexandros de Calydon, en réunion générale des Étoliens. Considérant que les Téiens, ayant envoyé pour ambassadeurs Pythagoras et Clitos, ont renouvelé avec nous leurs liens d'affection et de parenté, et ont engagé les Étoliens à permettre que leur ville et son territoire soient inviolables comme consacrés à Dionysos : les Étoliens ont résolu de conserver l'affection et la familiarité qui les unissent aux Téiens et même d'y ajouter encore, en maintenant les décrets antérieurs qui concernent tous les priviléges à eux concédés; que la consécration de la ville et de son territoire, comme leur inviolabilité, demeure acquise aux Téiens de la part des Étoliens, selon que le demandent les ambassadeurs; que pas un Étolien ni un habitant de l'Étolie ne viennent d'aucun pays piller les Téiens ni les habitants de Téos; mais que toute sûreté et inviolabilté soit garantie aux gens de Téos du côté des Étoliens et des habitants de l'Étolie. Si quelqu'un les enlève, eux ou quelque chose de la ville ou de son territoire; que les objets retrouvés en nature soient restitués par le stratége et par ses assesseurs annuels; que, pour les objets

qui ne seront pas retrouvés [1], l'auteur du tort soit responsable, et que les Téiens aient le droit d'agir en justice
et de suivre à cet effet toute procédure, comme le veut
la loi des Étoliens concernant les artistes dionysiaques;
et pour que la consécration [dudit territoire] et son inviolabilité soient inscrites parmi nos lois, les nomographes (ou
secrétaires des lois) en fonction les y inséreront dans le
temps fixé pour cette opération [2]. »(*Corpus,* n. 3046; Le Bas,
V, 85; Barbeyrac, n. 402.)

XXII. — DES ATHAMANES.

« Considérant que Pythodoros et Amynandros... Pythagoras et Clitos, envoyés comme ambassadeurs des Téiens,
nous ont remis le décret et ont parlé conformément audit
décret pour que, de notre part, la ville et son territoire
fussent reconnus comme consacrés à Dionysos, inviolables
et exempts de tout tribut; ayant écouté avec faveur la demande et y faisant droit, nous accordons que votre ville et
votre territoire soient tenus pour sacrés, inviolables et
exempts de tout tribut, et nous jugeons ainsi parce que
nous sommes en bons rapports avec tous les Grecs, étant
même les parents du chef qui a donné son nom à leur commune famille, surtout parce que nous aimons de cœur votre ville, et voulant condescendre à vos désirs autant que
nous assurer la bienveillance du dieu [3]... »

[1] L'opposition des mots ἐμφανῆ et ἀφανῆ ne paraît pas être ici celle que représentaient ces mêmes mots dans le droit attique et que M. de Koutorga démontre très-clairement au début de son mémoire *sur les Trapézites ou banquiers d'Athènes* (Paris, 1859 in-8°. — Extrait des Comptes rendus de l'Académie des sciences morales et politiques).

[2] Une autre inscription de Téos nous montre que l'inscription d'un décret sur une stèle déposée dans le temple de Dionysos donnait à ce décret la valeur ou le rang d'une loi (νόμου τάξιν ἔχον. *Corpus,* n° 3062. Cf. 3063 et 1845, § 5).

[3] A partir de ces mots il ne reste plus du texte que des débris informes, qui peuvent d'autant moins être

Cinq autres actes très-mutilés :

XXIII. — DES LAPPÉENS (*Corpus*, n. 3056; augmenté
de trois lignes par Le Bas, V, 68);

XXIV. — DES HIÉRAPYTNIENS (Naber, *Mnemosyne*, I,
p. 119; Le Bas, V, 68*a*);

XXV. — DES APTÉRÉENS (Naber, *Ibid.*, page 121;
Le Bas, V, 68*b*);

XXVI. — DES BIANNIENS (Naber, *Ibid.*, page 124;
Le Bas, V, 68*c*);

XXVII. — DES APOLLONIATES (Naber, *Ibid.*, p. 123;
Le Bas, V, 69);

enfin, un fragment de provenance très-incertaine (*Corpus*,
n. 3052; Le Bas, V, 79), ne m'ont pas paru valoir ici la
peine d'une traduction, même pour les lignes où la traduction était possible. Les vingt-deux pièces ci-dessus répondent
suffisamment à l'objet que nous nous sommes proposé dans
cet Appendice. On voit assez combien étaient laborieuses de
telles négociations, dans l'état de division où vivait la race
hellénique; combien elles exigeaient d'écritures, et aussi
quelles minutieuses garanties entouraient le seul droit d'a-
sile dans une seule ville de l'Asie. Que serait-ce si nous
avions encore les instruments authentiques de tant d'autres
affaires mentionnées dans le cours de ces *Études?*

complétés par voie de restitution notablement de celle des autres
que la formule de ce décret diffère compris dans le même *dossier*.

IV.

ARCHIVES DES CORPORATIONS.

On a vu plus haut, page 136, l'importance de certaines corporations grecques, comme celle des artistes dionysiaques, acteurs et musiciens, qui, pendant six siècles environ, desservirent les principaux théâtres du monde gréco-romain [1]. Ces corporations avaient des caisses communes, portaient des décrets, concluaient avec les cités des conventions régulières, et, pour cela, envoyaient des ambassadeurs ; leurs actes étaient gravés comme ceux des rois et des républiques, et le plus souvent conservés dans les théâtres, où ils formaient comme des archives. En ce genre de documents, sans compter de nombreuses inscriptions d'un intérêt secondaire, il s'est conservé jusqu'à nous au moins vingt pièces principales, dont la seule énumération suffira pour apprécier le rôle des communautés dionysiaques et comment elles formaient au milieu des cités du monde ancien de petites unités sociales jouissant, à quelques égards, des droits d'États indépendants. Ce sont, en partant d'Athènes, qui fut le principal foyer du génie dramatique et dont le théâtre paraît avoir servi de modèle à presque tous les théâtres de la Grèce :

1° Deux décrets des Amphictions, tout récemment dé-

---

[1] Voir nos *Mémoires de Littéra-* sur l'histoire des acteurs dans l'An-*ture ancienne,* n° XVII : Coup d'œil tiquité.

couverts dans les ruines du théâtre de Bacchus, décrets as
surant ou confirmant les priviléges de la corporation dionysiaque, et accompagnés d'une lettre d'envoi du second
décret au sénat et au peuple athéniens ;

2° Un décret de ladite corporation, en l'honneur de Phi-
lémon, un de ses bienfaiteurs, qui l'avait surtout secondée
dans sa participation aux fêtes sacrées d'Éleusis (Rangabé,
Antiq. hellén., n. 813, et F. Lenormant, *Recherches archéo-
logiques à Éleusis;* Inscriptions, n. 26, p. 90 et suiv.) ;

3° Deux décrets de la « corporation des artistes dionysiaques de l'Ionie et de l'Hellespont », en faveur du musicien Craton, qui était devenu un de ses plus actifs et de
ses plus généreux bienfaiteurs pour la dépense des concours et pour celle des cérémonies religieuses (*Corpus
inscript. græc.*, n. 3067 et 3068);

4° Le décret porté en faveur du même Craton par es
Synagonistes ou membres d'une corporation rattachée sans
doute à la précédente et coopérant à ses travaux (*Corpus*,
n. 3068) ;

5° Le décret analogue, mais dont il ne reste que les premières lignes, de la corporation des artistes siégeant à
Némée et sur l'isthme de Corinthe (*Corpus, Ibid.*);

6° L'acte par lequel est acceptée une donation généreuse
du même Craton à ses confrères, sous la condition d'un
règlement dit *règlement sacré* (ἱερὸς νόμος). La corporation
porte ici le nom d'*Attalistes*, qu'elle doit sans doute à ses
protecteurs les rois de Pergame (*Corpus*, n. 3069) ;

7° La lettre testamentaire de Craton aux Attalistes, et
le commencement de l'inventaire d'un riche mobilier qu'il
léguait à ses confrères (*Corpus*, n. 3070, 3071).

Pour ce qui concerne la condition personnelle des artistes, la nature et la durée de leurs engagements :

8° Une série de procès-verbaux des représentations données dans le théâtre d'Iasos, en Carie, actes parmi lesquels figure le plus ancien de ceux qui se rapportent au célèbre musicien Craton (Le Bas, *Voyage archéologique*, V, n°ˢ 252 et suiv. Voir surtout le n° 255, qui concerne Craton);

9° Une véritable convention ou traité que les artistes dionysiaques de l'Ionie ou de l'Hellespont concluent avec la ville d'Iasos pour desservir le théâtre de cette ville (Le Bas, *Ibid.*, n. 281);

10° Une donation faite à la république de Corcyre par Aristomène et Psyllas, deux de ses citoyens, en vue d'y assurer le service annuel de représentations théâtrales par l'appel d'un certain nombre d'artistes dionysiaques (*Corpus inscript. grœc.*, n. 1545).

Comme témoignage de la longue existence de ces corporations et de leur diffusion jusqu'aux extrémités du monde gréco-romain, on peut citer :

11° Le décret du collége dionysiaque d'Aphrodisias, patronné par Trajan, *nouveau Dionysos*, en l'honneur d'un poëte tragique dont les œuvres comme le dévouement avaient contribué à l'éclat et à la prospérité dudit collége (Le Bas, *Voyage archéolog.*, V, 1619, à comparer avec le n° 1618, qui est un décret des Aphrodisiens en l'honneur du même personnage);

12° Deux décrets d'un collége dionysiaque de Nîmes, dont les membres ajoutent aussi à leur nom celui de Trajan et d'Hadrien, leur protecteur, comme les artistes d'Asie s'appelaient *Attalistes*, du nom d'Attale, comme ceux d'Égypte paraissent avoir pris celui de *Basilistes*, par suite de la protection que leur accordaient les « rois » Ptolémées (*Corpus*, n. 6785, 6786. Cf. Letronne, *Inscriptions de l'Égypte*, n. XXXII; *Corpus*, n. 4893);

13° Le protocole, seul conservé, d'un décret du collége dionysiaque d'Athènes, en l'honneur d'Antonin le Pieux, *nouveau Dionysos*, où l'on voit, comme ci-dessus, le culte de l'empereur se confondre avec celui du dieu Bacchus, patron des artistes qui contribuaient aux fêtes dramatiques (*Corpus*, n. 349. Cf. 3476*ᵇ*, à Thyatira).

14° Comme témoignage de l'extension même du principe de ces associations, on peut citer les pièces relatives à un collége d'athlètes grecs, ξυστικὴ σύνοδο;, qui florissait à Rome sous le règne d'Hadrien, accréditait des commissaires ou députés auprès de l'empereur, recevait de celui-ci des réponses officielles, dont deux nous sont parvenues sur le marbre et mentionnent les archives de la corporation (*Corpus*, n. 5906, 5907. Cf. le n. 5804, décret honorifique d'un collége semblable, sous le règne de Trajan; et l'inscription d'Aphrodisias dans Le Bas, *Voyage archéologique*, V, 1620).

De ce *dossier*, considérable encore, après bien des ravages du temps, j'extrairai seulement quelques pièces, celles qui mettent le mieux en lumière le caractère et le rôle des corporations dionysiaques dans leurs relations avec la société civile et les pouvoirs politiques, celles qui, par conséquent, touchent le plus à notre sujet.

Les documents I, II et III viennent d'être découverts à Athènes dans des fouilles exécutées sous la direction et aux frais des archéophiles athéniens. Ils proviennent, comme on le voit par la 1ʳᵉ ligne du n° I et du n° III, des archives mêmes du temple de Cybèle. C'est là qu'on en a fait faire la copie qui nous est parvenue, et qui semble, à juger par l'écriture, contemporaine du troisième document, c'est-à-dire un peu antérieure au temps de Sylla. J'en donne ici un essai de traduction française, d'après le texte qui m'a été envoyé par deux membres de notre École française, MM. Decharme et Blondel, et qu'il m'a fallu souvent restaurer à l'aide de conjectures plus ou

moins certaines. Ce texte méritera d'être ultérieurement
fixé et éclairci par un commentaire qui ne pouvait trouver place dans le présent ouvrage[1].

Quant aux documents IV et V, j'indiquerai à la suite de
chacun d'eux les livres où l'on en trouvera le texte.

I.

DÉCRET DES AMPHICTIONS EN FAVEUR DES ARTISTES DIONYSIAQUES.

Extrait [des Archives] du Métroon[2]. [Un tel] étant archonte
à Delphes, à l'assemblée du printemps, étant hieromnémons
des Thessaliens, [un tel] fils de Léon; des Étoliens Lycéas[3],...
des Béotiens... Décret des Amphictions , des hiéromnémons et des agoratres (députés ayant simple voix délibéra-
tive?)... (lacune de sept lignes au moins)... ni en temps de
paix ni en temps de guerre, et sur terre et sur mer, immunité et sûreté concédées à toujours par tous les Grecs,

[1] Il vient d'être publié, mais sans notes explicatives, par M. Kouma-noudis (dans la *Chrysallis,* journal périodique d'Athènes du 15 jan-vier 1866), et, comparaison faite des deux copies que j'ai maintenant sous les yeux, je ne crois pas être encore en mesure de publier de l'original grec une édition satisfaisante pour la critique.

[2] L'emplacement du Métroon ou temple de Cybèle, Mère des Dieux, ne paraît pas avoir été encore dé-terminé (v. Rangabé, *Antiq. hellén.,* nos 812 et 1152); mais on sait par divers témoignages que c'est un des temples qui servaient d'archives aux Athéniens (Franz, *Elementa epigr. græcæ,* p. 316), et peut-être spécia-lement aux corporations religieuses (Le Bas, *Voy. archéol.,* II, 382).

[3] La présence et surtout la pré-dominance des Étoliens dans le con-seil amphictionique fixe environ au premier quart du troisième siècle avant l'ère chrétienne la rédaction du présent décret (v. Schœmann, *Griechische Alterthümer ,* II, p. 36). Cette date coïncide assez bien avec la mention, qu'on lit à là dernière ligne, du poëte tragique Astydamas, le second sans doute des deux qui ont porté ce nom (V. Suidas, au mot Ἀστυδάμας). Le présent décret est donc le plus ancien acte concernant les devoirs et les priviléges des artistes dionysiaques qui soit jus-qu'ici connu.

de manière que les artistes [dionysiaques] d'Athènes soient exempts de tout service militaire et sur terre et sur mer, afin que soient accomplis en temps convenable, envers les dieux, les devoirs dont la charge incombe auxdits artistes, ces derniers étant inviolables, exempts de tout service [onéreux], et consacrés aux honneurs que doivent recevoir les dieux. Que personne n'ait le droit de mettre la main sur un artiste, ni en temps de guerre ni en temps de paix, ni de le dépouiller, soit qu'il remplisse un engagement à l'égard d'une ville, soit qu'il se trouve engagé envers un particulier. Si quelqu'un fait tort à l'artiste, qu'il soit responsable devant les Amphictions, et lui et la ville où le dommage aura eu lieu. L'immunité et la sûreté sont accordées pour toujours par les Amphictions aux artistes dionysiaques à titre de personnes sacrées et inviolables. Les secrétaires feront graver le présent décret sur une plaque de pierre et la feront placer à Delphes. De plus, ils enverront aux Athéniens un exemplaire scellé, afin que les artistes sachent que les Amphictions s'occupent avec prévoyance du culte des dieux et qu'ils ont pris une décision conforme aux demandes des artistes. Décidé en outre que, pour l'avenir, on exécutera toujours fidèlement le présent acte et toute autre bonne résolution qui sera prise à la requête des artistes dionysiaques.

Ambassadeurs : Astydamas, poëte tragique, et Aristotimus(?), acteur tragique.

II.

LETTRE DES AMPHICTIONS AUX ATHÉNIENS.

Extrait [des Archives] du Métroon. Démostratos étant archonte [1], le six du mois de boédromion. La commune

---

[1] Cet archonte appartient à une période pour laquelle nous ne pos-

des Amphictions au sénat et au peuple athéniens, salut.
Sont venus à nous comme ambassadeurs des artistes réunis
en corporation dans votre ville : Dionysios, fils de Nymphion, (hypodidascale ou) sous-instructeur tragique [1], Thymotélès, fils de Philoclès, poëte tragique, Helpinicus, fils
d'Épicratès, sous-instructeur tragique, Philion, fils de Philomélos, sous-instructeur tragique, Ariston, fils de Zénon,
sous-instructeur tragique, et, comme la réponse qu'ils ont
reçue de nous, ils ont jugé convenable qu'elle vous fût envoyée, nous avons fait faire la copie ci-dessous de notre
décret. »

III.

DEUXIÈME DÉCRET DES AMPHICTIONS EN FAVEUR DES ARTISTES DIONYSIAQUES.

« Étant archonte à Delphes Aristion, fils d'Anaxandridas,
au mois bucatios (août-septembre), pendant les fêtes pythiques. Décret des Amphictions réunis en assemblée complète, étant hiéromnémons : de chez les Thessaliens,... fils
de Cléippe, d'Atrax, Pollichos, fils de Phrynos; de chez les
Achéens Phthiotes, Mnasarchos, fils de Léon, et Aristoma-
chos, fils de Politas, de Mélitæa; de chez les [Œtéens],... fils

sédons pas une liste continue des archontes éponymes d'Athènes. Aussi son nom ne peut-il nous fournir une date précise. Aucun de ses trois homonymes connus dans la liste des archontes athéniens (olympiades 96, 4; 97, 3 et 211, 1) ne peut convenir au décret que nous publions ici.

[1] Le poëte lui-même étant autrefois appelé *didascale* ou instructeur des artistes qui interprétaient son œuvre, il est naturel d'admettre que le fonctionnaire qui, plus tard, le remplaça ou le seconda pour cet office prit le nom d'*hypodidascale* ou sous-instructeur. Tous les textes jusqu'ici connus sur ce sujet se trouvent réunis dans la note 137 de l'excellent manuel de Schneider, *Attisches Theaterwesen* (Weimar, 1835, in-12). Le nom de *didascale* figure encore comme synonyme de poëte, à ce qu'il semble, sur les listes de vainqueurs aux *Soteria* (v. plus bas, p. 293), dans les Inscriptions de Delphes publiées par MM. Wescher et Foucart.

de Xénolas, d'Échinæ; de chez les Dolopes, Cléonymos d'Angéia; de chez les Delphiens..., fils d'Habromachos, petit-fils de Mantias; de chez les [Phocéens]... et Phayllos, tous deux fils d'Épinicos et natifs de Lilæa; de chez les [Béotiens], Pausanias, fils d'Opheltas, Thébain, et Démocritos, fils de...; de chez les Magnètes, Théodotos, fils de Diogénès, et... æus, tous deux natifs de Démétrias; de chez les Ænianes, Mos[chus ou Mos-chion]. . . . .

. . . .

(Ici la lacune est d'environ cinq lignes, qui devaient contenir les noms de quatre peuples : les Athéniens, les Maliens et les deux tribus locriennes, avec les noms de leurs quatre hiéromnémons respectifs); de chez les Doriens de la Métropole, Téléas (?), fils d'Alexandros; de chez les Perrhèbes, Charidamos, fils de Philocrate, de Goṅnes; de chez les Doriens du Péloponnèse, Diœtas, fils de Nic...., de Sicyone; de chez les Eubéens, Antiléon, fils de Polianthos, de Chalcis [1].

« Considérant que les artistes dionysiaques d'Athènes nous ont envoyé un décret et des ambassadeurs : Dionysios, fils de Nymphion, sous-instructeur tragique; Thymotélès, fils de Philoclès, poëte tragique; Helpinicos, fils d'Épicratès, sous-instructeur tragique; Philion, fils de Philomélos, sous-instructeur tragique; Ariston, fils de Zénon, sous-instructeur tragique; pour renouveler la sûreté conférée autrefois par le décret des Amphictions aux artistes d'Athènes; [considérant] qu'ils demandent aux Amphictions de vouloir

---

[1] Il nous est impossible de justifier ici et nos restitutions du texte et l'appréciation des lacunes qu'on n'y peut plus remplir. Voir en général, sur cette période de la constitution amphictionique, le résumé du mémoire de M. C. Wescher dans les *Comptes rendus de l'Académie des Inscriptions et Belles-Lettres* pour 1865, p. 52 et suiv., et le mémoire *sur les Ruines et l'histoire de Delphes*, par M. P. Foucart (Archives des missions, 2ᵉ série tom. II), p. 159 et suiv.

bien, se conformant aux traditions de leurs ancêtres, conserver aux artistes les faveurs jadis obtenues : les Amphictions, pour se montrer fermes à suivre les anciennes résolutions, ont résolu d'accorder aux artistes d'Athènes l'inviolabilité et la sûreté pour toujours, comme ils en jouissaient dès le principe; résolu qu'ils seront exempts de toute charge; qu'il ne sera permis à personne de mettre la main sur l'artiste faisant partie de la corporation qui est à Athènes, ni en temps de guerre, ni en temps de paix; ni de le dépouiller, ni de lui faire violence; mais qu'ils seront sacrés, exempts de charges et de tout service onéreux, à moins qu'on n'ait à mettre la main sur quelqu'un d'eux pour dette particulière. Que si quelqu'un enfreint ces prescriptions, il sera responsable devant le conseil des Amphictions, lui et la ville où le dommage aura eu lieu, afin que les artistes d'Athènes jouissent de la pleine inviolabilité et sûreté, et que les Amphictions se montrent fidèles aux traditions de leurs ancêtres. Que le décret soit officiellement inscrit à Delphes, et que pareillement un exemplaire en soit adressé au peuple athénien, de façon que les faveurs accordées sortissent leur plein effet pour les artistes d'Athènes. Le tout est assuré aux artistes d'Athènes sous la réserve de ce qui pourrait contrarier les Romains [1]. »

[1] On remarquera que cette réserve finale convient au temps où la Grèce, déjà vaincue, n'était cependant pas encore organisée en province romaine, et où, par conséquent, le conseil amphictionique n'avait pas à compter avec un gouverneur romain. Les Romains sont encore mentionnés dans des actes amphictioniques relatifs aux artistes dionysiaques, dont les débris se sont retrouvés à Athènes (Le Bas, *Voyage archéol.*, Inscr. I, n° 376 et suiv.). Ils le sont même deux fois comme *bienfaiteurs* de ladite corporation (n°s 377, 378). Malheureusement ces actes sont trop mutilés pour qu'il semble possible, aujourd'hui du moins, d'en fixer la date avec certitude.

IV.

DÉCRET DES ARTISTES DIONYSIAQUES EN L'HONNEUR DE CRATON.

« La communauté des artistes dionysiaques de l'Ionie et de l'Hellespont, et de ceux qui honorent Dionysos, le chef suprême, couronne Craton, fils de Zotichos, son bienfaiteur, pour la générosité et le dévouement qu'il ne cesse de montrer à la communauté des artistes dionysiaques.

« Décret de la communauté des artistes dionysiaques de l'Ionie et de l'Hellespont, et de ceux qui honorent Dionysos, le chef suprême. Considérant que Craton, fils de Zotichos, joueur de flûte, une première fois nommé prêtre de Dionysos et agonothète (ou président des concours), a dignement et honorablement rempli ces deux fonctions; que, paraissant mériter cet honneur, il a été nommé par les artistes. . . . . de Dionysos et agonothète dans la même année; que, surpassant les prêtres et agonothètes ses prédécesseurs par la générosité de ses dépenses, il a rempli magnifiquement, glorieusement et d'une façon digne de la communauté, tous les devoirs et hommages qu'elle rend à Dionysos, aux Muses, à Apollon Pythien et aux autres dieux, aux rois et reines et aux frères du roi Eumène; que, montrant son honnêteté et sa piété aux artistes dionysiaques, il cherche de tout temps à les obliger, soit en commun, soit en particulier; pour contribuer à éterniser la gloire des artistes dionysiaques, qu'honorent les dieux, les rois et tous les Grecs, leur ayant donné à tous l'inviolabilité et la sûreté en temps de paix et en temps de guerre, conformément aux oracles d'Apollon, d'après lesquels les plus pieux d'entre les Grecs les ont admis aux fêtes d'Apollon Pythien, des Muses de l'Hélicon et d'Hercule; et, à Delphes, aux fêtes Pythiques, aux fêtes de la Délivrance [1]; à Thespies, aux fêtes des Muses; à Thèbes, aux fêtes d'Hercule.

« Ce qu'à bonheur soit! La corporation a résolu, pour montrer qu'elle honore ses bienfaiteurs d'une manière digne de leurs bienfaits, de couronner selon les règlements, à titre de bienfaiteur, Craton, fils de Zotichos, joueur de flûte, chaque année, à perpétuité, dans le théâtre, le jour de la procession, après la proclamation des couronnes que l'on décerne aux peuples, ladite couronne étant décernée pour la générosité et le dévouement qu'il ne cesse de montrer à la communauté des artistes dionysiaques; l'agonothète annuel sera chargé de la proclamation.

« On consacrera de lui trois statues : l'une à Téos, dans le théâtre, afin que l'agonothète annuel, dans l'assemblée où la ville de Téos célébrera soit les fêtes de Dionysos, soit quelque autre cérémonie, couronne ladite statue selon le règlement et la coutume observés par les artistes à l'égard de leurs bienfaiteurs; la seconde à Délos, où il sera également couronné par la communauté des artistes; la troisième, au lieu choisi par Craton, afin que subsistent à jamais pour lui les souvenirs de sa piété envers les dieux, de son dévouement envers les rois et les reines, envers les frères du roi Eumène, envers la communauté des artistes

---

[1] Τὰ Σωτήρια. On sait, seulement depuis quelque temps, de quelle délivrance il s'agit, et cela touche à notre histoire la plus ancienne. Après l'échec de nos ancêtres les Gaulois, devant Delphes, les Grecs fondèrent, pour célébrer cet heureux événement, des fêtes qui furent appelées Σωτήρια, en l'honneur de Jupiter Sauveur et d'Apollon Pythien. C'est ce qu'atteste un décret athénien, retrouvé le 25 avril 1860 et publié dans un Recueil d'Inscriptions inédites par la Société archéologique d'Athènes (1860, in-4°, n° 75). Cf. les Inscriptions delphiques, publiées par Wescher et Foucart, n° 3 et suiv., qui sont des listes de poëtes et d'artistes vainqueurs dans ces fêtes.

dionysiaques; et que pour la communauté subsistent les souvenirs de la reconnaissance qu'elle montre en honorant son bienfaiteur par des actes dignes de ses bienfaits.

« Que le présent décret soit inscrit sur une plaque de pierre et placé près des statues de Craton. On enverra deux ambassadeurs au peuple des Téiens pour demander en quel lieu sera placé la statue de Craton; d'autres ambassadeurs à Délos, qui se rendront auprès du peuple et du sénat, et demanderont aux Prytanes d'accorder à la corporation le lieu où la statue sera placée. » (*Corpus inscript. grœc.*, n. 3067. La pierre est aujourd'hui à Paris, dans notre musée du Louvre, sous le n° 451. Elle est reproduite en fac-simile par Clarac, planches XXXIII et XXXIV; et en caractères courants, avec une traduction française par M. Fröhner, *les Inscriptions grecques* (du musée du Louvre) *interprétées*, n. 67.)

Après ce verbeux décret, où s'exprime, avec la mollesse ionienne, la vanité devenue proverbiale, même chez les anciens [1], des artistes dionysiaques, la pièce suivante, quoique fort mutilée, montrera utilement le souci que la corporation prenait de ses engagements avec les villes et la régularité des conventions qu'elle savait conclure.

V.

CONVENTION ENTRE LES ARTISTES DIONYSIAQUES ET LA VILLE D'IASOS.

Un long préambule, dont il ne reste que des débris, rappelle les relations de confiance et de bonne amitié qui unissent depuis longtemps la corporation des artistes avec

---

[1] Athénée, *Banquet des Sophistes,* n°° 5920-6829 et d'autres exemples VII, p. 292 E. Cf. dans le *Corpus* de cette vanité.

la ville d'Iasos. Puis commence le texte même du décret,
qui détermine l'envoi à Iasos de :

« Deux joueurs de flûte, deux tragédiens, deux comédiens,
un citharède (chanteur qui s'accompagne sur la cithare),
un cithariste (joueur de cithare), pour former les chœurs
en l'honneur du dieu, selon les anciens règlements, avec
les gens attachés à leur service... Les artistes désignés cé-
lébreront, dans les temps déterminés, les fêtes dionysiaques, se conformant en tout aux lois des Iasiens. Celui des
artistes qui, désigné par la réunion, ne se rendra pas à Iasos ou n'y célébrera pas les fêtes, payera à la corporation
des artistes une amende sacrée, et sans excuse, de mille
drachmes antiochiques [1], à moins d'un empêchement absolu par la maladie et la tempête. Toutefois il pourra éviter l'amende s'il se défend devant la réunion, et si, ayant
produit ses preuves, il est régulièrement absous au scrutin.
Pour que les Iasiens se convainquent de notre zèle commun
à leur égard, et de l'empressement que nous avons pour
nos amis dans les circonstances les plus difficiles [2], on choi-
sira des ambassadeurs qui, arrivés à Iasos, remettront le
présent décret aux chefs de la ville, puis se rendront au
sénat et devant le peuple, y parleront des honneurs que

---

[1] « Ce sont les pièces frappées à l'effigie d'Antiochus III, le dernier des Séleucides qui ait possédé l'ouest de l'Asie Mineure. Ces monnaies se trouvent souvent encore aujourd'hui et sont nombreuses dans les grandes collections » (Waddington). Quant au fait de l'amende encourue pour manquement à un service théâtral, nous en avons un exemple dans la Vie d'Alexandre, par Plutarque (c. LIII), où nous voyons le prince payer aux Athéniens l'amende à laquelle ils avaient condamné l'acteur Athénodore.

[2] D'après les calculs de M. Waddington, dans son commentaire sur ces textes d'Iasos, le présent décret doit appartenir à l'an 151 ou 152 avant J.-C. « A cette époque la corporation n'avait plus son siége à Téos, mais à Myonnésos ou à Lébédos ; l'expression ἐν τοῖς ἀναγκαιοτάτοις καιροῖς doit faire allusion aux difficultés qu'elle venait de traverser. » (Voyez Strabon, XIV, p. 643 et la note de Bœckh, *Corpus Inscr. græc.*, nᵒ 3067).

nous leur avons décernés, et, renouvelant les témoignages des bons sentiments qui nous unissent de père en fils, engageront les Iasiens à conserver cette affection de famille pour les artistes dionysiaques, à resserrer même notre amitié selon le dévouement qui nous unit de père en fils.

« Ont été choisis pour ambassadeurs : Plutiadès, citharède ; Lysimaque, poëte tragique ; Nicostrate, *synagoniste* tragique (c'est-à-dire acteur complémentaire? ou de la corporation signalée plus haut, p. 284). Ont été désignés, avec les gens de service : joueurs de flûte, Timoclès et Phœtas ; tragédiens, Posidonios et Sosipatros ; comédiens, Agatharchos et Mœrias ; citharède, Zénothéos ; cithariste, Apollonios de Samos.

« Confirmé le 6 du mois apaturion, sous le stéphanéphore (ou prêtre) d'Apollon Tyrtæus, le troisième après Ménès. » (Le Bas, *Voyage archéol.*, V, n. 281.)

V.

TRAITÉ D'ALLIANCE OFFENSIVE ÉT DÉFENSIVE ENTRE LES VILLES DE RHODES ET . D'HIÉRA-PYTNA [1] (fin du quatrième siècle avant J.-C.).

« Dieu. Ce qu'à bonheur soit ! »

« Décret du peuple. Ce qu'à bonheur soit ! Les prêtres et les sacrificateurs adresseront des vœux au Soleil, à [la déesse] Rhodes et à tous les autres dieux et déesses, aux fondateurs de notre race et aux héros protecteurs de la ville et du pays des Rhodiens, pour que le présent décret d'alliance tourne au bien des deux peuples de Rhodes et d'Hiérapytna. Les vœux accomplis, on fera un sacrifice et une visite [réciproque ?], selon ce que le peuple aura décidé. L'alliance étant ratifiée et les serments prêtés [de part et d'autre] selon la formule, il y aura désormais alliance avec le peuple des Rhodiens; les Hiérapytniens lui prèteront concours, lui ouvriront leur ville, leurs ports, leurs mouil-lages, et seront désormais pour eux, à toujours, des amis et des alliés dévoués. Que si quelqu'un envahit en armes la ville et le pays des Rhodiens, s'il porte atteinte à ses lois, à la liberté de ses relations, et à sa démocratie, les Hiérapyt-niens viendront au secours, selon leurs moyens et de toutes

---

[1] Texte publié dans les recueils que j'indique ci-dessus, page 130, note 4, et auquel j'emprunte quel- ques lignes, page viij de la préface de ces *Études*, au sujet des règle- ments pour le partage du butin.

leurs forces. Si le peuple des Rhodiens demande un corps
d'auxiliaires aux Hiérapytniens, que les Hiérapytniens envoient, dans un delai de trente jours, à partir de la requête
des Rhodiens, deux cents hommes armés, à moins que les
Rhodiens ne se contentent d'un moindre nombre; et que, sur
les soldats envoyés, une moitié au moins soient des Hiérapytniens. Si les Hiérapytniens se trouvent alors en guerre,
qu'ils envoient [au moins] ce qu'ils pourront de soldats.
Qu'aux soldats envoyés les Rhodiens fournissent les frais du
transport de Crète à Rhodes. Que si les Rhodiens font venir
le corps d'auxiliaires dans les quatre premières années [à
partir du présent acte], à dater du jour de leur arrivée à
Rhodes, que les Rhodiens donnent à chaque soldat auxiliaire neuf oboles par jour, et à chaque commandant de cinquante hommes au moins deux drachmes par jour. Si c'est
après le temps indiqué que les Rhodiens font venir le corps
d'auxiliaires, que les autres stipulations restent les mêmes,
mais qu'à partir du jour où les soldats alliés seront arrivés
à Rhodes, les Hiérapytniens leur fournissent pour trente
jours de vivres; pour le reste du temps, que les Rhodiens y
subviennent selon qu'il est écrit. Que si la guerre éclate
entre les Rhodiens et quelqu'un des alliés d'Hiérapytna, si
les Rhodiens sont attaqués, que les Hiérapytniens leur envoient une armée de secours; mais, s'ils sont agresseurs,
que les Hiérapytniens soient dispensés de leur porter secours. Si les Rhodiens ont besoin de lever des mercenaires
en Crète, que les Hiérapytniens leur assurent toute la liberté possible de le faire à Hiérapytna, dans leur pays et
dans les îles qui en dépendent; et qu'ils les secondent de
tous leurs efforts pour l'accomplissement de cette levée de
mercenaires; mais qu'à aucun autre ils ne permettent,
sous aucun prétexte, de lever des mercenaires contre les
Rhodiens, sous peine de la même amende que si l'on avait

porté les armes contre la ville d'Hiérapytna, excepté ceux qui les auraient portées avant la présente convention. Qu'aux forces envoyées par les Rhodiens les Hiérapytniens prêtent tout concours qui sera en leur pouvoir, et qu'ils aient soin desdits auxiliaires comme de leurs propres citoyens. Que si des pirates viennent à paraître en Crète et si les Rhodiens les combattent sur mer, eux et ceux qui leur donnent asile ou leur prêtent appui, que les Hiérapytniens les aident en cette guerre, à leurs propres frais, de toute leur force et selon leur pouvoir; qu'ils livrent aux Rhodiens les pirates et les navires de pirates qu'ils auront capturés; et que le reste du butin soit partagé entre les deux peuples unis pour la guerre. Que, de même, les Rhodiens soient à toujours pour les Hiérapytniens des amis et alliés tout dévoués; que les chefs des forces navales envoyées par les Rhodiens traitent la ville d'Hiérapytna comme une ville égale en droits à celle de Rhodes, faisant tout pour la sûreté et le salut de la ville d'Hiérapytna. Si quelque roi ou dynaste ou autre, quel qu'il soit, attaque en armes la ville d'Hiérapytna, qu'ils portent secours à ladite ville de toutes leurs forces et selon leur pouvoir. Si quelqu'un fait tort aux arrivages réguliers que peut recevoir la ville d'Hiérapytna, et attente à sa démocratie, et que les Hiérapytniens fassent appel à leurs alliés, que les Rhodiens envoient aux Hiérapytniens deux galères, en fournissant pour deux mois à la dépense; pour le reste du temps, que les Hiérapytniens donnent, par mois, dix mille drachmes pour chaque galère. Mais, si les Rhodiens se trouvent alors en guerre, qu'ils n'envoient de secours que selon leur pouvoir. Que si les Hiérapytniens portent la guerre quelque part sans l'avis des Rhodiens, que les Rhodiens ne soient pas forcés de leur envoyer des auxiliaires; [mais, s'ils se décident à l'envoyer], qu'ils l'envoient dans les trente jours à partir de la demande des Hiérapytniens, à moins que ce ne soit pour la guerre contre les Cnossiens et leurs alliés; que pour cette guerre les Rhodiens soient dispensés de s'allier aux Hiérapytniens. Que jamais un Rhodien ne porte les armes contre les Hiérapytniens, sous aucun prétexte, à peine de la même amende que s'il avait porté les armes contre Rhodes, excepté ceux qui les auraient portées avant la présente convention. Si quelques-uns de ceux qui donnent asile aux pirates ou leur prêtent appui, pendant la guerre commune des Hiérapytniens et des Rhodiens pour la destruction des pirates, portent, à cause de cette expédition, la guerre contre Hiérapytna, que les Rhodiens secourent Hiérapytna de toutes leurs forces et selon leur pouvoir, et que l'agresseur soit tenu pour ennemi des Rhodiens. Que si les Hiérapytniens ont à lever des mer-cenaires en Asie, pour une guerre privée, que les Rhodiens leur viennent en aide, en tout ce qu'ils pourront, pour as-surer le transport des mercenaires à Hiérapytna; mais que sous aucun prétexte ils ne secondent de semblables levées contre les Hiérapytniens. Qu'il soit permis de corriger la présente convention, si les deux villes se sont mises d'ac-cord à ce sujet par voie d'ambassade réciproque; que ce qu'on aura ainsi réglé en commun soit ratifié. La conven-tion une fois ratifiée, que le peuple choisisse cinq commis-saires; que les cinq commissaires choisis, d'accord avec les ambassadeurs venus d'Hiérapytna, fassent prêter à tous les Rhodiens en âge de le faire le serment régulier de rester fidèles à l'alliance et au règlement arrêté par le peuple avec les Hiérapytniens, et cela sans mauvaise foi ni réserve; et qu'il y ait du bonheur pour qui remplira le serment, du malheur pour qui ne le remplira pas. Que de la même façon les prytanes reçoivent les serments des ambassadeurs d'Hié-rapytna, dans l'assemblée; que les victimes pour le sacrifice soient fournies par le prêtre (?)... et que les trésoriers payent la dépense selon les règlements. Que les Hiérapytniens (*sic?*) jurent.... de choisir un messager ; que le messager nommé se rende à Hiérapytna et fasse jurer aux Hiérapytniens selon la formule écrite pour le serment des Rhodiens, et qu'il leur fasse savoir le dévouement que les Rhodiens ont pour eux. Afin que les résolutions prises sur l'alliance et le règlement soient gravées sur une stèle et rendues publiques pour toujours, que le peuple dépose une stèle à Rhodes, dans le temple d'Athéna ; que les magistrats adjudicateurs la donnent à exécuter selon devis rédigé par l'architecte (?), afin qu'elle soit exécutée sans faute [1]. Que le texte ratifié de la présente alliance entre les deux villes soit gravé et déposé dans le temple, sans dépenser pour cela plus de cent drachmes, et que les frais soient fournis par les trésoriers [2] sur les fonds à cela destinés par les décrets. Que les Hiérapytniens fassent pareillement graver [ledit texte] et le placent dans le temple qu'ils voudront à Hiérapytna. A été choisi messager pour aller à Hiérapytna Diogénès, fils d'Aristondas. Magistrats pour recevoir les serments à Rhodes : Hiérombrotos, fils d'Agésitimos ; Aristolochos, fils de Pisistratos, fils adoptif d'Arehyllos ; Timaratos, fils de Nicotimos ; Nicomachos, fils d'Aristarchos ; Spartion, fils de Phidianax. »

[1] Je lis, d'après le texte de M. Le Bas, πετ' άναμαρτίας (pour μετ'άναμαρτίας), de préférence à μαρτίας, leçon à peu près inintelligible du texte de M. Naber.

[2] Je lis, avec M. Naber, τὸ δὲ εὑρὸν τοὶ ταμίαι δόντων, de préférence à la leçon de M. Le Bas, τὸ δὲ εὑρόντων καὶ δόντων, où les deux verbes manquent de sujet.

TABLES ALPHABÉTIQUES.

Ces deux tables, ayant pour objet de faciliter, peut-être même de provoquer les recherches, signalent au lecteur les faits les plus intéressants, et jusqu'aux singularités dignes de quelque attention. J'ai inséré dans la seconde un certain nombre de mots qui n'avaient pas trouvé place dans le cours de l'ouvrage, et qui complétaient une sorte de lexique des termes à l'usage du droit des gens dans l'antiquité classique.

TABLE DES MATIÈRES.

TABLE DES MOTS GRECS.

Ἀγαθῇ τύχῃ, 85 n. Cf. 297.

Ἄγγελος, 131.

Ἀκηρυκτεί ou ἀκηρυκτί, sans les formalités dont le héraut était chargé. Thucydide, II, 1.

Ἀκηρύκτως, même sens, Thucydide, I, 146.

Ἀκόλουθος, 43 n.

Ἀμνηστία, 10.

Ἀναγραφεύς et ἀναγραφὴ τῶν γραμμάτων, charge analogue à celle de chancelier, chez les Athéniens. Rangabé, *Antiq. hellén.*, n. 425.

Ἀναμαρτία (?), comme ἀναμαρτησία, 301 n.

Ἄνευ συγγραφῆς, 58 n. Cf. 221, 222.

Ἀνοχαί, 11.

Ἀπὸ συμβόλων (δίκαι). Pollux, *Onomasticon*, VIII, 96.

Ἀποστολή et ἀπόστολος, 227. Cf. *Éphéméride archéol.* d'Athènes, n° 1608.

Ἀρχιθέωρος, 16.

Ἀρχιπρεσβευτής, 15.

Ἀσυλία καὶ ἀσφάλεια καὶ κατὰ γᾶν καὶ κατὰ θάλασσαν καὶ πολέμου καὶ εἰράνας, 287. Cf. Rangabé, *Antiq. hellén.* n°° 741, 742, 743-749.

Αὐτοκράτωρ, plénipotentiaire, 14, 49.

Ἀφανὴς et ἐμφανής, 281 n.

Ἀφηρωΐζειν, 33 n.

Βασίλειος πρεσβεία, 200 n.

Βωμός, l'autel où se faisaient les sacrifices pour un traité, 118. Cf. le scholiaste d'Aristophane, *sur les Acharniens*, v. 307.

Γράμμα et διάγραμμα, 14 n., 56 n.

Γραμματεῖον, 261.

Γραμματοφύλαξ, 260.

Γράφος, 28 n.

Δημοσία σφραγίς, 59 n. Cf. 264.

Διάγραμμα, 13, 73 n., 74 n.

Διαδικασία, jugement par des arbitres internationaux; plusieurs discours d'Hypéride et de Lycurgue se rapportent à des affaires de ce genre.

Διαθήκη, 226.

Διάκονος, un des synonymes de πρεσβευτής. Pollux, *Onomasticon*, VIII, 137.

Διακρίνειν, vider un différend, 67 n.

Διαλλάγα, 100.

Διαλλαγή, 9, 55 n.

Διαλλακτής, 67 n.

Διαλύειν πόλεις, 70 n.

Διάλυσις, 9, 100.

Διαλυτής, 16.

Διαπόντιος πρεσβεία, 197 n. Cf. *Corpus inscript. græc.*, n° 2501.

Διαπρεσβεύεσθαι, traiter une affaire par ambassade, dans le traité traduit, p. 300. Cf. Polybe, II, 23; Appien, *Hispan.*, 13.

Δικαίωμα, 7, 70.

Δίκας τῶν διαφόρων ἀλλήλοις διδόναι καὶ δέχεσθαι, Thucydide, I, 140. Cf. V, 79; Hérodote, V, 83 et le traité crétois dans le *Corpus inscr. græc.*, n. 2554.

Δικαστεία, fonction du juge international, *Corpus inscript. græc.*, n° 3184.

Δικαστής, 67 n.; — ἔκκλητος, 69 n.

Δίκη ἔκκλητος, 69 n.

Διονυσιακοὶ τεχνῖται, 136, 283 et suiv.

Διορθωτὴρ τῶν νόμων, 77 n.

Διπλᾶ (s. ent. ἀντίγραφα), *duplicata* des actes officiels. *Corpus inscr. græc.*, n° 5906. Cf. p. 289.

Δοκιμασία τῆς πολιτείας, vérification des titres de naturalisation. Rangabé, *Antiq. hellén.*, n. 443.

Ἐγκωμιόγραφος εἰς τὸν Καίσαρα, 218 note.

Ἔγραψα καὶ ἐσφράγισα, formule finale du décret d'une corporation dionysiaque, *Corpus inscr. græc.*, n. 6785.

Ἐγχειρίζειν πίστιν, 73 n. Cf. *Corpus inscr. græc.*, n° 2140.

Εἰρηνάρχης, εἰρηναρχίς, εἰρηναρχέω, 44 n.

Εἰρήνη, 10, 11, 19 n., 55.

Εἰρηνοποιός, 14. Xénophon, *Hellé-*

niques, VI, 3, §4; Dion Cassius, XLIV, 49.

Εἰρηνοφόρος (Ἀθάνα), 29 n.

Εἰρηνοφύλαξ, 96.

Ἐκδικία et ἔκδικος, 15.

Ἐκεχειρία, 11; — ἐκέχειρον, 187 n.

Ἐκκλησία et ἔκκλητος πόλις, 69 n.

Ἐλέσθαι ἐκκλησίαν, 69 n.

Ἑλλησποντοφύλακες, 38.

Ἔνοινος καὶ ἔνορκος, conforme aux serments prêtés, avec accompagnement de libations? *Corpus inscr. græc.*, n. 2554.

Ἐξορκίζειν, même sens que le verbe simple ὁρκίζειν, *Corpus inscr. græc.*, n. 2554.

Ἐπανόρθωσις τῆς εἰρήνης, 11, 128. Cf. 300.

Ἐπὶ τῶν πρεσβειῶν (ὁ), le préposé au service des ambassades, 190, 191.

Ἐπίαρον, 28 n.

Ἐπικρίνειν διαλλαγάς, régler en dernier ressort la décision d'un différend, *Corpus*, n° 2166.

Ἐπιμαχία, 10, 130. Cf. 247.

Ἐπιορκεῖν, manquer au serment, 300.

Ἐπιστολή, 14.

Ἑταῖροι πολέμου ἕνεκεν, 104 n.

Εὐθέτης, 16, 70.

Εὐορκεῖν, remplir le serment, 300.

Εὔορκον εἶναι, 78 n. Cf. Thucydide, V, 18, 23.

Ἐφέσιμος δίκη, 69 n.

Ἔφεσις, appel à un tribunal étranger. Pollux, *Onomasticon*, VIII, 62, 63.

Ἐφόδιον, 52 n.

Ἔχειν τὰ κηρύκεια, 44 n.

Ἡσυχίαν ἄγειν, garder la neutralité? Diodore de Sicile, XVII, 62. Cf. 298, 299.

Θεαροδόκος et θεωροδόκος, 16.
Θεωρία et θεωρός, 15, 16.

Ἰσοπολιτεία, 9; traduit par *combourgeoisie*, 80, 130; — signifiant le traité même où ce droit est consacré, *Corpus inscr. græc.*, n. 2555.
Ἰστοριαγράφος pour ἱστοριογράφος, 137 n.

Κατάλυσις πολέμου καὶ δικῶν, Thucydide, IV, 118.
Κάττὰ (pour κατὰ τὰ) πάτρια, 67 n.
Κηρύκεια (τὰ), 44 n. Cf. Polybe, III, 52 et Suidas, au mot Σύνθημα σύσσημον.
Κῆρυξ, 14, 43 n.
Κιξάλλης et κιξαλλεύω, 36 n.
Κοινὴ διάλεκτος, 63.
Κοινὸν (τὸ) τῶν Ἑλλήνων, 186; — Κρηταιέων, 122.
Κρίσις, 11.
Κύριον εἶναι, 78 n. Cf. 296, 301.
Κυροῦν, décider, ratifier une alliance, 301.

Λαλιά, διὰ λαλιᾶς, 209 n.
Λεία ἢ ἐμπορία, 35 n.

Μεθόδιον, 52 n.
Μεσίτης, 14, 226.
Μνησικακεῖν, 133 n.

Νομογραφία, 77.
Νόμος distingué de συνθήκη, 9 n.

Ξενία, 52 n.
Ξενικὸν δικαστήριον, Pollux, *Onomasticon*, VIII, 63.
Ξενοδίκης, 36.
Ξυνδιαπολεμεῖν, 91 n.
Ξύνεδρος, 47. Cf. Σύνεδρος.

Ὁμολογία, 9, 12, 221.
Ὀρκίζειν, faire prêter serment, dans les documents cités, p. 130, n. 2.
Ὀρκισμός, l'action de faire prêter serment. Polybe, VI, 33.
Ὅρκος, 228.
Ὀρκοῦν πίστεσι μεγάλαις, 133 n.
Ὀρκωμοσία, 228.
Ὀρκωτής, magistrat chargé de recevoir les serments, 301.
Ὅροι, 67 n.

Πανήγυρις, 14.
Παραπομπή (sens douteux), 197 n.
Παραπρεσβευτής, 55 n.
Παράσημον, 59.
Πατρόθεν φίλος. 89 n. Cf. 265 et suiv.
Πίστιν ἐγχειρίζειν, 73 n. Cf. πίστις διὰ χειρῶν dans une note du scholiaste d'Aristophane, *sur les Acharniens*, v. 307.
Πόθοδος, pour πρόσοδος, visites réciproques, relations internationales (?), 297, 299.
Πρειγευτάς pour πρεσβευτάς, 268 n.
Πρειγήΐα, pour πρεσβεῖα, 52 n.
Πρεσβεία, 15, 189, 228; — βασίλειος, 200 n.; — διαπόντιος, 197 n.
Πρεσβεύειν, 188 n., 227 n.; — πρεσβείαν, 197 n.
Πρεσβεύς et πρεσβευτής, 14, 49, 50 n., 189.
Πρεσβευτικὸς λόγος, 209, 210 note. Cf. 48, 49.
Πρόδικος, traduit par *avocat* (représentant une ville), 83 l. 3.
Πρόξενος, 16. Cf. 187, 273, 276, 277.

Σπονδαί, 11.
Σπονδοφόρος, Pollux, *Onomasticon*, VIII, 137.
Στεφανωτικὸς λόγος, 217 n.
Στήλη, plaque portant une inscription, 13, 18 n., 87 n., etc.

FIN DES TABLES ALPHABÉTIQUES.

EXTRAIT DU CATALOGUE.

BARTHÉLEMY-SAINT-HILAIRE (J.), membre de l'Institut. La Morale d'Aristote
(morale à Nicomaque, grande morale, et morale à Eudème), traduite en français
avec notes perpétuelles. 1856, 3 vol. gr. in-8. . . . . 24 »

— La Poétique d'Aristote, traduite en français et accompagnée de notes perpétuelles.
1858, gr. in-8. . . . . 5 »

— Physique d'Aristote, ou Leçons sur les principes généraux de de la nature, traduite
en français pour la première fois et accompagnée d'une paraphrase et de notes perpétuelles. 1862, 2 beaux vol. gr. in-8. 20 »

— Météorologie d'Aristote, traduite en français pour la première fois et accompagnée
de notes perpétuelles, avec le petit traité apocryphe DU MONDE. 1863, 1 beau vol.
gr. in-8. . . . . 10 »

— Traité du Ciel d'Aristote, suivi du Traité de la Production et de la Destruction des
choses, traduits pour la première fois en français, avec des notes perpétuelles. 1865,
gr. in-8. . . . . 10 »

FALLEX (Eug.), professeur de seconde au lycée Napoléon. — Théâtre d'Aristophane,
scènes traduites en vers français. 2ᵉ édition, considérablement augmentée et suivie
de la traduction complète du Plutus. 1863, 2 beaux vol. gr. in-18 Jésus. . . . 7 »
Ouvrage couronné par l'Académie française (août 1865).

GRELLET-DUMAZEAU, conseiller à la Cour imp. de Riom. — Le Barreau romain,
recherches et études sur le barreau de Rome, depuis son origine jusqu'à Justinien,
et particulièrement au temps de Cicéron. 2ᵉ édition. 1858, in-8. . . . . 7 »

DEVILLE (G.), docteur ès lettres. — Étude du dialecte Tzaconien. 1866, in-8. 3 »

COUSIN (Victor). — Fragments philosophiques pour servir à l'histoire de la philosophie ancienne. 5ᵉ édition. 1865, 1 vol. in-8 . . . . 8 »

— Fragments philosophiques pour servir à l'histoire de la philosophie. 5ᵉ édition. —
Philosophie du moyen âge. 1865. 1 vol. in 8 . . . . 8 »

ISOCRATE. — Œuvres complètes, traduction nouvelle avec texte en regard, par le
duc de Clermont-Tonnerre (Aimé-Marie-Gaspard), ancien ministre de la guerre et de
la marine, etc. 1862-64, 3 forts vol. gr. in-8, imprimés sur beau papier vergé fort. 22 50

LÉVÊQUE (Ch.), membre de l'Institut de France, professeur de philosophie grecque
et latine au collège de France. — La Science du beau, ses principes, ses applications
et son histoire. 1861, 2 beaux vol. in-8 . . . . 15 »
Ouvrage couronné par l'Académie des sciences morales et politiques, par l'Académie
française et par l'Académie des beaux-arts.

MULLER (Max), prof. à l'Université d'Oxford, membre correspondant de l'Institut de
France, etc., etc. — La Science du langage; Cours professé à l'Institut royal d'Angleterre; traduit de l'anglais par MM. G. Harris, prof. au lycée d'Orléans, et G. Perrot,
ancien membre de l'École française d'Athènes, prof. au lycée Louis-le-Grand. 1864,
1 vol. in-8. . . . . 8 »
Ouvrage qui a remporté le prix Volney en 1862.

MULLER (Otfried), professeur à la Faculté des lettres de Douai. — Histoire de la Littérature grecque jusqu'à Alexandre le Grand, traduite, annotée et précédée d'une étude
sur Otfried Muller et sur l'école historique de la philologie allemande. 1866, 2 forts
vol. in-8, près de 1,600 pages. . . . . 16 »

ROSSIGNOL, membre de l'Institut. — Les Métaux dans l'antiquité (Origines religieuses de la métallurgie, ou les dieux de la Samothrace représentés comme métal-
lurges d'après l'histoire et la géographie). — De l'Orichalque, histoire du cuivre et de
ses alliages, suivie d'un appendice sur les substances appelées *Electre*. 1863, 1 beau
vol. in-8. . . . . 6 »

ROSSI (le chevalier). — Inscriptiones christianæ urbis Romæ septimo sæculo anti-
quiores. Vol. I. 1862, 1 beau vol. in-fol., cart., non rogné. Magnifique publ. 110 »
Ce premier volume renferme toutes les épitaphes datées depuis l'an 71 jusqu'à la gra-
phie chrétienne.

Paris. — Imprimerie Ad. Lainé et J. Havard, rue des Saints-Pères, 19.

Contraste insuffisant ou
différent, mauvaise qualité
d'impression

Under-contrast or different,
bad printing quality